2030 자동車산업
CASE 혁명

TAKAKI NAKANISHI
中西 孝樹 著

GoldenBell

CASE KAKUMEI : 2030NEN NO JIDOUSHASANGYOU by Takaki Nakanishi
Copyright © 2018 Takaki Nakanishi
All rights reserved.
Original Japanese edition published by Nikkei Publishing Inc.

Korean translation copyright © 2019 by GoldenBell Corp.
This Korean edition published by arrangement with Nikkei Publishing Inc., Tokyo
through Botong Agency

❖ 이 책의 한국어판 저작권은 Botong Agency를 통한 저작권자와의 독점 계약으로 ㈜골든벨이
  소유합니다.
  신 저작권법에 의하여 한국 내에서 보호를 받는 저작물이므로 무단전재와 무단복제를 금합니다.

[감수의 글]

4차 산업 혁명 시대에 자동차의 패러다임

요즘 자동차 산업의 가치 창출의 변화는 쓰나미와도 같다.

 스탠포드대학 자동차연구소 센터장 Stephen Zoepf는 "전통적 자동차 산업은 공유 차량이 개인의 자동차 매매를, 전기자동차가 내연기관을, 자동차가 인간의 운전 능력을 대체하는 시대로 도래하고 있다."고 일갈한다.

 그 요소로 기술 및 전략적 변화가 요구되고 소비자의 욕구가 주도하는 사업 모델의 전환을 수반해야 하고, 기업은 완전한 시스템과 고품질의 생산 능력을 갖추어야 한다.

 젊은 소비층들의 욕구는 mobility에 따른 물리적 공간을 이동하는 동안 개인의 일이나 목적으로 그 시간을 향유하고 소비할 것이다.

세계 각국 정부는 교통시스템의 변화에 대처하기 위해 각자 나름대로 규제에 맞서 고군분투하고 있는 것도 사실이다. 안전을 담보로 한 교통수단을 추구할 필요성과 공공장소의 질서를 유지해야 할 필요성 사이에서 가늠자를 자임해야 하기 때문이다.

산업 4.0이 디지털 시대에 사업에 성공하기 위해서 제품, 고객 및 조직에 대한 더 많은 데이터에 접근함으로써 스마트 기계가 필수불가결한 역할을 할 것이라는 전망이다.

이 책은 일본경제신문출판사에서 미래 자동차 산업의 패러다임에 어떻게 편승해 가야 할 것인가를 친절히 안내하고 있다. 저자는 오랫동안에 걸쳐 일본에서 가장 저명한 자동차 애널리스트로서, 이 분석은 각 방면에서 높은 평가를 받고 있다. 최신 분석을 바탕으로 새로 쓰여진 이 책은 일본에서 많은 독자를 확보하면서 계속해서 증쇄해 나가고 있다.

이번에 한국판으로 출판하게 되어 깊이 감사할 따름이다.

2019. 5
하 규 수

[서장] 자동차 산업을 뒤덮는 CASE 혁명
1. 세계의 조류를 바꾼 VW 디젤게이트 ———————— 10
2. 차세대 자동차 패권을 둘러싼 3자의 의도 ———————— 17
3. 당면한 일본의 자동차 산업 전략 ———————— 27

[제1장] CASE 혁명이란
1. CASE 전략의 시작 ———————— 36
2. IoT화×지능화×전동화=CASE 혁명 ———————— 47
3. CASE 혁명에 따른 자동차의 미래상 ———————— 55

[제2장] 파괴자
1. IT 업계의 인카(InCar) 침공 전략 ———————— 66
2. IT 업계의 아웃카 침공 전략 ———————— 74
3. 금기를 두려워하지 않는 자동차 메이커 ———————— 79
4. 중국 국가 자본주의의 야망 ———————— 93

[제3장] 자동차의 가치와 모빌리티 구조의 변화
1. 2030년까지의 CASE 혁명 시나리오 ———————— 98
2. 보유에서 공유로 바뀌는 변화와 영향 ———————— 108
3. 자동차 산업 피라미드를 덮쳐오는 밸류 체인의 변혁 ——— 116
4. 카 딜러는 살아남게 될까 ———————— 123

[제4장] 양방향 연결성
1. 모든 것의 기반을 이루는 커넥티드 ———————— 130
2. 개방일지 폐쇄일지가 문제이다. ———————— 139
3. 미국·유럽·일본 주력 자동차 메이커의 전략———————— 150

[제5장] 자율 주행
1. 이해해야 할 두 가지 접근 방식 ──────── 162
2. 이종 업종 연합의 세계 ────────── 175
3. How Safe is Safe Enough? – 사회적 수용에 대한 과제 – 184

[제6장] 차량공유와 서비스
1. 공유 경제가 제공할 가치 ────────── 192
2. 라이드 쉐어 2.0의 세계 ────────── 205
3. 완전 자동 운전의 핵심 싸움터는 MaaS ──────── 217

[제7장] 완전 전동화
1. VW게이트로 난관에 봉착한 유럽 ────────── 224
2. 환경 문제라는 시련에 마주선 자동차 산업 ────────── 232
3. EV 보급 예측 – 2030년에 8% ──────────── 238
4. 중국의 신에너지 자동차(NEV) 전략의 진상 ────────── 249
5. 야망과 현실의 간극 – EV의 리스크 시나리오 ────────── 259

[제8장] CASE 혁명을 뒷받침하는 물건 제조 혁신
1. 하드웨어의 높은 파도와 그 뒤를 덮치는 소프트웨어 쓰나미 – 266
2. 자동차 산업의 3가지 과제 ────────── 270
3. 전자 플랫폼에서 통합 제어 시스템으로 ────────── 278
4. 서플라이어에게는 호기와 위기인 양날 ────────── 287

[제9장] 2030년 모빌리티 산업의 패자
1. 전동화의 승자는 누구일까 ────────── 296
2. 자동차 전력과 어떻게 마주할 것인가 ────────── 309
3. 2030년의 모빌리티 산업 패권은 누구의 손에 있을까 ──── 315
4. 일본 기업이 싸워서 살아남으려면 ────────── 321

[서장]
자동차 산업을 뒤덮는 CASE 혁명

Connected Autonomous Shared & Service Electric

1 세계의 조류를 바꾼 VW 디젤게이트

🏃 디피트 디바이스

　독일 최대, 현재는 세계 최대의 자동차 메이커인 폭스바겐VW은, 나치스의 아돌프 히틀러가 꿈꾸었던 국민차(훗날의 비틀)를 제조하기 위해 공익적으로 만들어진 회사이다. 처음부터 본사는 인구 12만 명의 공업 도시인 북부 독일의 니더작센주州 볼프스부르크에 세워졌다.
　BMW 본사가 있는 곳은 따뜻하고 활기가 넘치는 뮌헨이다. 또한 다임러와 포르쉐, 보쉬 등과 같이 명성이 높은 독일 자동차 회사는 숲속 문화 도시로 불리는 슈투트가르트에 본거지를 두고 있다. 남부 독일의 밝은 분위기와는 달리 히틀러에 의해 공업화를 담당하는 계획 도시로 발전해 온 볼프스부르크에는 항상 춥고 무거운 분위기가 감돈다. 이곳에는 붉은 벽돌로 만들어진 VW 본사 사무동과 거대한 여러 개의 굴뚝

이 특징적인 공장 그리고 근처에 아우토슈타트라고 하는 자동차 테마파크 외에는 볼 것이 거의 없다.

벌써 십몇 년 전의 일이다. 2006년 11월, 이 볼프스부르크의 VW 본사 연구개발동 7층 회의실에 약 15명의 기술자가 모여 있었다. 그 자리에서는 미국 시장 투입 시기가 다가온 신형 디젤 엔진(형식 명 EA189)에 **디피트 디바이스**(Defeat Device, 이후 임의 조작 장치)라고 하는 위법한 소프트웨어를 비밀리에 집어넣을 것인지 여부가 논의되었다. 결국 최종적으로 **임의 조작 장치를 적용하자는 결론을 내렸다고 한다.**❶

전략적인 클린 디젤 엔진에 반사회적 임의 조작 장치를 적용하는 방식으로, 미국에서 인기를 끌고 있던 하이브리드 자동차 **프리우스**에 대항할 깃발을 올리게 된 것이다. 이것은 도요타자동차를 젖히고 세계 넘버원을 지향하는 VW의 야망 실현을 위해 그들에게 주어진 미션 때문이다.

임의 조작 장치란 배기가스 규제 검사를 빠져나가기 위해 엔진 제어에 사용되는 위법한 소프트이다. 자동차가 섀시 다이나모라고 하는 실험 장치 위에 있다고 판단하면(다이나모 위에서는 핸들을 돌리지 않기 때문에 차량에 탑재된 컴퓨터는 테스트라고 인식하도록 프로그래밍 되어 있다) 임의 조작 장치는 배기가스 정화 시스템을 작동시킨다. 야외에서 도로를 달린다고 인식하면 배기가스 규제 제어 기능을 정지시킨다. 이런 VW의 부정 엔진은 도로를 주행할 때 규제보다 최대 40배나 되는 유독한 질소산화물NOx을 배출했다고 한다.

---

❶ Jack Ewing, Faster, Higher, Farther : The Volkswagen Scandal, W. W. Norton & Company (책 유잉, 『폭스바겐의 그림자 – 세계 제패의 야망이 불러온 자동차 제국의 함정』 닛케이BP사)

🏃 빈터코른의 마지막 프레젠테이션

볼프스부르크에서 인터시티 철도로 2시간 이상 남쪽으로 내려가면 독일을 대표하는 남부 도시 프랑크푸르트가 있다. 여기에서는 2년에 한 번, 세계 최대인 프랑크푸르트 모터쇼가 열린다. 어찌됐든 이곳에서는 독일의 자동차 쇼가 열린다. 도요타 부스가 찾아가기도 불편할 정도로 안쪽에 배치되어 있는 모습과 함께 이곳에서는 마치 **독일차가 아니면 자동차가 아니다**라는 주장이 느껴질 만큼 자동차 산업에 대한 독일의 자긍심이나 위신을 등에 업은 빅 이벤트가 펼쳐진다.

2015년 9월 14일, 여느 해와 마찬가지로 VW는 프랑크푸르트 모터쇼의 전야제 행사로 미디어를 대상으로 한 화려한 그룹의 밤Group Night을 개최했다. VW 그룹은 아우디와 포르쉐, 벤틀리, 람보르기니, 부가티 같은 고급 브랜드 외에 VW 브랜드, 세아트, 슈코다 같은 대중차 브랜드, 스캐니아와 만, VW 상용차의 상용차 브랜드, 이륜차인 두카티까지 합쳐서 총12개의 브랜드를 거느린 거대한 자동차 그룹을 형성해 왔다. 그룹 나이트는 각 브랜드의 최고 경영 책임자CEO나 기술 담당 임원이 한 자리에 모여 콘셉트 모델을 소개하는 자리이다.

아우디의 기술 개발 담당인 울리히 하켄베르크, 이사 겸 테크니컬 치프인 하인츠 야콥 이노사, 포르쉐 연구 개발 담당 임원인 울프강 하츠, 아우디의 CEO 루퍼트 슈타들러, 포르쉐의 CEO 마티아스 뮬러 등 많은 인사들이 등장하여 수많은 전기 자동차EV 콘셉트 카를 소개하였다.

마지막으로 등장한 인물이 VW 그룹 CEO인 말틴 빈터코른이다.

이 해의 그룹 나이트는 EV와 양방향 연결성, 자율 주행, 카 쉐어링을 포함해 VW 그룹의 미래 기술적 방향성에 대해 강력히 어필하는 자리가 되었다.

자동차의 디지털화 시대가 도래하는 가운데, 우리는 모빌리티 컴퍼니로서 디지털 시대라는 운전석에 계속 앉아 있을 것이다. 빈터코른은 그런 미래를 강하게 이야기했다.

그때 평소와 달리 빈터코른이 쓸쓸해 하는 표정을 짓는 순간이 있었다. 디젤게이트의 정식 고발이 시간문제라는 사실을 각오라도 했기 때문일까. 4일 후인 9월 18일, 미국 환경보호청(EPA)은 VW의 디젤게이트를 세상에 고발했다.

EPA가 폭스바겐에 통지한 것은 기자 회견 불과 30분 전이었다.[2]

🏃 스스로 쏘아올린 자동차 대변혁의 신호탄

VW의 디젤게이트는 자동차 산업 역사에 있어서 커다란 전환점을 불러오는 계기가 되었다. VW는 그동안 1,120만 대에 이르는 부정한 엔진을 탑재한 모델을 전 세계에 판매해 왔다. 그러나 브랜드의 실추만으로 끝나지 않았는데, VW 그룹이 회계적으로 준비한 대책 비용만 하더라도 리콜 조치, 벌금이나 사법 거래까지 포함해서 과거 3년 동안에 이미 30조 원을 넘어섰다.

---

[2] Jack Ewing, Faster, Higher, Farther : The Volkswagen Scandal, W. W. Norton & Company (잭 유잉, 『폭스바겐의 그림자 – 세계 제패의 야망이 불러온 자동차 제국의 함정』 닛케이BP사)

그럼에도 불구하고 세계 판매에 대한 영향은 놀라울 만큼 경미했는데, 결정적으로는 VW의 최대 시장인 중국이 VW에 대해 관대한 자세를 유지했기 때문이다. 독일 메르켈 수상은 사건 직후인 2015년 10월에 중국을 방문하면서 빈터코른의 후임인 마티아스 뮬러를 동행시켰다. 이때 중국의 리쿼창 총리는 VW에 지원을 약속하는 한편, 신용력 보완을 위해 중국공상은행과 VW가 전략적 제휴까지 맺을 수 있도록 선물하였다.

빈터코른은 사건 발각 직후에 인책 사임되고, 하켄베르크와 하츠, 이노사는 책임을 물어 해임시켰다. 그 후 2017년에 미국 연방정부와 화해가 이루어지면서 경영 측면에서의 최대 난관은 지나간 것처럼 보인다. 그러나 사법적인 처리는 아직 끝나지 않았다. 2017년에 하츠가 독일 당국에 체포되었고, 2018년에는 빈터코른이 공범죄로 미국에서 기소되었다. 또한 사건 발생 이후 3년째인 2018년 6월에는 아우디 CEO 슈타들러가 뮌헨 지방검찰청에 의해 체포되는 충격적인 상황을 맞게 되었다.

유럽에서 디젤에 대한 불신은 그 후에도 계속 커지고 있다. 디젤에 대한 의혹은 많은 유럽 메이커에게까지 파급되어 2018년에 들어와 다임러는 대규모 리콜을 단행하게 되고, BMW도 서서히 문제가 커지는 상황에 처했다. 2017년 9월에 열린 국제 클린 교통위원회ICCT의 백서에 따르면 최신형 디젤 엔진 역시 아직도 형식 승인을 받은 공식 배기가스양과 배출량과의 괴리가 크다고 지적하고 있다.

디젤 부정에서 시작되어 유럽에서는 대기오염이 다시금 심각한 사회문제로 떠오르고 있다. 환경 보호 단체의 로비 활동이나 행정 소송이 계속되는 한편, 정치가들은 디젤게이트를 규탄하면서 EV를 추진하는 대중 정치(포퓰리즘)로 쏠리고 있다. 이런 풍조 속에서 2017년에는 영국과 프랑스 정부가 2040년까지 디젤이나 가솔린 내연기관의 자동차 사용을 인정하기 않겠다는 정책 협조를 취하고 있다.

디젤 사용 제한은 이미 시작되었다. 독일의 경우 함부르크와 아헨, 슈투트가르트, 하이델베르크 등의 도시에서는 구형 디젤 자동차의 시내 진입을 금지하는 방향으로 옮겨 가고 있으며, 여러 도시의 시재판소는 구형 디젤 자동차의 시내 진입 금지를 인정하였다. 또한 연방행정재판소는 2018년 2월에 이런 하급심 판결을 지지하는 판결을 내리기도 했다. 이런 판결은 유럽 각국으로 확산될 가능성이 높아서 유럽 주요 도시에서의 디젤 사용이 더욱 제한받을 가능성이 많다.

공교롭게도 디젤 부정 발각 후인 2015년 12월, 유엔기후변화협약 제21회 당사국총회COP21에서는 역사적인 **파리협정**이 체결되었다. 이 협정에서 세계의 평균 기온 상승을 산업 혁명 전과 비교해 2도 미만으로 낮추겠다고 합의하였지만, 사실상 이는 인간의 활동에 의한 온실효과 가스GHG 배출량을 실질적으로 제로로 하지 않으면 달성하기 어려운 목표이다.

유럽은 목표를 달성하기 위해 리더십을 발휘하려고 한다. 유럽위원회는 2030년까지 자동차 메이커의 기업 평균 연비(CAFE, 평균 이산화탄소CO_2 배출량을 나타낸다)를 68g/km(2021년 목표 95g/km)까지 낮추겠다는, 매우 강력한 장기 연비 규제를 발표했다. 엔진 기술 경쟁력을 봉쇄당한 유럽 자동차 메이커로서는 EV를 만드는 방법 외에 이런 저연비를 실현하는 것이 극히 어려운 일이 되어 버린 것이다.

사방이 막히게 된 유럽 자동차 산업계는 이 역경을 타개하기 위해 새로운 발상과 차원을 뛰어넘는 기술 혁신에 기초한 새로운 전략을 선택한다. 그것이 CASE전략이다. 이는 디지털화와 전동화電動化를 추진해 자동차를 IoT(Internet of Thing, 사물 인터넷, 모든 사물이 인터넷으로 연결되는 구조) 단말기로 만듦으로써 자동차 산업을 제조업에서 모빌리티(이동) 산업으로 변혁시키겠다는 기사회생의 전략이다. CASE란 C=Connected(양방향 연결성), A=Autonomous(자율주행), S=Shared&Service(차량공유와 서비스), E=Electric(완전 전동화)라는 자동차 산업계의 4가지 중대 트렌드의 머리글자에서 따온 조어造語이다.

유럽 자동차 산업계는 CASE 전략을 가속화시켜 모빌리티Mobility 산업으로의 전환에 필요한 기반을 라이벌보다 먼저 구축하는 것을 생각하고 있다. 계속해서 지켜온 **'닫힌 자동차 공간'**을 열어젖히고 산업 구조를 격변시키는 전쟁의 신호탄을 스스로 쏘아올린 것이다.

2 차세대 자동차 패권을 둘러싼 3자의 의도

🏃 유럽 자동차 산업이 계획하는 IoT로서의 자동차

자동차 산업 전쟁이 이제는 기업 간 경쟁의 틀을 넘어서 국가 간 경쟁으로 바뀌고 있다. 자국의 고용을 떠받치고 미래의 경쟁력을 위한 개발력과 기술력을 만드는 강력한 토대인 기간산업을 그 어떤 나라도 방치할 수는 없기 때문이다. 이런 국가 간 경쟁 틀 속에서, 2000년대 후반부터 국제 경쟁력을 크게 높여 온 것이 유럽의 자동차 메이커들이다.

엄격한 환경 규제와 안전 규제를 먼저 실시하고, 그 규제에 대응할 수 있는 세계 표준 기술이나 평가 방법의 주도권을 장악해 온 것이 유럽 자동차 메이커나 서플라이어Supplier이다. 산학관이 연대하는 컨소시엄(목적을 공유화한 기업 연합체)을 구성한 뒤, 자동차 메이커와 서플라이어가 협조할 수 있는 영역을 정한 상태에서 처음부터 하나가 되어 개발에 들어간다. 그리고는 그 성과물을 국제 표준으로 세계에 널리 보급시킨다. 디젤 기술이 그런 대표적 성과 사례였다.

새로운 유럽 전략의 핵심은 자동차의 디지털화이다. 여기서는 국제 표준으로 육성해 온 차량 탑재 전자 제어 유닛ECU 기술이 강력한 경쟁력이 될 가능성이 있다. 2000년대 후반부터 ECU 소프트웨어 사양을 세계의 디팩토 표준(사실상의 표준)으로 만들려는 노력을 계속해 왔다. BMW와 보쉬를 대표로 다임러나 VW 등과 같은 자동차 메이커, 서플라이어가 모여서 개발해 온 AUTOSAR(오토자)라고 하는 차량 탑재 ECU 표준 사양이다.

오토자란 자동차의 전자 제어 표준 규격을 정한 것으로, 전자 제어의 기반 소프트와 사양을 표준화함으로써 개발을 쉽게 하자는 것이다. 소프트웨어 기반을 만드는 것은 협조 영역으로 두지만, 가동 부분 시스템을 장착하는 분야에서 경쟁하겠다는 발상이다. 이 표준화로 세계를 주도해 소프트웨어와 하드웨어 모두에서 유럽세가 확고하게 이익을 가져가겠다는 노림수가 있었다. 사실 오토자 개발에서 앞서 나간 보쉬와 콘티넨탈 같은 거대 서플라이어의 경쟁력은 상당히 높은 편일뿐만 아니라, 기본 소프트에서는 벡터 같은 유력 기업의 육성을 통해 개발력과 가격 경쟁력 양쪽에서 유럽 기업이 우위를 차지해 왔다.

현재의 자동차는 액추에이터라고 하는 작동 부분(문 유리창이나 와이퍼부터 브레이크나 미터까지)이 소프트웨어를 통해 전자적으로 제어된다. 하드웨어와 소프트웨어가 연계되어 달리고, 돌고, 서는 기능이 조작되는데, 그때 이 시스템을 제어하는 것이 ECU이다. 자동차 1대당

ECU 개수가 50개, 많으면 100개나 될 만큼 현재의 자동차는 이미 컴퓨터 덩어리라고 할 정도이다.

커넥티드나 자동 운전을 장착하려면 센서 등과 같은 새로운 하드웨어를 탑재하고 대규모 소프트웨어를 적용해야 한다. 그러면 그런 것들을 제어하는 ECU 수는 더 많아지게 되고, 때문에 복잡한 통합 제어는 불가피할 수밖에 없다. CASE에서는 하드웨어와 소프트웨어를 고도로 연계시키는 전자 제어 기술이 중요한 경쟁 영역이 되는 것이다. 오토자를 주도해 온 유럽 자동차 산업계는 이것을 무기로 활로를 찾아내려 하고 있고, CASE 영역의 신기술로 경쟁사보다 앞서 나가려는 야심을 갖고 있다.

¤그림1 • MaaS 확대에 따른 자동차 산업 구조의 변화

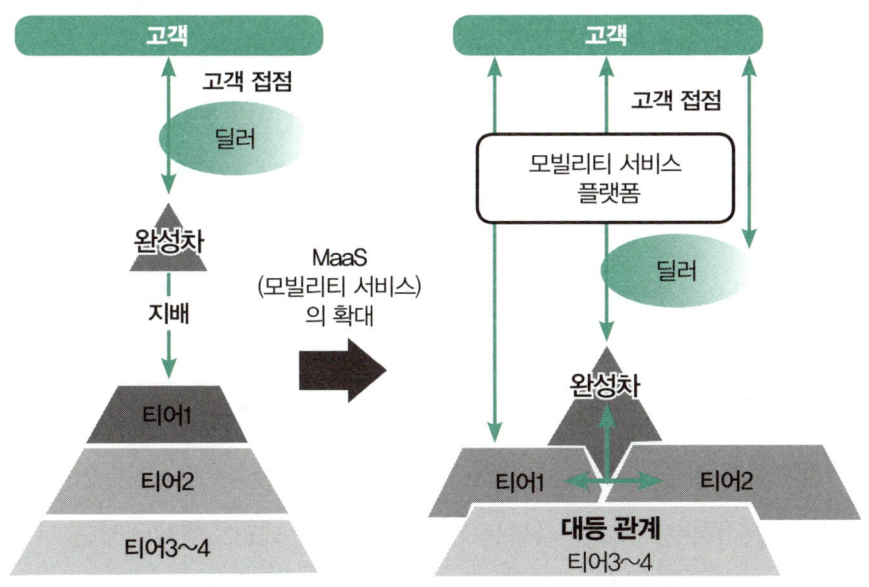

출처 : 나카니시 자동차 산업 리서치

🏃 CASE 혁명의 세계

디지털화된 자동차는 통신 기술이나 클라우드 기반의 발전과 함께 네트워크에 항상 접속되는 커넥티드 카가 되면서, 말하자면 IoT(Internet of Things, 사물 인터넷)의 단말 장치로서 작동한다. 2030년까지는 선진국의 신차 전부가 커넥티드 카가 될 전망으로, 네트워크에 접속되는 차량 대수만 하더라도 10억 대에 이를 것으로 예상된다.

이러한 대규모 네트워크는 거대한 디지털 시장을 만들게 되고, 아마도 지구상에서 최후의 정보 가치를 가져다 주는 대유전이 될 것이다. 수많은 차량 센서 정보나 교통 정보가 빅 데이터화되면서 인공 지능의 분석을 거쳐 다양한 서비스가 만들어진다. 자동 운전, 커넥티비티, 공유 Sharing 등, 네트워크를 기반으로 무한한 모빌리티 서비스가 생겨난다.

그 결과 인간의 이동(모빌리티) 모습은 크게 바뀔 가능성이 있다. 개인이 자동차를 소유하고 운전 주도권을 갖고서 이동하는 전통적 모습에서 Mobility as a Service(MaaS=매스, 서비스로서의 모빌리티)로 진화해 나가는 것이다. 이것을 이동 혁명이라고 부르는 경우도 있지만, CASE 전략으로부터 창출되는 자동차의 가치와 물건 제조의 대변혁을 포괄적으로 받아들인다는 의미에서 CASE 혁명이라고 부르는 것이 맞을 것이다.

전통적인 자동차 산업의 비즈니스 모델이 거액의 투자 설비 이후 그 자본을 회수하는 속도를 다투는 게임이었다면, MaaS 세계에서는 서비서(Servicer, 서비스를 제공하는 사업자)를 둘러싼 에코시스템(수익 구

¤그림2 • Society 5.0에 의한 새로운 가치와 산업 및 사회의 변화

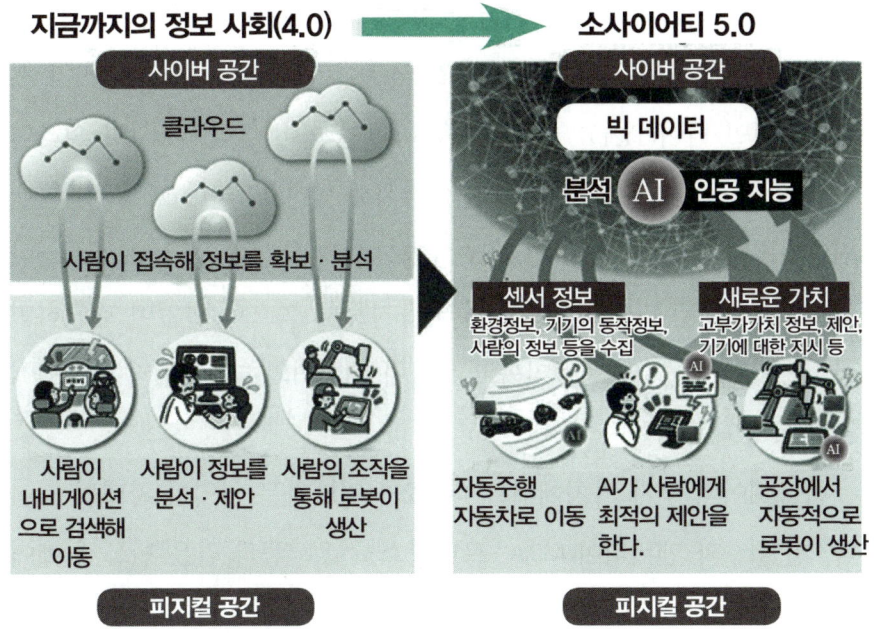

출처 : 내각부(府)

조)의 구축 여부가 중요한 경쟁력으로 자리한다. 이를 바탕으로 이동 거리나 이용 시간에 따라 돈을 받는 방식의 새로운 비즈니스에 대응하지 않으면 안 된다.

자동차 산업은 탄생 이후 한 번도 겪어 보지 않은 대규모 변혁기를 맞이했다. 경쟁력의 원천이 바뀌고 자동차 가치는 혁명적으로 변화하며, 물건 제조를 중심으로 한 산업 구조가 붕괴된다. MaaS에 필수적인 플랫폼을 만들고 데이터를 지배함으로써, 매력적인 서비스를 둘러싸는 완전히 새로운 능력이 자동차 메이커에게 요구되고 있다. 자동차 메이커는 단순한 제조업이 아니라, 모빌리티 서비스의 기반 구축부터 서

비스 자체를 제공하는 사업체로 다시 태어나지 않으면 안 된다. 서플라이어에게도 획기적인 변화가 닥칠 것이다. 전통적인 자동차 산업은 자동차 메이커가 주도권을 잡고 있고, 부품이나 제품을 공급하는 1차 서플라이어인 티어(Tier)1, 2차 서플라이어인 티어2, 티어3~4가 피라미드 구조를 이루면서 광대한 저변을 형성해 왔다. 그러나 MaaS가 확대되면 이런 수직 통합형 산업 구조는 붕괴될 가능성이 높다. 보쉬Bosh나 덴소Denso 같은 티어1의 사업 영역이 자동차 쪽으로 한없이 접근하면서, 소프트웨어 지배를 둘러싸고 자동차 메이커와 티어1의 격돌이 일어날 가능성도 있다.

하드웨어의 부가 가치에서는 티어2가 지배하는 영역이 확대될 것이다. 인텔Intel과 엔비디아NVIDIA, 르네사스Renesas 등과 같은 반도체 메이커, 파나소닉과 중국의 닝더스다이寧德時代 신에너지 과학 기술 유한공사CATL 같은 전지 메이커, 일본전산, 소니 등과 같은 전자부품 메이커, 신흥 기업들이 부가 가치 대부분을 지배할 절호의 기회를 맞게 되는 것이다. 새로운 부가 가치가 산업의 하류에 생기면서 신규로 뛰어드는 사업자가 그 가치 아래로 모여드는 상황을 생각할 수 있다. 기회와 위험 부담 사이에 서게 되는 딜러는 여기서 머뭇거려서는 안 된다.

디지털화를 둘러싼 유럽의 산업 전략은 더욱 진전되고 있다. IoT를 구사한 인더스트리 4.0(Industry 4.0, 제4차 산업 혁명)이 그것이다.

인더스트리 4.0은 모든 공장을 IoT로 연결해 표준화된 네트워크를 구축하는 것이다. 독일을 중심으로 IoT로 물건 제조를 강화하는 한편, 같은 사양으로 중국 등과 같은 신흥국을 포위함으로써 유럽 제조업을 중심으로 한 지역 산업의 발전을 실현하려 하고 있다. 인더스트리 4.0의 중심은 SAP나 보쉬 같은 기업들로서, 기존의 피라미드를 역전시키려는 티어1 서플라이어의 역습으로도 보인다.

2050년 무렵의 미래 자동차 산업에서는 도시와 사회 인프라가 MaaS를 토대로 구축되는 이상적인 세계가 펼쳐질 것이다. 소사이어티 5.0으로 실현될 초超 스마트 시티는 자동차가 사회적인 장치로 바뀌면서 공공성이 높은 공유 자산이 되는 사회이다. CASE 혁명이 지향하는 끝에는 사회 전체를 변혁할 만큼 스케일이 큰 궁극적인 자동차 산업의 미래상이 있다.

지금까지의 정보 사회는 소사이어티 4.0으로 불리면서, 지식이나 정보는 공유되지 않고 횡적인 연대가 결여된 세계였다. 그러던 것이 소사이어티 5.0에서는 IoT에 의해 모든 사람과 사물이 연결됨으로써 사이버 공간(가상 공간)과 피지컬 공간(현실 공간)을 고도로 융합시키는 사회로 바뀐다.❸

사이버 공간에 집약된 빅 데이터를 AI로 분석하고, 그 결과는 자동운전이나 모빌리티 서비스로 피드백 된다. 초스마트 시티에서는 환경 문제, 저출생·고령화, 인구 감소 등과 같은 사회 문제의 본질적인 해결이 가능해지는 것이다. 자동차로 비유하면 성숙기로 접어들어 일용품 같이 바뀐, 발전력이 부족한 산업으로 보이기 쉬웠지만 지금은 다르다. 활력이 넘치고 사회의 개선을 가져오는 성장 산업으로 다시 각광을 받을 것이라는 인식을 가져야 할 것이다.

❸ 소사이어티5.0(Society 5.0) http://www8.cao.go.jp/cstp/society5_0/index.html, 내각부

🏃 파괴적 도전자에 대한 마중물

자동차가 디지털로 바뀌면 그 시대의 주역은 우리!라고 주장하며 자동차 비즈니스에 참여할 기업들이 많다. 군웅할거하는 IT 기업, 전기 메이커, 테크놀로지 벤처 기업 같은 곳들이다. 자동차의 디지털화는 거대한 자동차 산업 진입을 엿보고 있는 파괴적 도전자들의 마중물이 된 것이다.

전기 메이커는 센서 등의 강 상류에서, 인텔이나 엔비디아 같은 반도체 메이커는 강 중류에서, 구글이나 애플·페이스북·아마존닷컴 4곳을 가리키는 GAFA(가파) 등과 같은 IT 기업은 강 하류에서 각각 전문 분야를 바탕으로 자동차 산업을 무너뜨리려 하고 있다. GAFA는 제2장에서 살펴볼, 두 가지 접근 방식으로 자동차 산업을 공략해 가며 지금까지 산업에 군림해 온 자동차 메이커를 종속자로 전락시키려 하고 있다.

파괴자는 자동차 산업계에서도 등장하고 있다. 미국에서는 EV로 혁명을 일으키고 있는 테슬라를 대표로 많은 신흥 기업이 탄생했다. 경제 위기 속에서 살아난 미국 자동차 메이커는 자동차 산업에 대한 패권을 일본과 유럽으로부터 되찾아오기 위해 파괴적 전략을 명확하게 드러내고 있다. 대표적인 곳이 창업 100년째에 경영 파산이라는 굴욕을 맛본 제너럴모터스GM이다.

GM은 GAFA와 협조해 MaaS를 기반으로 하는 산업 개혁을 추진하려고 미국 정부에 강력한 로비 활동을 지속적으로 펼치고 있다. 사실 미국은 이미 국가 산업 전략의 일환으로 규제 완화나 운용 규칙 작성 등에서 세계를 선도하려 하고 있다. 2019년에 세계에서 가장 먼저 무인 자동 운전 배차 서비스를 실시하는 곳은 예전의 자동차 산업을 주도했던 GM인 것이다.

여기에 최강의 게임체인저로 등장하고 있는 것이 중국의 국가 전략과 그 시장 확대 혜택을 받고 있는 중국 자동차 산업이다.

세계무역기구WTO에 가입한 2001년이 중국 자동차 시장의 시작이라고 보았을 때, 당시의 자동차 판매 대수라야 기껏 240만 대 정도의 작은 시장에 불과했다. 그러던 것이 2017년에는 2,880만 대로 10배 이상 커지면서 세계 최대의 자동차 대국으로 바뀌었다. 물론 그 기술이 아직까지는 유럽과 미국의 자동차 산업에 의존하고 있다는 사실은 부정하기 어렵다.

¤그림3 • 중국 신에너지 자동차(NEV) 생산 대수 확대 계획(정보 계획)

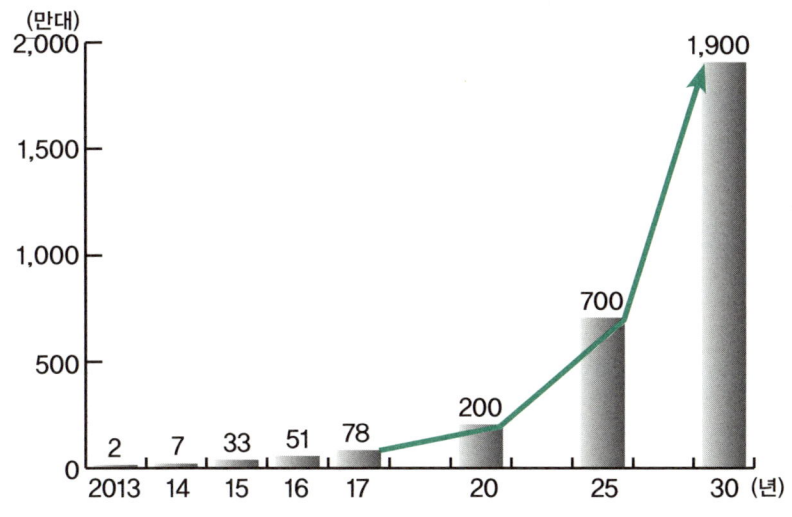

출처 : 중국 공업정보화부(部)

중국의 시진핑 국가주석은 자동차 산업이 맞이할 **CASE 혁명**의 변화를 자국의 산업 정책에 반영해, 거대하기만 한 자동차 소비 대국에서 세계 자동차 강국으로의 전환을 꾀하고 있다. 중국 정부는 2015년에 **중국 제조 2025**를, 2017년에 **자동차 산업 중장기 발전 계획**을, 2018년에는 **신에너지 자동차NEV 규제**를 발표하는 등, 점점 본격적으로 공세를 취해 왔다. 2030년에는 EV와 플러그 인 하이브리드 자동차를 포함해 1,900만 대의 NEV 제조 판매를 목표로 함으로써 차세대 자동차에 대한 주도권을 확실하게 장악하려 하고 있다.

중국이 일본을 추격할 만한 유효한 산업적 정책 수단은 쉽게 찾아볼 수 있다. EV를 조기에 보급시켜 자동차의 동력원인 엔진(내연기관)을 무력화함으로써 일본의 자동차 산업 국제 경쟁력을 봉쇄하면 되는 것이다. 그렇게 하면 중국이 일본을 대신해 세계적인 자동차 강국으로 발돋움하게 될 것이고, 그럴 무렵이면 일본은 포도나 딸기 정도를 생산하는 고급 농업국쯤으로 바뀌어 있을지도 모르겠다.

3 당면한 일본의 자동차 산업 전략

🏃 바닥으로부터의 출발

2009년에 도요타자동차 사장으로 취임한 도요다 아키오는 도요타 자동차의 창업자인 도요다 키이치로의 3대째에 해당하는 본가의 적자이다. 그럼에도 불구하고 아키오는 격렬한 투쟁을 통해 현재의 사장 자리를 차지했다고 알려져 있다. 2000년대 후반, 당시의 와타나베 가츠아키 사장은 글로벌 마스터플랜이라고 하는, 생산 대수 주도의 성장 전략에 매진하는 동시에 도요타자동차 경영에서 창업 일가를 멀리 떼어 놓으려 했다.

그러나 와타나베의 야망은 리먼쇼크Lehman shock로 시작된 경제 위기와 함께 무너져 내린다. 그 직후에 일어난 사장 교체극의 뒷면에는 확대 경영, 주가나 시장 제일주의에 치우친 경영으로부터 도요타가 원래 걸어가야 할 길로 돌아가려는 내란이 있었다고 전해진다. 도요다 아키라가 사장으로 승격한 2008년도에 도요타자동차는 창업 최초로 4조 6천1백억 원이나 되는 경영 적자에 빠졌던 것이다.

지금은 일본 산업계를 대표하는 경영자 가운데 한 사람으로 올라선 도요다 아키라에게는 자주 감동하는 일면도 있다. 공식적인 장소에서 눈물을 보였던 장면이 몇 번이나 있었다는 것을 필자는 기억하고 있는데, 사장으로 승격한 직후 얼마 안 되서 발각된 미국에서의 품질 문제 때문에 딜러 관계자들 앞에서 보였던 눈물은 회사를 재건하는 데 있어서 큰 의미가 있었다.

2010년에 도요타를 휘몰아친 품질 문제는 미국에서만도 800만 대에 이를 만큼 연쇄적인 리콜로 이어졌다. 브랜드 가치의 훼손은 말한 것도 없고, 1조 원을 넘는 시장 조치 비용에, 미국 검사국과의 화해 비용 1조 2천2백억 원, 집단 소송 화해 비용 9,400억 원이라는 천문학적 비용이 들어간 것이다. 또한 따가운 여론과 정치 쇼로 변해 버린 미국 의회의 압박으로 공청회까지 참석하게 된다.

이 의회 증언을 위해 미국으로 날아가는 도중에 아키오는 **이것이 혹시 나를 사임시키기 위한 게임이 아닐까.** 하고 생각했다고 한다. 사장 취임 이후 1년 만에 찾아온 실각 위기였다.

혹독한 질문 공세에 맞닥뜨린 공청회는 4시간이나 계속되었다. 공청회가 끝나고 아키오는 격려하기 위해 모여든 미국 딜러 관계자들에게 이야기하기 위해 다시 일어섰다.

나는 혼자가 아니었다, 미국과 전 세계에 있는 도요타 동료들과 함께였다.

아키오는 말문이 막히면서 눈물을 보였다. 2초가량 말을 잊었지만 어찌되었든 마지막까지 이야기를 끝낼 수 있었다. 이때 관계자 가운데 한 사람이 아키오에게 다가와 격려의 말을 건넸다.

이것(공청회)이 미국의 전부라고 생각하지 않았으면 좋겠다. 우리들은 도요타를 좋아한다. 다음 일은 우리에게 맡겨 달라. 당신은 아무 것도 하지 않아도 된다. 우리들이 도요타자동차를 팔 테니까….

이 말에 더 이상 참지 못하고 아키오는 눈물을 흘린다. 기쁨의 눈물은 잠시 동안 멈추지 않았다.

회사의 위기를 구하겠다는 강한 사명감과 함께, 혈기 왕성한 젊은 경영자로서 많은 저항 세력들과 주저함 없이 싸워 왔다. **그래 봤자 창업주 도련님일 텐데.** 하는 이야기를 들을 때는 자주 반발하기도 했다. 그런 아키오에게 있어서 이번 시련은 자신을 성장시키고 세계의 도요타 가족들을 이해하는 한편으로, 화합으로 나아가게 하는 계기가 되었던 것이다.

귀국 후에 아키오는 사원들과 거래처 직원 2,000명 앞에서 공청회를 보고하기 위해 섰다.

저는 이 사람들(미국 딜러 관계자)을 지키려고 열심히 싸울 생각이었지만, 사실은 제가 이 사람들로부터 보호를 받고 있었다.

아키오는 같은 대목에서 다시 눈물을 보였다. 이 보고회는 회사 전체에 영상으로 보내졌기 때문에 모든 사원이 보게 된다.

당시의 도요타가 일치단결해 있는 상황이었다고는 도저히 생각할 수 없었다. 정변 같은 형태로 태어난 도요다 아키오 사장의 새로운 방침에 모두가 동요하면서 어수선한 상태였기 때문이다. 하지만 아키라의 눈물은 사장 교체 후의 혼란한 와중에 가졌던 사원들의 응어리를 푸는 계기가 되었고, 이때 도요타 사내의 분란은 끝났다. 일치단결해서 재건을 향한 새 출발을 마음에 새겼던 것이다.

도요다 아키오는 규모나 생산 대수를 성장의 지렛대에서 제쳐놓고, 산적한 과제들을 안고 있는 도요타가 무엇을 우선시해야 할지를 생각했다. 그리고는 더 좋은 자동차를 만들자.는 슬로건으로 연결 사원까지 포함한 33만 명을 하나로 묶었다. 어떤 상황에서도 계속해서 성장할 수 있는, 진짜 경쟁력이 무엇인가를 사원들과 함께 생각해 왔다. 그런 성과가 열매를 맺으면서 도요타의 실적은 과거 최고 수익을 갱신한다. 그러는 동안에 경영은 다시 정상 궤도로 올라선 것으로 보인다. 그러나 이런 과정을 겪는 10년 동안에 외부 환경은 격동의 시간을 보냈던 것이다.

혁신의 딜레마를 타개하라

연말이 되면 도요타의 주요 임원들은 항상 애널리스트 간담회를 개최해 왔다. 2016년 말에 열린 간담회에서 한 임원이 다음과 같은 푸념을 한다.

몇 년 전에, 20년 후인 2035년의 궁극적인 모빌리티가 어디를 향해 갈 것이냐는 시나리오를 검토한 적이 있었습니다. 틀림없이 스트레스 없이 변화가 가속화되는 방향으로 모빌리티는 진행될 것으로 생각했죠. 자동 운전은 말할 것도 없고 전기를 사용하는 모빌리티가 확대될 것이고, 쉐어링이나 월

정액으로 이용할 수 있는 가입subscription을 활용함으로써 자동차 소유욕은 감소하고, 커넥티드로 자동차 점검 정비도 필요 없을 것으로 말입니다.

이것을 실현하려면 자동차 산업을 열린 상태의 수평 분업 구조로 바꿔 나가야 한다고 생각합니다. 구조 변화에 대응하기 위해서 2025년 무렵까지는 많은 기술이나 새로운 능력을 구축할 필요가 있다고 인식하고는 있었지만, 순식간에 5년, 10년 단위로 시간 축이 앞당겨진 겁니다. 이대로 가다가는 다른 업종에 의해 시나리오가 실현될지도 모릅니다. 우리는 바뀌지 않으면 살아남지 못할지도 모르는 것이죠.

자동차 산업에 있어서 자동 운전, 인터넷 상시 접속에 의한 텔레매틱스, 쉐어링, 전동차 등은 이제 어떤 것도 새로운 트렌드가 아니다. 모빌리티의 미래를 생각했을 때, 미래에 다가올 고객의 요구 변화는 충분히 예상된 것이었고, 필요한 개혁이 어떤 것인지도 충분히 이해되고 있었다. 그러나 문제의식을 갖고 있더라도 자동차 산업계의 움직임은 더딘 편이어서, 파괴적 혁신을 가져오려는 다른 업종이나 신흥 기업에게 급작스럽게 위협받기 시작하고 있다. 진지하게 고객 요구에 대응하지 못했다고 반성하더라도 어쩔 수 없다. 요컨대 일본 자동차 산업계는 혁신의 딜레마에 빠져 있었던 것이다.

경제적인 혼란이나 자연 재해가 발생하면서 대응이 몇 년 지체되었던 것은 확실히 불운이었다. 아이폰 3G가 전 세계 사용자들로부터 열광적 지지를 받던 2008년 무렵, 금융 위기 속에서 자동차 산업은 존망의 위기에 있었다. 세계 수요의 30%가 단기간에 소멸된 이 위기 속에서 자금 사정 전망조차 못 하게 된 자동차 산업계는 전략 재검토에 쫓기는 한편, 성장 전략뿐만 아니라 고정 비용 구조의 근본적인 개선이 최대의 우선 과제였다.

죽음의 늪에서 살아남아 각 회사마다 체제가 안정되기 시작하던 2011년 무렵일 것이다. 도요타의 품질 문제가 발생했고, 불행하게도 같은 타이밍에 동일본 대지진까지 덮쳤다. 일본 자동차 산업계가 세계의 경쟁사들보다 1년 이상을 뒤처지게 된 이유이다. 그러는 동안에 혼다는 성장 전략에 발목이 잡히면서 경영은 혼란에 빠지고, 현재도 본업을 강화하는 개혁만으로도 벅차하고 있다. 닛산자동차는 자본을 제휴하는 프랑스 르노와의 동맹 강화 속에서 완전히 유럽 전략 속으로 휩쓸려 들어갔고, 연비 부정 문제를 일으킨 미쓰비시자동차도 같이 거기로 빨려 들어갔다. 일본 자동차 산업의 행방은 도요타자동차의 성패에 크게 의존하게 되었다고 해도 과언이 아니다.

2016년은 **CASE 혁명**에 도요타가 대응하는 중요한 전환점이었다. 미국 실리콘밸리에 AI 연구 기관인 도요타 리서치 인스티튜트TRI를 설립하게 되고, 11월에는 전 세계에 **커넥티드 전략**을 밝혔다. 마쯔다와 스즈키는 도요타와의 연대를 결단함으로써 거대한 일본 연합 진영이 갖춰지게 된 것이다. 2018년 1월의 미국 컨슈머 일렉트로닉스 쇼CES에서 도요타자동차는 자동차를 만드는 회사에서 탈피해 이동과 관련된 모든 서비스를 제공하는 모빌리티 컴퍼니를 지향하겠다고 선언했다.

서장이 조금 길어진 느낌이지만 2013년에 출판한, 2020년까지의 변혁에 있어서의 경쟁력을 논고했던 **도요타 대 VW**의 세계를 이 책의 독자들에게 알리고 싶은 마음에서이다. 그것이 이 책에서 다루는 2030년을 향한 새로운 전쟁 구도를 이해하는 데 있어서 상당히 중요하다고 생각하기 때문이다.

모빌리티 컴퍼니로의 변신을 결의한 도요차자동차로 하여금, 이 결의를 밀어붙이게 한 요인은 무엇일까. 자동차 산업과 파괴적 혁신 기업과의 생생한 전쟁의 본질은 무엇일까. 4가지 트렌드 끝에 있는 혁명적인 산업의 변화인 **CASE 혁명**을 이해하고, 미래의 시나리오를 수치로 예측하면서 자동차 가치와 사회 구조의 변화 속에서 자동차와 관련된 산업의 흥망을 알아보려는 것이 이 책의 목적이다.

이런 변화가 순식간의 혁명적 사태로 일어날 것인지, 아니면 질서를 가진 점진적인 진행으로 나아갈 것인지, 그 결과에 따라서는 기업 활동이나 시민 생활에 엄청난 영향을 미치게 된다. 그럼에도 불구하고 그 과정은 명확하지 않다. 필자는 이 책보다 앞선 많은 논의를 보고, 시간축을 포함한 프로세스 논의가 빠져 있다고 느끼고는 했다. 이 책은 그런 점을 애매하게 다루지 않고 현실적인 **CASE 혁명**의 해설을 지향하고 있다.

유럽과 미국, 일본 주요 자동차 메이커의 전략을 검증하고, 그 속에서 떠오르는 국가 간 경쟁구조에 초점을 맞춤으로써 일본의 위기적인 상황을 이해했으면 좋겠다. 2030년을 살아남을 새로운 경쟁력은 무엇일까, 일본 내 산업에 필요한 솔루션을 검증해 볼까 한다.

변혁의 한 가운데 있는 자동차 산업계 시각에서 본 **CASE 혁명**의 세계를, 애널리스트로서의 정보력과 분석력으로 탐구한 것이 이 책의 특징이다. 이 시각은 자동차 산업계는 물론이고 직접적으로 영향을 받는 부품 산업이나 딜러 등과 같이 밸류 체인Value Chain으로 이어진 산업까지 해결책으로 제공되기를 기대해 본다. 자동차 산업계 입장에서 보면 파괴적 혁신을 지향하는 기업에게는 가능한 한 알려지길 바라지 않는 중요한 사실이나 결론도 담아낼 생각이다.

[제1장]
CASE 혁명이란

Connected Autonomous Shared & Service Electric

1 CASE 전략의 시작

🏃 다임러의 선택

디터 제체가 세계 최고의 고급차, 상용차 메이커인 다임러 대표이사 회장에 취임한 것은 12년 전인 2006년이다. 터키 이스탄불 태생에 현재 나이는 65세, 대학에서는 기계공학이 아니라 전자공학을 전공하고 그 후 박사 학위를 취득한다. 콧수염을 기른 지적인 인상과 위트 넘치는 언동, 지금은 독일을 대표하는 경영인 가운데 한 사람이다.

2000년 이전의 제체는 상용차 부문 최고 경영자였지만, 일본에서도 유명한 유르겐 슈렘프 전 회장이 미국 크라이슬러와의 합병을 단행하면서 제체는 크라이슬러를 재건하기 위해 미국 사장으로 가게 되었다. 그러나 세기의 합병으로 불리면서 전 세계 자동차 메이커들을 합종연횡의 광풍으로 빠뜨렸던 다임러·크라이슬러의 합병 경영은 혼란스러웠다. 2005년에 숙적 BMW에 고급차 브랜드 세계 최고 자리를 빼앗기는 등 다임러의 경영까지도 고전하기에 이른다. 책임을 지게 된 슈렘프는 회사에서 물러나게 되고 6년 동안 디트로이트에서 지낸 제체가 그 후임을 맡아 귀국한 것이다.

제체는 **파괴자**라는 별명이 어울릴 만큼 강력한 구조 조정을 단행했다. 본사 매각이나 독일 국내 사업의 구조 조정을 시작으로, 크라이슬러와의 합병을 시원스레 해소하고는 회사명에서 메르세데스를 없애고 다임러로 재출발한다.

다임러는 메르세데스 브랜드의 고급차와 상용차에 경영 자원을 집중시키는 한편, 제체의 능숙한 경영술이 더해지면서 부활을 하게 된다. 그가 대표이사 회장에 취임한 2006년에 28억 유로에 불과했던 다임러의 영업 이익이 최근 2017년에는 163억 유로(21조 2천억 원)까지 치솟으면서 자동차 메이커로서는 도요타에 이어 세계 2위에 이르게 된다.

메르세데스 브랜드가 매력적인 신차 라인업으로 바뀌면서, 2016년 고급차 세계 판매 순위에서 실로 12년 만에 1위로 복귀한 이후 2017년까지 연속으로 톱을 차지한다. 쇼룸이나 중국 사업, 포뮬러 원에서까지도 다임러는 빛을 발휘했다. 그런데 유일하게 빛을 내지 못한 경우가 있었는데, 이는 다임러의 주가로 여기에 대한 제체의 고민은 깊어만 갔다.

2015년 3월에 93유로였던 주가는 2016년 7월에 54유로까지 급격하게 떨어졌다. 호조를 보인 신차 판매와 실적에도 불구하고 맞이한 상황이다. 주가 하락의 원인은 테슬라나 구글 등의 비즈니스 모델이 구체화되면서 **파괴자가 승리자이고, 전통적인 자동차는 파괴된다**.는 평가가 주식 시장에 확고히 뿌리박고 있었기 때문이다.

파괴적 혁신으로 의해 전통적인 자동차 산업이 패배한 결과, 지배자에서 종속자로 전락하게 된다는 것이다. 세계적인 컨설턴트 회사는 2030년까지 괴멸적인 변화가 자동차 산업계를 뒤덮으면서 자동사 생산은 감소하고, 제조 부가가치가 상실되는 리스크 시나리오에 계속해서 경종을 울린 바 있다. 즉 테슬라나 구글 등과 같은 혁명적 기업들이 일으키는 자동차 산업 변화라는 격류에 휘말리면서 다임러는 종속자로 전락할지도 모른다는 것이다. 이것이 다임러에 대한 시장의 평가였다.

다임러는 **주식회사 독일**로 불렸던 금융 기관의 주식 상호 보유 구조 속에서, 예전에는 안정적인 주주들에 의해 보호를 받아 왔다. 1980년대에는 독일 은행이 최대 주주로서 다임러의 주식 25%를 소유했었고, 같은 독일의 드레스너은행과 알리안츠 등이 12%를 보유하고 있었다. 그러다가 독일의 금융 개혁을 통해 주식 상호 보유 구조가 해소된 이후에는 많은 금융 기관과 사업 회사가 주주 가치 경영으로 크게 방향을 틀게 된다.

그 결과 다임러의 현재 주주 구성은 독일 은행 보유 비율이 2%대까지 낮아졌고, 결국 미국 투자 회사인 블랙 록이나 해리스 어소시에이트 등 경영까지 간섭하는 냉혹한 주주들에게 둘러쌓이게 되었다. 창업자 일가가 과반 전후의 의결권을 갖고 있으면서 안정된 경영을 계속할 수 있는 BMW나 VW와는 주주 구성이 많이 달랐다. 이대로 다임러의 주식을 싸게 방치했다가는 전쟁의 승패가 정해지기도 전에 적대적 매수의 표적이 될 수도 있다. 사실 2018년에 중국의 저장지리홀딩스를 이

끄는 리수푸 회장이 약 10조 원을 투자하여 다임러의 전체 주식 가운데 8.69%를 취득함으로써 최대 주주에 올라 있다.

100년 만에 한 번 찾아온 대 변혁기에 자동차 산업이 직면해 있다는 것은 분명한 사실로서 IT 기업 등의 라이벌은 확실히 강적이 아닐 수 없다. 그러나 디터 제체는 어떤 브랜드보다도 자동차의 기술 혁신과 새로운 가치를 다임러가 먼저 선점할 수 있게 이끌어 온 경영자이다. 자동차 산업은 지금까지 구축해 온 자동차의 제조 · 유통 플랫폼(기반)을 갖고 있을 뿐만 아니라, 컨설턴트가 위기를 부채질한다고 해서 쉽게 패해서 물러날 수 있는 싸움이 아니다.

다임러는 완전 자동 운전 자동차인 F105 콘셉트 모델을 통해 압도적인 존재감을 과시할 수 있었다. 2014년에는 메르세데스 미Mercedes Me 라고 하는 서비스 브랜드를 내세워 디지털화된 포괄적 커넥티드 모빌리티 서비스를 가동시키고 있다. 전동화 영역에서는 두 말할 필요도 없이 종합적인 기술력을 확립하고 있다. 다임러의 쉐어링 사업인 카투고 car2go는 자동차 업계에서 가장 앞서나가고 있는 사업으로, 세계적으로도 가장 많은 사용자를 확보하고 있다. 무벨moovel에서는 멀티 모달(multimodal, 다양한 이동 · 교통 기관을 연계시키는 교통 서비스) 플랫폼으로 기선을 잡았다.

그럼에도 불구하고 다임러를 승리자로 보지 않는 이유는 무엇 때문일까. 디터 제체는 이 전쟁에서 자동차 산업계가 주도권을 잡기 위해서는 어떤 전략과 능력이 필요한지를 냉정하게 정리한 뒤 지향해야 할 방향을 제시하였다. 이는 가솔린 자동차를 발명한 자동차 탄생의 아버지로서 발전을 주도한 다임러이기 때문에 가능했다. 그는 새로운 자동차 사회, 미래형 모빌리티로의 여정을 제시해야 한다고 결단한 것이다. 자동차 회사가 주도권을 쥐고 파괴적 혁신을 가져옴으로써 완전히 새로운 가치를 창조하겠다는 것이 바로 다임러의 CASE 전략이다.

¤도표1-1 • 자동차 산업에 있어서 전통적 자동차 관련 주가와 이종 업종 참여 관련 주가 추이 비교

*참고 : 2013년 1월 3일=100. 전통적 자동차 관련에는 도요타와 닛산, 혼다 VW, 다임러, BMW, GM, 포드, 덴소, 메그너, 콘티넨탈을 포함. 이종 업종 참여 관련에는 알파벳, 애플, 바이두, DeNA, 인텔, 엔비디아, 인피니온, 자일링스, 탐탐을 포함.

출처 : 블룸버그

CASE 전략의 진의

2016년 9월 29일, 세계에서 가장 오래되었으며 4대 모터쇼 가운데 하나인 파리살롱에서는 미디어를 대상으로 하는 발표 첫날 아침부터 다임러 이야기로 설왕설래했다. 신장기 전략, 새 브랜드, 신형 EV 콘셉

트 발표가 있을 것이라는 소문이 자자했기 때문이다.

청바지를 입은 캐주얼한 모습으로 등장한 제체는 여느 때처럼 위트 넘치는 연설을 시작하면서 먼저 다음과 같이 말을 꺼냈다.

젊었을 때 전자공학을 전공하겠다고 했더니 '너 바보 아냐, 기계공학을 해야지.' 라는 말을 많은 사람들로부터 듣곤 했다. 하지만 40년 동안은 내가 틀리지 않았다고 생각한다.

전자공학의 성과는 물론이고 신형 스마트 EV의 발표, 2025년까지 10가지 차종의 전동차를 시장에 투입, 신차 판매의 15~25%를 EV로 전환, 10억 유로의 전동화 투자, 독일 자사 공장에서 리튬이온 전지의 생산 시작 등, 제체는 전동 모빌리티 회사를 실현하기 위한 다임러의 계획을 강조했다.

이후 표정을 바꾼 제체는 **CASE** 전략과 이 전략을 구현할 새로운 브랜드인 **EQ**, 이 브랜드의 제1탄이 될 자동차 **제너레이션 EV 콘셉트**에 대해 이야기하기 시작한다.

서장에서 언급했듯이 **CASE**는 **C**=Connected(**양방향 연결성**), **A**=Autonomous(**자율 주행**), **S**=Shared&Service(**차량 공유와 서비스**), **E**=Electric(**완전 전동화**)라고 하는 자동차 산업의 4가지 중요 트렌드의 머리글자에서 따온 것인데, 사실 이는 다임러가 만든 조어이다.

자동차는 네트워크로 항상 연결된 IoT 단말기가 되고, 자동 운전 기술의 보급으로 운전자는 운전 조작으로부터 해방된다. 자동차의 가치는 소유가 아니라 공유로 바뀌면서 이용하는 가치를 만들어 간다. 완전히 새로워질 모빌리티 가치를 떠받치는 동력원은 배기가스가 없는 깨끗한 전기가 자리한다. 이것이 CASE의 세계이다.

다임러의 주장은 4가지 트렌드를 개별적으로 보지 않는다. 다임러의 CASE에 담긴 중요한 메시지는 4가지 트렌드가 복합적으로 이어지는 것이 아니라, 패키지가 되었을 때에 비로소 자동차 가치에 혁명적인 변화가 일어난다는 것이다. 그런 혁명적 변화를 자동차 메이커인 다임러 자신들이 주도하겠다는, 파괴자 쪽에 서겠다는 강한 메시지이다. 이는 다임러 스스로의 존재의식을 재정립해 파괴자로서의 주도적 지위를 확립하고 싶다는 결의 표명이었다.

전동화와 디지털화가 융합된 세계는 자동차 메이커, 관련 산업의 존재 방식, 가치, 개념을 근본부터 바꿔 버리는 디지털 혁명으로 이어진다. 이것이야 말로 이 책이 파고들고자 하는 자동차 산업에 있어서의 CASE 혁명 세계인 것이다.

🏃 다임러의 기업 개혁

디터 제체는 CASE 대응과 연계한 다임러의 기업 개혁에 착수했다. 미래 비전으로 명명한 4가지 회사 분할 계획에는 CASE 전략의 구체화, 전략을 수행하기 위한 조직과 문화의 개혁, 이것들을 구현할 서브 브랜드 EQ의 론칭, 기업 가치의 최대화가 담겨 있다.

BMW는 다임러보다 앞선 2013년에 전동차 서브 브랜드인 BMW i를 만들었다가 일부러 체제 내에서 분리시켜 별도 조직으로 운영해 왔다.

도표1-2 • 자동차의 외부 환경 변화와 메가 트렌드 CASE

Ⅰ. 환경 문제
- 지구 규모의 환경 규제 ~ GHG, CAFE, ZEV, NEV(신에너지 자동차), 배기가스 규제(RDE, WLTC)
- 화석 연료 시대의 종언

Ⅱ. 사회 문제
- 교통사고 · 정체 · 소음
- 세계의 교통사고 사망자는 연간 125만 명
- 65세 이상의 사고가 과반을 차지

Ⅲ. 경제 문제
- 자본 주도 경제의 전환점
- 격차 문제, 지역주의
- 불안정한 선진국 경제
- 젊은 층의 구매력 약화

Ⅳ. 인구 동태의 변화
- 인구 보너스의 종언
- 저출생 · 고령화(젊은 층의 자동차 이탈, 고령자의 면허 반납)
- 과소화, 과밀화로 양분

Ⅴ. 고객 요구의 변화
- 소유에 대한 가치관의 변화
- 변화에 대한 수용성 향상
- 스트레스 프리, 삶의 질(QoL) 향상에 대한 행동 양식의 변화

지능화 Intelligent
IoT화 IoT
전동화 Electrified

¤ Disrupter(파괴자) 참여
- IT 기업
  (구글, 바이두, 소프트뱅크)
- 배차 서비스
  (우버, 리프트, 디디추싱, 올라)
- 전기 · 반도체
  (엔비디아, 인텔, 파나소닉, 일본전산)

외부 환경 변화와 해결할 문제 ↕ IoT화×지능화(AI)×전동화 ↕ CASE혁명

C
Connected
양방향 연결성

A
omous
자율 주행

S
Sharing & Service
차량공유와 서비스

E
Elctric
완전 전동화

출처 : 나카니시 자동차 산업 리서치

이것은 마스터 브랜드에 대한 영향을 억제하겠다는 점과 본사에서의 기획·개발 프로세스에 있어서 BMW I와의 관련성을 최소화하겠다는 목적 때문이었다.

다임러의 접근 방식은 BMW와는 완전히 반대로 움직였다. EQ 서브 브랜드에 대한 오퍼레이션을 일부러 메르세데스 본사 개발에 집어넣어서 양쪽의 시너지 효과를 최대화할 수 있는 프로젝트 관리로 진행한 것이다. 이런 진행은 CASE에 대한 대응에 있어서 전사적으로 추진하는 구조를 우선시하기 위해서인데, 독립적인 CASE 팀이 기존 사업 축에 뿌리를 두고 CASE 대응을 우선시한 추진력에 힘을 보탬으로써 전략 전체를 최적의 상태로 진행하려는 것이다.

서브 브랜드 EQ는 EV에 EQ를 붙이고, 플러그 인 하이브리드에 EQ Power 브랜드 명칭을 붙임으로써, EQA(A클래스 소형급)나 EQC(C클래스 중형급)의 EV 전용 모델에만 머물지 않고 EQ Power를 기존의 C클래스나 E클래스급과 같은 양산 모델로 확대해 전개하고 있다.

엔진에는 모듈러 엔진 포트폴리오를 도입해 가솔린 또는 디젤, 직렬 6기통 또는 직렬 4기통 그리고 전동화는 컨벤셔널 또는 볼트 마일드 하이브리드, 플러그 인 하이브리드까지 해서 총 2×2×3=12가지 종류로 정리했다. 내연 기관의 개발 자원을 효율화해 CASE가 요구하는 기술에 충분히 배분할 수 있도록 하기 위해서이다.

전통적인 자동차 비즈니스의 디지털화에 대한 대응도 추진하고 있다. 중국과 독일에서는 2025년까지 25% 가까운 신차 판매를 온라인에서 실시할 계획을 밝히고 있다. 모빌리티 서비스에서는 이미 구축된 기

¤그림1-3 • 다임러의 기업 개혁 미래 비전

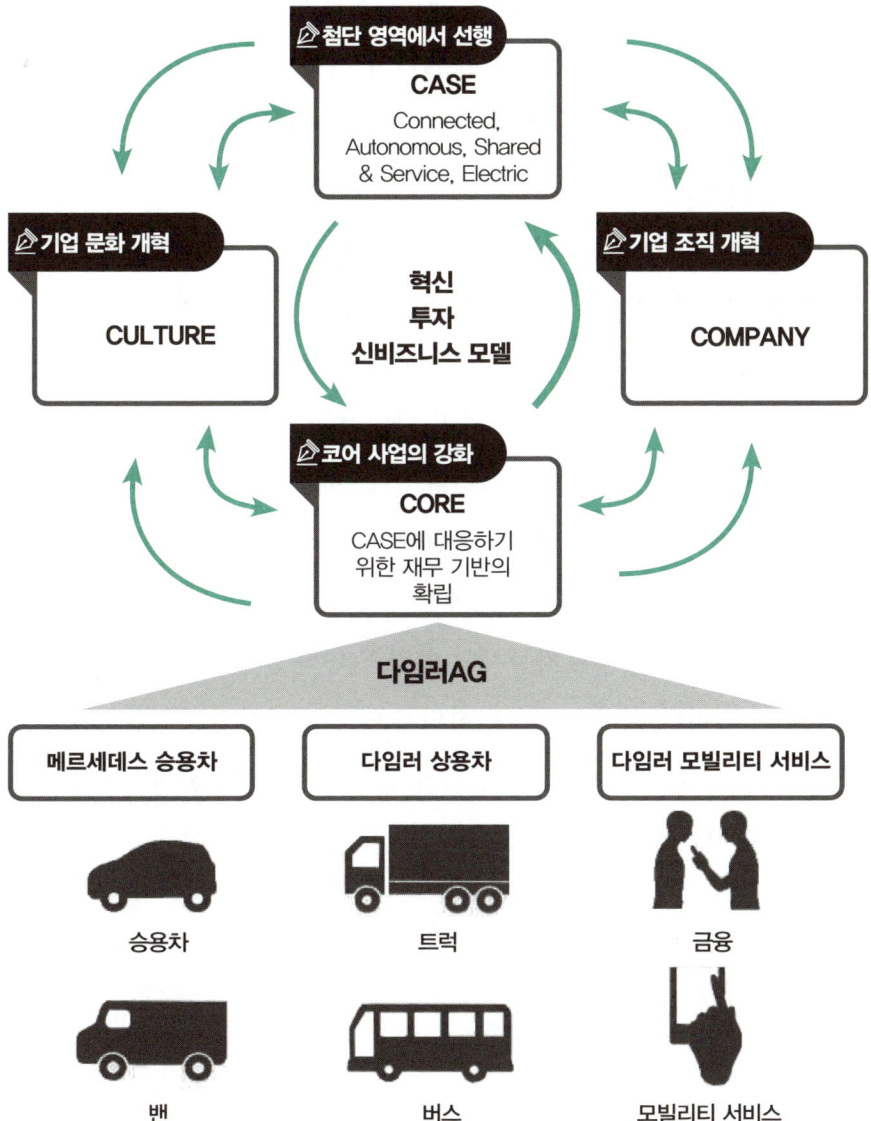

출처 : 회사 자료에 기초해 나카니시 자동차 산업 리서치가 정리, 추가

반 강화를 바탕으로, 모빌리티 컴퍼니를 독립된 회사 조직으로 분리하는 미래 비전의 3개 회사로 분할시키는 계획이 진행 중이다. 메르세데스, 다임러 트럭&버스, 다임러 모빌리티 서비스 3회사의 독립성을 높임으로써 각각의 가치를 높이겠다는 생각이다. 다임러 트럭&버스는 2019년에 분리와 주식 상장IPO 검토에 들어갔다.

CASE라는 말에 다임러의 기업 가치 향상과 마케팅&커뮤니케이션 전략이라고 하는 노림수가 포함되어 있다는 것은 부정하지 않는다. 결국 주가 대책이 아니냐.고 빈정거리는 사람도 있다. 경쟁사인 BMW는 배열을 바꾸어 ACES를 내세움으로써 다임러와 똑같이 취급당하는 것을 피하고 있는 것도 사실이다. 그러나 CASE에 편승한다든가, ACES를 사용한다. 등과 같은 말은 영업적 어필에나 의미가 있을 뿐이고, 이 의미도 앞으로 2~3년의 단기적인 이야기에 지나지 않는다.

4가지 트렌드 끝에는 자동차의 혁명적 변화가 일어난다. 이 혁명적 변화는 모빌리티 서비스에만 한정되지 않고 개인이 소유하는 차량, 물건 제조의 세계, 심지어는 도시 건설 등과 같은 사회 전체를 포괄하는 엄청난 디지털 혁명이 시작되는 것이다.

2 IoT화×지능화×전동화=CASE 혁명

🏃 왜 자동차 산업에는 혁명적 변화가 없었을까

근대적 자동차 산업의 시작을 T형 포드라고 한다면, 자동차 산업은 약 100년째에 이르고 있는 셈이다. 이 동안에 자동차 산업은 경제 위기, 규제 강화, 기술 혁신이라는 파도를 넘어 왔다. 자동차 메이커를 정점으로 하는 산업 구조나 밸류 체인Value Chain, (설계나 부품 제조 등과 같은 강 상류부터 판매나 서비스에 이르는 강 하류까지 이르는 가치의 연쇄)의 분단도 일어나지 않았다. 질서가 유지되면서 연속적으로 기술 혁신을 거듭해 온 안정된 산업이었다.

2000년 초 인터넷 버블이 한창인 무렵의 이야기이다. 당시의 자동차 산업 최대 관심은 인터넷을 경유한 자동차 비즈니스의 디지털화로서, B2B(네트워크를 경유하는 법인끼리의 비즈니스)와 B2C(네트워크를 경유하는 법인과 고객 사이의 비즈니스)의 네트워크에 지배되는 것을 우려하고 있었다.

세계적인 컨설턴트들은 이에 대한 귀결로 자동차 메이커의 부가 가치는 감소하고 딜러는 거의 멸망 수준에 이를 것이며, 네트워크를 지배하는 통신이나 IT 기업이 자동차 비즈니스의 밸류 체인을 지배할 것이라고 목소리를 높이며 경종을 울렸다. 모든 닷컴 기업이 기회가 찾아왔다고 여기면서 자동차의 밸류 체인을 약화시켜 왔다. 그러나 버블 붕괴 후 대부분은 사라져 갔다. 구글이나 아마존 정도가 그나마 살아남은 소수의 생존자이다.

당시에 포드 CEO이었던 잭 내서는 IT 비즈니스에 강하게 끌리고 있었다. 내서는 **포드는 이제 제조 회사가 아니라 서비스 회사**라고 주장해 왔다. 이것을 세계의 기관 투자가들은 크게 환영했던 것이다. 그러나 내서의 서비스 회사 구상은 성공에 이르지 못하고 대규모 제조 품질 문제에 대한 책임을 지고는 포드 일가에 의해 회사에서 쫓겨났다. 마무리를 위해 등장한 사람이 창업자 3대째인 윌리엄(빌) 포드 주니어로서, 그가 보인 경영 방침은 **자동차 메이커의 기본으로 다시 돌아가자**.는 것이었다.

당시 도요타자동차는 커넥티드 카(연결되는 자동차) 제1탄인 **월 사이파**Will Cypha를 발표하면서, 네트워크 회사와 자동차가 디지털로 융합하는 자동차 산업 속에서 도요타 사업의 재정립이라고 하는 장대한 시도에 도전하고 있었다. 주행 거리에 맞춰 리스 요금을 받는 종량제 요금 방식을 도입해 현재 유행 중인 **서브 스크립션**Subscription **서비스**의 선구자가 되었다. 하지만 발매 직후의 성과는 오래 이어지지 못하고 판매 저조에 시달리다가 불과 3년 만에 시장에서 모습을 감추었다.

과거에도 자동차 산업은 IT 기업의 표적이 되면서 내부적인 변혁을 가져온 역사가 있다. 하지만 컴퓨터 산업이나 가전 산업 같은 극적인 변혁은 일어나지 않았다. **당시와 현재는 테크놀로지가 다르다**.고 말하는 사람도 있지만, 본질적인 이유는 자동차 산업이 복잡할 뿐만 아니라 닫힌 공간의 공업 제품이었다는 것이 변화를 가로막은 이유이다.

자동차는 사람의 목숨을 맡고 환경을 보호한다는 사회적 책임이 막중하기 때문에, 품질 보증에 대한 중요성이 특별한 의미를 갖는다. 품질을 담보하기 위해서는 하드웨어끼리 정확하게 결합되어야 하기 때문에 설계가 복잡할 수밖에 없다. 소프트웨어가 개입된다 하더라도 오퍼레이팅 시스템OS부터 소프트웨어에 이르기까지 폐쇄형 구조Closed Architecture가 유지되어 왔다. 복잡하고 폐쇄된 산업은 컬러 TV 등의 일반적 제품Commodity이나 휴대폰 같은 단순한 모듈 생산에도 잘 융합할 수 없다. 그렇게 되고 싶어도 될 수 있을만한 세계가 아니었던 것이다.

폐쇄형 구조Closed Architecture에서는 규모가 최대의 경쟁력이다. 규모로 성장을 순환시키는 구조가 있기 때문에, 이것이 바로 자동차가 장치 산업으로 불리는 이유이다. 개발부터 생산 설비에 이르기까지 자동차 산업은 거대한 투자를 필요로 하는 관계상, 거액의 투자를 회수하는 스피드를 다투는 게임이었던 것이다. 생산 대수를 만들어내고 1대 당 한계 비용(생산량이 1단위 늘어날 때마다 증가되는 총비용)을 낮춤으로써 누구보다 빨리 자금을 회수한다. 회수한 자금은 다시 투자하는 식의, 투자→생산 대수→회수→투자의 순환을 반복하는 가운데 경쟁력이 향상되고 시장 점유율을 넓혀 나갔다.

이런 거대한 오퍼레이션의 산하에 폭넓은 밸류 체인을 구축한 상태에서 10년 이상을 가는 제품 라인 사이클을 가지는 한편으로, 잔가 가치를 확보한 중고차가 널리 유통되면서 산업의 에코시스템을 형성해 왔다. 자동차 산업은 그 정점에 위치하면서 산업의 왕자로 군림했을 뿐만 아니라 피라미드의 정점에서 으스대 왔던 것이다.

🏃 데이터 양으로 좌우되는 자동차 산업의 가치

자동차 산업은 지금 다른 업종으로부터 가장 공격 받는 산업이 되었다. 그 이유는 자동차가 디지털화에서 남겨진 마지막 거대 시장으로서, 뽑아낼 수 있는 대량의 데이터와 만들어낼 수 있는 가치가 무궁무진한 대유전으로 간주되기 때문이다. 이 변화는 자동차가 네트워크에 항상 접속된 커넥티드 카, 즉 IoT 단말기가 되는 것에서부터 시작된다.

통신 이더넷Ethernet을 발명한 로버트 메트칼프는 1995년에 **네트워크가 만들어내는 가치는 접속하는 시스템 수의 제곱에 비례한다.**는 경험 법칙을 주장했다. 당시에 컴퓨터가 세계적으로도 불과 1,000만 대 정도밖에 연결되지 않았을 때의 경험 법칙이다.

지금은 어떤가. 스마트폰만 하더라도 네트워크 단말기로서 40억 대가 보급되었다. 이 데이터를 플랫폼으로 삼고 있는 IT 기업들은 압도적인 존재감을 갖고 있어서 창조할 가치에 대해 놀라움을 감출 수가 없다.

자동차 산업의 디지털화도 여기에 필적할 만큼 대규모 네트워크가 될 가능성이 있다. 거기서 만들어지는 가치는 놀라울 만큼의 잠재력이 있을 것이다. 지금까지의 커넥티드 카는 기술 수준도 낮은 편이어서 매우 작은 세계에 머물러 있었다. 커넥티드 카 판매 대수는 2014년에 겨우 1,350만 대에 불과했다. 데이터베이스는 개별적으로 단절되어 있어서 자동차 메이커마다 기껏해야 몇십만 대에 지나지 않는다.

보급이 되지 않았던 가장 큰 이유는 커넥티드 카가 사용자가 원하는 핵심 서비스를 제공하지 못 했기 때문이다. 그러나 통신 속도의 향상, 클라우드 기반의 확립, 반도체 연산 처리 능력의 비약적인 향상 등과 같은 기술 혁신 결과, 커넥티드 기능이 눈부신 도약이 예상된다. 처음 스마트폰을 경험했을 때와 같은 멋진 **고객 경험 가치**|Customer Experience를 제공할 수 있을 것이다.

IT 기업이 제공하는 스마트폰과 연계된 커넥티드를 포함하면 2030년까지 선진국에서 나오는 신차가 모두 커넥티드 카가 되면서, 네트워크에 접속되는 차량 수가 10억 대에 육박할 것으로 추산된다. 딜러 등과 같은 밸류 체인까지 동시에 네트워크에 접속될 것으로 생각하면, IT는 문외한인 고루한 자동차 애널리스트조차도 거대한 네트워크로부터 만들어지는 데이터에 무한한 가능성이 있다는 것을 쉽게 상상할 수 있다.

지능화하는 자동차

또 한 가지 중요한 변화가 바로 지능이다. 이것을 대표하는 기술이 인공 지능Artificial Intelligence과 확장 지능Augmented Intelligence으로, 둘 다 AI로 표기한다. 알기 쉽게 말하면 대량의 데이터 속에서 패턴을 찾아내는 학습 방법이다. 반도체의 처리 속도 향상과 함께 인간의 뇌 구조를 모방한 신경 회로망Neural Network을 이용하는 것이 지금의 트렌드이다. 여기서 떠오르는 것이 이 기술의 연장선상에는, 영화 **터미네이터**에서 그려진 인류와 로봇이 주도권을 잡으려고 서로 다투는 모습이 그려진다는 것이다. 그래서 현재 주목받고 있는 것이 확장 지능으로 불리는, 인간의 자연 언어를 이해함으로써 인간의 의사 결정을 지원하는 인지적 Cognitive 지능이다.

   AI의 지능 수준은 인간에게 비유하면 아직 3세 유아 수준이라고 한다. 앞으로 반항기도 있을 테고 사춘기도 겪을 것이므로 어떤 식으로 성장할지는 현시점에서 예측하기가 곤란하다. 다만 앞서 언급했듯이 자동차의 빅 데이터와 AI가 지능 시스템을 만들어낼 수 있다면 자동차 사회가 안고 왔던 다양한 문제나 고민을 풀어 나갈 수 있을 것으로 보인다. 그 대표적인 기술이 **자동 운전**이다.

   이동Mobility은 인간의 근본적 욕구 가운데 하나로 본능과 같은 것이다. 돈이 없으면 걸어 다닐 수밖에 없지만 반대로 풍부해지면 자가용 비행기로 세계를 누비고 다닐 수도 있다. 즉 소득과 이동 거리에는 강한 상관관계가 있다. 소득이 올라가거나 이동 비용이 내려가는 식의 이동에 대한 경제적 조건이 호전되면 인간은 이동 거리를 더욱 늘려 나갈 것이다. 과거 100년 동안에 자동차가 많이 보급되기는 했지만 동시에 아주 죄 많은 공업 제품이기도 했다. 교통 정체나 소음 문제 외에 교통사고 사망자 수만 하더라도 세계적으로 연간 125만 명에 이른다. 대기 오염, 지구 온난화, 에너지 고갈, 리사이클 등, 환경에 대한 심각한 부담을 가중시켜 왔다. 온실 효과 가스GHG 배출의 20% 가까이를 자동차 제조와 사용이 차지하고 있다.

　IoT와 AI가 가져올 자동 운전 기술은 이런 문제를 해결하는 데 있어서 최상의 기회를 만들어낼 것으로 생각된다. 인간에게 이동의 자유를 제공하는 한편으로 산적한 문제 해결을 동시에 달성할 수 있는 스마트 솔루션을 제공할 수 있다. 온디맨드On Demand로 불러낼 수 있는 무인 배차 서비스(이하 로봇 택시)가 사람·물건의 이동을 뒷받침하게 되면 정체나 교통사고를 줄이면서도 지구 환경에 친화적이고 최적화된 에너지 균형을 구축하는 것도 꿈같은 얘기만은 아니다.

🏃 전동화는 궁극적인 스마트 솔루션

　IoT와 AI가 이동의 자유를 불러올 기술 혁신이라면, 전동화는 그 자유를 진짜 의미에서 지속가능하게 하는, 자동차 산업에 있어서 궁극적인 기술 혁신이라고 할 수 있다. 모빌리티가 환경에 대해 카본 뉴트럴(Carbon Neutral, 인간 활동이 대기 중의 이산화탄소를 순수하게 증가시키지 않는 것)이기 위해서는 이론상 전기나 수소 같은 2차 에너지를 효율적으로 제조, 저장, 이용하는 분산형 에너지 회사를 구축해야 한다.

　자동 운전 기술이 가져올 새로운 모빌리티 회사와 전동화는 친화성이 매우 높은 것도 사실이다. EV는 모터, 인버터, 배터리 3가지 주요 장치들로 구성되어 있어서 구조는 비교적 간단하다. 현재의 전지 성능으로는 한계가 있지만, 전지 성능의 향상과 함께 정밀 맞춤형에서 조립형으로의 설계·생산 구조 변경도 가능할 것이다.

엔진 자동차는 엔진이 만들어내는 부압 등을 이용해 멈추고 도는 등의 고효율 주행 관리를 구현하고 있다. 그만큼 제어가 복잡하다. 네트워크에 접속해 원격 조작으로 자동 운전 자동차를 제어하게 되면 전기만 동력원으로 사용하면 되기 때문에 더욱 단순화할 수 있다. 기술적으로도 저속에서의 모터 토크 특성이 큰 EV는 차량 작동을 엔진 자동차보다 훨씬 쉽게 제어할 수 있다.

자동 운전 기술의 동력원으로 전기를 사용하는 데 있어서는 다양한 이점이 많다. 모빌리티 서비스용으로 특화된 단순 기능 로봇 택시 같은 경우, 생산·수리·정비를 대폭 단순화할 수 있을 것이다. 로봇 택시의 가동률을 높여 채산성을 높이려면 정비·수리에 걸리는 시간Lead Time을 단축하는 것이 중요하기 때문이다.

그러나 전동화에는 또한 여러 가지 장애가 있어서 전기로만 운용되는 세계로 쉽게 옮겨 가기는 힘들다. 전기를 만드는 화석 연료, 원자력, 재생 가능 에너지 이 3가지 에너지 구성(에너지 믹스)을 카본 뉴트럴 수준으로까지 개선하는 것이 쉽지 않기 때문이다. 배터리 기술만 하더라도 아직 제약이 많다. 확실하고 착실하게 진보해 나가고 있기는 하지만 성능이나 가격, 공급 능력 모든 부문에 있어서 아직도 발전 중인 기술이다. 에너지 믹스와 전지 성능 모두에 상당한 약진이 없으면 전기에만 의존하는 모빌리티로는 쉽게 옮겨 갈 수 없는 것이다. 전동화가 다음 100년의 길을 개척할 자동차가 안은 중대한 과제이기는 하지만, 해결까지는 상당한 시간이 걸린다고 봐야 한다.

3 CASE 혁명에 따른 자동차의 미래상

🏃 자동차 산업과 모빌리티의 미래상

도표1-4는 모빌리티(이동)의 미래를 개념적으로 나타낸 것이다.

현재부터 과도기를 거쳐 미래의 모빌리티 모습까지를 소유·공유·공공교통으로 나누어 그 변화를 개념화했다. 제3장에서 구체적인 수치를 들면서 이런 변화에 대한 예상을 해보겠지만, 여기서는 미래의 모빌리티로 진화해 나간다고 하는 개념에 대해 먼저 살펴보도록 하겠다.

현재는 소유한 자동차를 통해 이동하고 있다. 이 소유 구조를 보면 자동차의 크기나 성능에 따라 계층 구조를 형성하고 있다. 이동 거리의 불과 1~2%만을 택시나 렌터카, 버스 등과 같은 공유 모빌리티(이동 수단)가 제공하고 있다. 미래를 목표로 모빌리티는 단계적으로 **소유**에서 **공유**로 옮겨 가면서, 자동차는 사회적 장치가 되는 초스마트 시티로 이행될 것으로 예상된다.

어쩌면 과도기 중간쯤에 위치하는 시기가 2030년 무렵일 것이다. 이

¤그림1-4 • 자동차 산업과 모빌리티의 미래도

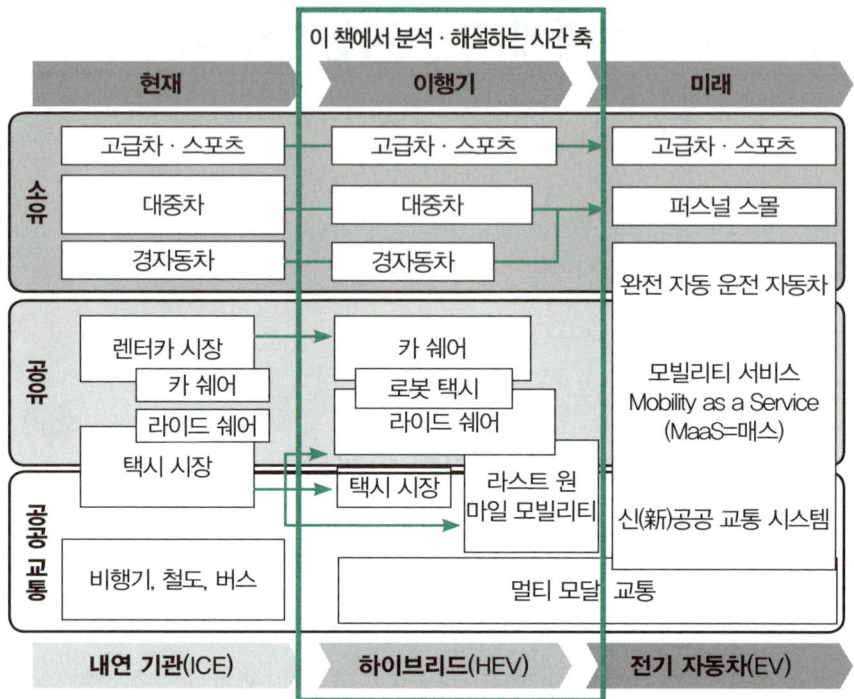

출처 : 나카니시 자동차 산업 리서치

단계에서는 공유 경제Sharing Economy가 계속해서 착실히 성장해 나갈 것이다. 렌터카는 카 쉐어링(이하 카 쉐어), 택시는 라이드 쉐어링(이하 라이드 쉐어, 무인 차량 동승)으로 옮겨 가고 그 일부는 로봇 택시로 대체되는 등, 모빌리티 서비스로 이동하는 빈도가 확대될 가능성이 높다.

농촌이나 교외에서는 라스트 원 마일(최종 목적지까지 최후의 몇 km, 이하 라스트 마일) 이동을 지원하는 로봇 셔틀(무인 운전 노선 버스) 같이 무인으로 움직이는 모빌리티 서비스가 제공됨으로써, 사업적으로 수익이 나기 어려운 곳은 공공 교통 기관이 커버할 가능성이 높다.

여러 교통수단이 연속적으로 연결되어 효율을 추구할 수 있는 통합 교통Multimodal 이동의 보급도 진행될 것으로 생각된다. 통합 교통 인프라를 뒷받침하는 사이버 공간에서의 소프트웨어나 데이터 분석의 정비도 착실하게 진행될 것으로 예상된다.

미래학에서는 기술적 특이점(Technological Singularity, 이하 싱귤래러티)이라고 하는 개념이 주목받고 있다. 인공 지능(AI)이 발달해 인간의 지성을 뛰어넘는 시대로 바뀌는 싱귤래러티에서는 기술 혁신이 지수 함수적인 속도로 진행되면서 무한대가 된다. 상상할 수 없는 사회 변혁이 일어날 것으로 예상된다.

반도체나 AI가 싱귤래러티에 접근하게 되면 보유하고 있는 자동차로 이동할 필요성이 크게 줄어들기 때문에, 이동 거리는 일반적 상품Commodity에서 매우 저렴하게 공유되는 모빌리티에 의해 지배받게 된다. 자동차 사회 인프라의 일부가 되면서 공공 교통과의 경계선이 사라지는 것이다. 그리고 이것은 **소사이어티 5.0**로 이야기되는 초스마트 사회가 실현되어 수많은 사회적 과제가 근본적으로 해결되는 시대를 맞이한다는 것을 의미한다. 그렇게 되면 전통적인 자동차 산업의 존재 이유가 사라진다. 세상이 좋아지기만 한다면 자동차 산업이 깨끗하게 없어져도 상관없지 않을까 하는 생각도 해본다.

그렇게 자동차는 100년에 한 번의 껍질을 깨고 모빌리티로 사회적 과제를 풀어 가면서 모두가 행복하게 살았던 거지. 해피엔드로…. 이렇게 되면 동화 같은 엔딩이다. 하지만 유감스럽게 현실 세계의 이야기는 동화만큼 단순한 해피엔드로 끝날 것 같지 않다.

🏃 MaaS와 POV

파괴적인 변화가 어디까지 이어질 것이냐는 견해는 크게 나누어져 있다. 특히 이 과도기가 잠시 동안에 지나갈 것인지, 시간을 필요로 하는 혼돈의 시기를 거치게 될지에 대해서는 더 그렇다. 솔직히 말해서 구체적 프로세스를 정확하게 예측할 수는 없다. CASE와 관련된 많은 논의가, 모빌리티 진화 과정에서 있어서 과도기의 프로세스를 애매하게 다루었기 때문에 오해의 한 원인으로 작용하지는 않았을까. 이런 프로세스의 분석에 이 책은 진지하게 접근해 보려고 한다.

먼저 MaaS(매스)와 POV Personality Owned Vehicle의 의미를 이해해야 한다. MaaS란 Mobility as a Service의 약어로서, 일반적으로는 **서비스로서 이용되는 모빌리티**를 의미한다. POV란 개인적으로 소유하고 있는 자동차를 가리키며 **피오브**이라고 읽는다. MaaS와 POV는 이 책에서 반복적으로 등장하는 중요한 단어이므로 여기서 이해하고 기억해 놓는 것이 좋다.

이 책에서 사용하는 MaaS에 대한 정의도 명확하게 하자. 예전에는 MaaS의 의미가 좁게는 공공 및 민간의 교통수단을 조합한 복합 교통 Multimodal으로서의 이동을 가리켰다. 이 책에서 MaaS는 더 넓게 모빌리티 서비스를 전체적으로 포괄하는 개념으로 사용한다. 따라서 사람이나 사물의 이동 요건을 충족시키는 카 쉐어, 라이드 쉐어를 포함한 이동 서비스, MaaS 플랫폼을 경유한 다양한 모빌리티 서비스, 사회 문제를 해결할 수 있는 모빌리티 솔루션에 폭넓게 적용된다.

자동차 산업 비즈니스는 자동차를 소유한다는 것을 전제로 구축되어 왔다. 생산된 자동차는 딜러를 통해 사용자에게 판매되고, 수리·유지나 밸류 체인 사업을 통해 자동차 메이커와 사용자가 직접 접촉되어 왔다. 반면에 MaaS에서는 서비스로서 이동을 제공하는 서비스 사업자(이하 **서비서**Servicer)와 자동차 메이커 사이에 교통 정보나 서비스를 관리하는 MaaS 플랫폼이 끼게 되는 구조적 변화가 따른다. 제6장에서는 이 구조 변화에 대해 상세하게 살펴볼 것이다.

여기에서의 우리들 관심은 미래의 구체적 시점에서 어디까지 MaaS에 이동을 의존하고, 전체 이동 거리에서 차지하는 MaaS의 비율이 얼마만큼이나 상승하느냐 하는 점이다. 간단히 말하자면 전 세계 도로의 전체 이동 거리 가운데 몇 %를 개인 소유 차량POV으로 이동하고, 택시나 라이드 쉐어, 버스, 미래의 로봇 택시 같은 MaaS로는 얼마만큼 이동하느냐는 것이다.

이것을 전체 이동 거리의 MaaS 비율이라고 한다. 현재의 MaaS 비율은 세계의 10조 마일(약 16조km) 가운데서 1~2% 정도에 지나지 않는다. 멀티 모달 교통이나 로봇 택시 같은 새로운 서비스가 제공됨으로써 싸고 스트레스가 적은 이동이 가능해졌을 때, 자동차 보유를 포기하고 어디까지 MaaS를 통한 이동에 의존할 것인가.

POV 가동률은 4% 정도에 지나지 않고 96%는 주차되어 있다. 반면에 MaaS 차량인 로봇 택시의 가동률을 40%로 가정하면 1대의 로봇 택시가 10대의 POV를 대체하는 셈이 된다. 다만 수치적 계산만으로 현실 세계의 변화를 예상할 수는 없다. POV와 MaaS의 이용 사례Use Case가 동일하지 않을뿐더러, 각각 다른 차량 성능이 요구되기 때문이다.

🏃 변화 시간을 필요로 하는 복잡한 진행

2030년의 가까운 미래에는 보유를 전제로 한 전통적인 자동차 사업이 확대기를 맞을 가능성이 높다. 미국 외에 중국·인도 등 신흥국에서 앞으로도 자동차 보유 의욕이 증대될 가능성이 높기 때문이다. 이동에 있어서의 이용 사례는 도시와 외곽, 과소지에 따라 의의가 다를 것이다. 도시에서 보유 의욕이 감소될 것은 틀림없지만, 교외나 과소지에서의 보유 의욕은 크게 후퇴할 것으로 보기 어렵기 때문이다. POV와 MaaS에서 요구하는 각각의 차량 성능 차이도 크다. MaaS는 약간 가격이 비싸더라도 고성능에 다양한 기능을 갖으면서 쉽게 고장 나지 않는 차량이 필요하다. 반면에 POV는 경제성이 뛰어나고 장거리를 안전하고 빨리 이동할 수 있는 사용성이 더 요구된다.

자동 운전 기술도 MaaS의 운용과 POV의 운용에 있어서 기술 차이가 완전히 다르다. 뉴턴의 운동 법칙은 물리학에 있어서 기본 중의 기본이다. 관성의 법칙, 운동의 법칙, 작용·반작용의 법칙을 기억할 것이다. 무거운 것을 움직이려면 큰 힘이 필요하고, 충돌했을 때의 충격은 속도와 무게에 비례해 커진다. 시속 50km로 콘크리트 벽에 충돌했을 때의 충격은 빌딩 5층에서 떨어졌을 때와 똑같다. 2배 속도인 100km일 때는 충격이 4배나 된다. 상상하는 것만으로도 무섭기까지 하다.

커브를 돌 때는 원심력이 작용하는 한편으로 타이어와 도로 사이에서 마찰력이 작용한다. 1톤 이상의 물체를 시속 100km 이상으로 가속시켰다가 안전하게 운전해서 멈추게 하는 제어는 난이도가 매우 높은 것이다. 뉴턴의 운동 법칙을 뛰어넘지 못한다면 안이하게 POV로서의 자가용차 사용 패턴을 로봇 택시로 바꾸기가 쉽지 않을 것이다.

그렇다고 이것을 MaaS의 확대를 부정하는 근거로 삼기에는 약하다. 그러나 MaaS 자동차와 개인이 보유하는 POV가 단순히 대체할 수 있는 관계가 아니라는 점만은 분명하다. MaaS에서 이동 비용이 내려간다면 인간은 이동에 있어서의 소비력을 더 찾아내 전체 이동 거리 자체를 연장시킬 가능성도 있을 것이다. 싱귤래러티Singularity가 정말로 찾아올 것인지 아닌지에 대한 논의는 차치하더라도, 자동차 산업이 공유로 옮겨 가는 기간이 상당히 오랫동안 이어질 가능성이 높다고 봐야 할 것이다.

이상과 같이 MaaS와 POV 두 가지 사업은 동시에 계속해서 성장할 가능성이 높다. 개인이 자동차를 보유하는 일이 간단히 없어지지는 않을 것이다. 다만 리스나 서브 스크립션 등과 같이 구입 형태는 다양해질 것이다. 보유 차량을 갱신하는 주기는 10년 이상으로, 상당히 긴 시간을 갖고 바뀌어 나간다. 소유한 POV는 일정한 잔존 가치가 유지되고 그 가치가 밸류 체인으로 피드백되는, 현재의 에코시스템이 오랫동안에 걸쳐 계속해서 존재할 가능성이 큰 것이다.

🏃 CASE 혁명을 통한 재성장 속에서 모빌리티 산업으로 바뀌는 자동차 산업

2030년까지 자동차 산업이 붕괴될 정도로 큰 사회 변혁이 일어날 가능성은 극히 낮다고 생각한다. 안전 보장과 국가 경제를 떠받치는 기간 산업으로서 각국마다 다른 규제를 내세우는 한편, 자국의 자동차 산업을 지키려는 보호책도 강구할 것이기 때문이다. 주식 시장에서 파괴자의 주가가 계속해서 상승하는 가운데, 전통적인 자동차 산업의 주가도 동시에 약간이나마 상승하는 것을 보면 전부냐 전무냐all or nothing를 상정하는 투자가는 일단 없어 보인다.

자동차 산업이 CASE 혁명을 따라 근본적인 변혁의 시대를 맞이하게 되리라는 점은 부정하기 어렵다. 그러나 그런 변혁은 휴대 전화가 스마트폰으로 바뀌었을 정도로 잠깐 동안에 일어날 상황은 아니고 시간이 걸리면서 진행될 것이다. 변혁에 대한 비전을 준비하는 것도 중요하지만, 변화 프로세스를 이해하고 필요한 대응력을 갖추어 나가는 것이 CASE 혁명에 대응해 나가는 중요한 솔루션이다.

과도기 때 보유와 공유 양쪽의 가치가 확대될 것으로 예상된다면, 자동차 산업은 물건 제조와 서비스 경쟁력 향상이라고 하는 양면 전략이 필요하다. 이동 동력원도 엔진과 배터리 둘 다 장착하는 싸움이 오랫동안 이어질 공산이다. 환경·안전 규제, 이용 사례, 동력원이 다른 자동차들이 세계에서 다양한 형태로 복합적으로 존재하게 되는 것이다. 이런 복잡한 과도기가 상당히 장기간에 걸쳐 진행된다는 점이 CASE 혁명의 특징으로, 여기에 자동차 산업의 활로가 보인다.

자동차가 제공하는 주요 기능으로는 ① 달리고, ② 돌고, ③ 서는 3가지 기본 요소 외에 ④ 쾌적, ⑤ 안심·쾌락까지 더하여 5가지로 정리할 수 있다. 기본 3요소에 대한 설명은 불필요할 것이다. 이 기본 3요소는 자동차의 언더 보디Under Body를 제어하는 세계이다. 나머지 두 가지는 어퍼 보디Upper Body의 요건으로서 ④의 쾌적은 실내 온도, 진동 제어, 시트 등의 제어를 가리키며, ⑤의 안심·쾌락은 자동차 안에서 무엇을 즐길 것인가 하는 멀티미디어와 관련해 자동차와 사람이 어떤 관계에 있는지를 나타내는, 휴먼 머신 인터페이스HMI의 세계이다. 각각의 제어 기능을 모아 놓은 영역을 **도메인**Domain이라고 부른다.

현재의 자동차는 이미 너무나 복잡한 상태이다. 각각의 도메인에는 많은 조작 관련 부품(액추에이터)로서의 하드웨어와 조작을 제어하는 ECU의 소프트웨어가 연계되어 있다. 돌고 서는 제어만 하더라도 단순히 브레이크를 밟거나 핸들을 돌리는 것이 전부가 아니다. 서는 것만 해도 엔진 제어, 회생 모터 제어, 브레이크 제어를 복잡하게 연계시키면서 자동차 전체를 제어해야 한다.

이런 복잡한 제어를 유지한 상태에서 CASE 혁명 과도기로 진입할 수밖에 없다. 여기에 커넥티드와 자동 운전이라고 하는 두 가지 복잡한 시스템의 도메인을 도입하게 되면 그 복잡함은 무한대로 넓어진다. 때문에 앞으로의 자동차는, ① 자동 운전이라고 하는 파워트레인이나 차량 제어 같은 자동차 내적 영역과 ② 커넥티드, 모빌리티 서비스 등과 같이 자동차 외부 상황을 둘러싼 외적 영역 양쪽에 대응할 수 있도록, 대폭적인 설계 변경을 해 나가지 않으면 안 된다. 이 설계 개혁과 물건 제조에 대한 변화는 제8장에서 살펴본다.

자동차 구조에 있어서는 3가지 역사적인 변화가 일어날 것으로 예측된다. 첫 번째로, 팽대해진 하드웨어의 확대에 따라 도메인을 뛰어넘어 제어할 새로운 설계 개념(이하 아키텍처)이 탄생할 것이다. 두 번째로는 하드웨어와 소프트웨어의 분리가 진행된다는 것이다. 세 번째로, 부가 가치가 소프트웨어로 옮겨 가면서 소프트와 소프트를 연계하는 통합 제어가 경쟁력의 핵심이 될 것이다. 이런 전체적 구상Ground Design과 동력원의 전동화에 대해 포괄적으로 물건 제조에서 흡수해 나가지 않으면 안 된다. 일련의 변화를 정리하고 설계도로 담아내어 양산 기술을 확립할 수 있는 능력은 현 단계에서 자동차 산업과 일부 메가 서플라이어밖에 없어 보인다.

파괴자인 GAFA는 자동차 물건 제조에는 별로 관심이 없어 보인다. 애초부터 자동차를 만들 수도 없었기 때문에 제품 품질 문제에는 그다지 관여하고 싶지 않을 것이다. 이렇게나 어렵고 돈 벌기 어려운 사업에 끼어들 리가 없다. 반면에 자동차 산업은 물건 제조와 MaaS를 융합시킴으로써 경쟁 영역을 만들어낼 수 있다.

CASE란 자동차 산업의 멸망을 이끌어내는 변혁이 아니다. 필요한 개혁과 대처를 강화하면서 주도권을 잡아 스스로가 진행시키는 파괴와 창조이다. IoT화, 지능화, 전동화라는 3가지 운석이 충돌해 마치 거대한 별똥별을 퍼뜨리듯이 자동차 가치를 파괴시킬 만한 폭발력이 충분하다. 그러나 그 파워는 산업을 다시 활성화시키는 쪽으로 작용할 것이다. 인류의 오랜 선조가 거대한 운석이 떨어지는 속에서도 살아남아 진화했듯이, 자동차 산업은 100년 꼴로 성숙하고 쇠퇴한다는 설을 뒤집어엎을 산업 혁명의 기회로 넘쳐나고 있다.

[제2장]
파괴자

Connected Autonomous Shared & Service Electric

1 IT 업계의 인카(InCar) 침공 전략

🏃 운전자를 만들어내는 소프트웨어

자동 운전 시대가 가까이 다가오고 있다. 이런 미래의 가능성을 의식하게 된 계기는 미국 국방부의 방위고등연구 계획국(DARPA, 다파)이 주최했던 2005년의 그라운드 챌린지Ground Challange, 2007년의 어반 챌린지Urban Challenge 대회부터이다.

이 대회는 군사적 목적으로 자동 운전 기술을 발전시키기 위한 것으로서, 그라운드 챌린지에서는 나중에 구글 X를 설립하는 세바스찬 스런의 스탠포드 대학팀이 우승을 차지했다. 어반 챌린지에서는 11팀 가운데 6팀이 완주하는 가운데, 카네기 멜런 대학팀이 우승하면서 크게 주목을 받았다. 구글(현 알파벳) CEO인 래리 페이지도 결승전을 보기 위해 서둘러 도착해서는 무궁무진한 사업 기회의 시작에 흥분을 감추지 못했다.

어반 챌린지에 도전했던 기술자들이 현재 많은 자동 운전 관련 벤처 기업을 설립하고 있다. 여기서 많은 자금을 기술자에게 투자해 사업으로 키운 곳이 구글이다. 구글은 카네기 멜런 대학이나 스탠포드 대학의 기술자들을 모아 자동 운전 기술을 연구 개발해 왔다. 센싱을 통해 획득한 데이터와 소프트웨어로 운전자를 만들어낼 수 있다는 것을 세상에 내놓은 것이다.

실험적 프로젝트에 도전하는 구글 X에서 2009년에 자동 운전 프로젝트가 시작되었다. 자동차 메이커가 만들어낸 인카(InCar, 자동차 내적 영역) 공략에 IT 업계가 본격적으로 올라타기 시작한 것이다. 2015년에는 캘리포니아주에서 브레이크나 핸들이 없는 귀여운 2인승 프로토타입 **파이어 플라이**가 데뷔. 샌프란시스코 교외의 마운틴 뷰 도로에서는 이 무인으로 주행하는 **파이어 플라이**가 심심치 않게 목격되곤 했다.

웨이모의 실제 적용

구글 X에서의 자동 운전 프로젝트가 일정한 성과를 내면서, 2016년에는 구글의 지주 회사인 알파벳과 직접적으로 연결되는 형태로 해서 웨이모Waymo로 분리되었다Spin Off. 현대자동차의 미국 법인 사장을 역임했던 존 크라푸칙을 CEO로 맞이하게 되고, 자동 운전 프로젝트가 드디어 사업화 단계로 들어간 것이다.

초기 단계에서 웨이모가 확립한 사업 모델은 영리 목적의 라이드 쉐어, 즉 배차 서비스 사업이다. 이 사업은 현재 미국에서 TNC(Transportation Network Company, 교통 네트워크 기업)라고 불리는 우버Uber나 리프트Lyft가 이끌면서 급속히 확대되고 있다. 단, 여기서 운전자는 시스템을 가리킨다. 이 책에서는 이것을 로봇 택시 사업이라고 부르겠다.

존 크라푸칙은 취임 직후에 라이드 쉐어 회사와의 제휴 관계를 재정립해, 대립하고 있던 우버와 결별하면서 라이벌인 리프트와 손잡고 10억 달러를 출자한다. 리프트로부터 라이드 쉐어 사업 노하우를 배운 다음, 향후 웨이모의 자동 운전 시스템을 공급해 일정한 사업 규모를 확립하겠다는 계산이 깔려 있었기 때문이다.

웨이모가 자동차 제조에 나설 의사는 없어 보인다. 차량은 피아트·크라이슬러·오토모빌즈FC와 사업을 제휴하는 식으로 조달하겠다고 발표했고, 테스트 차량으로 하이브리드 미니밴인 패시피커PACIFICA에 웨이모의 자동 운전 시스템을 장착하고는 캘리포니아주와 애리조나주에서 반복적으로 실험해 왔다.

2016에는 자동 운전 기술과 차량 개발에서 혼다와도 제휴 관계를 맺었다. 기술적인 교류는 계속되고 있지만 차량 개발에서는 아직까지 눈에 띄는 성과는 보이지 않는 상황이다.

웨이모는 2018년 10월까지 미국 전역 25도시에서 1,000마일(약 1,600km)을 자동 운전으로 주행했다. 시뮬레이션까지 포함하면 50억 마일(80억km)에 이른다. 게다가 캘리포니아주 앳워터에 캐슬Castle이라고 부르는 91에이커(약 37만m²)의 부지에 자동 운전 테스트 코스를 건설하고는 다양한 주행 데이터를 수집하고 있다.

2019년부터는 로봇 택시 사업을 애리조나주 피닉스에서 시작할 계획이다. 미국 도로교통안전국NHTSA이 규정한 자동화 레벨의 정의는 5단계로서, 이 로봇 택시는 레벨4(제한부 완전 자동 운전 자동차)에 해

웨이모 자율 주행 장비를 장착한 크라이슬러 퍼시피카 미니밴

출처 : 크라이슬러 홈페이지

당한다. 자동화 레벨에 관해서는 제5장에서 상세히 살펴보기로 하겠다. 일단 FCA에 62,000대의 **패시피커** 로봇 택시 발주가 결정된 상태이다. 나아가 인도의 타타 산하에 있는 재규어와도 전략적 제휴 관계를 확대해, EV **아이페이스**IPace가 베이스인 로봇 택시 2만 대를 2020년까지 공급받을 예정이다. 현 단계에서 총 8만 대가 넘는 로봇 택시 조달이 결정된 상태이다.

2019년부터 자동화 레벨4의 로봇 택시 사업을 미국 내에서 시작하는 곳은 웨이모와 GM의 자동 운전 부문인 GM크루즈 2곳이다. 당초에는 우버도 같은 시기에 로봇 택시 사업을 시작할 계획이었지만, 2018년 3월에 시험 주행 중이던 자동 운전차가 일반인 사망 사고를 일으키는 바람에 사업 시작 일정이 지연되고 있다. 독자 개발 체제에서 전략적 제휴를 포함한 재검토가 필요할 것으로 보였는데, 역시나 2018년 8월에 도요타자동차와 제휴를 맺으면서 재시동을 걸고 있다.

🏃 구글과 웨이모의 궁극적인 노림수

웨이모는 사업 영역이 정해져 있다. ① 로봇 택시, ② 로봇 트럭, ③ 완전 자동 운전 자동차 판매, ④ 무인 공공 교통 4가지 영역이다. 로봇 택시는 영업 시작 단계가 가시권에 들어와 있고, 로봇 트럭도 월마트와의 제휴를 바탕으로 끌고 나갈 예정이므로 그다지 오랜 시간은 걸리지 않을 것이다. 대형 로봇 트럭도 실증 실험이 계속되고 있다. 사업은 착실하게 확대되어 나갈 것이다.

우선은 제1장에서 언급한 MaaS 영역부터 시작해 모빌리티 서비스의 오퍼레이터 사업을 확립한 다음, 이 실적을 토대로 제휴사인 리프트나 FCA에 소프트웨어와 하드웨어가 일체화된 자동 운전 키트 판매로 나아갈 것이다. 최종적으로는 자동 운전 OS(기본 소프트)의 오픈 플랫폼화도 시야에 있을 것이다.

다만 이 로봇 택시 사업을 흑자로 전환시키려면, 인간이 운전하는 라이드 쉐어의 1마일 당 비용을 절반 이하로까지 낮춰야 하는 부담을 안고 있다. 수익을 내려면 필수적으로 가동률 유지나 정비 비용 관리 등과 같은 과제를 해결해야 한다. 이 사업성 분석은 제6장에서 다루기로 하겠다.

로봇 택시 사업은 서비스 제공자 자체의 사업 이익도 중요하지만, 자동차를 통해 모은 데이터와 AI를 이용한 플랫폼 구축이 더 큰 목표점에 있다고 봐야 할 것이다. 장기적으로는 웨이모가 수집하는 데이터와 구글 본사가 뿌려놓은 플랫폼과의 시너지가 중요한 목적이다. 로봇 택시 사업으로 축적한 빅 데이터 분석은 새로운 플랫폼 구축을 가능하게 한다.

¤도표2-1 • 자동차의 인카, 아웃카 영역과 GAFA의 공격

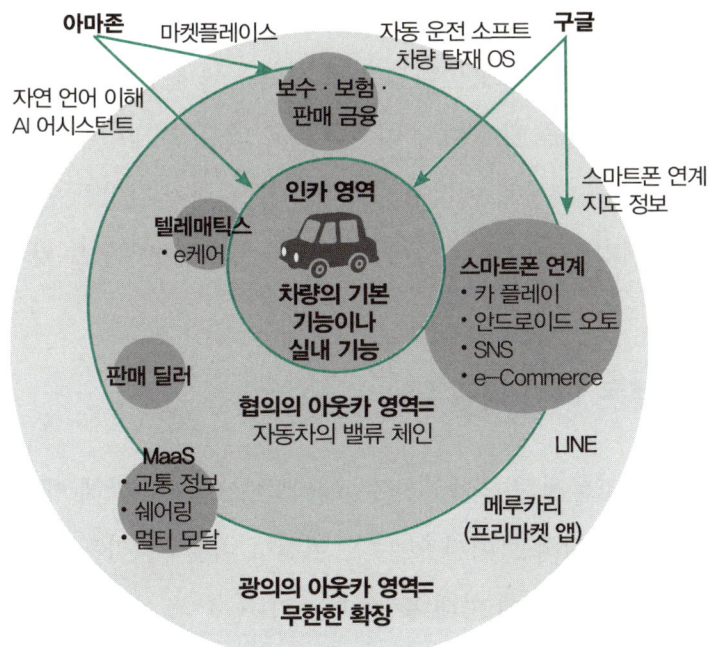

출처 : 나카니시 자동차 산업 리서치

스마트폰과 연계된 AI 에이전트나 광고 사업은 물론이고, 자동차 밸류 체인의 공개 거래가 가능한 시장Marketplace의 확립이나 완전 새로운 B2C, C2C, P2P 사업을 만들어 나갈 것이다.

장래에 자동 운전 키트는 소프트웨어와 하드웨어로 분리될 가능성이 있다는 점을 인식할 필요가 있다. 하드웨어는 자동 운전 일괄 공급 Turnkey 납품 업체가 장착하고, 소프트웨어는 구글이 OTAOver The Air 같은 무선 통신을 이용해 업로드하는 세계도 가능할 것이다. 먼 미래에는 이런 OS가 안드로이드 스마트폰 같이 오픈 플랫폼이 될 가능성도 있다. 꿈같은 이야기이지만 MaaS 영역으로만 한정한다면 그다지 멀지

제2장 파괴자 **71**

않은 미래에 이런 사업 모델이 현실화될 가능성이 높다.

장기적으로는 자동 운전 기술과 그것을 바탕으로 구축된 플랫폼을 축으로, 구글은 도시 교통이나 스마트 시트 등과 같은 사회 인프라 사업과 밀접하게 관련을 맺어 나갈 비전을 갖고 있다. 위성이나 주택 사업으로 시작해, 공공 교통과 에너지, 드론에 이르기까지 다양한 사업의 끝에는 사회 인프라를 대규모로 다시 디자인하려는 목적이 있을 것이다.

애플은 아직 비밀주의

준비가 순조롭게 진행되고 있는 에이모나 구글에 반해 애플의 움직임은 아직껏 확실히 보이지 않는다. 여전히 비밀주의라는 베일에 싸여 있기 때문이다. 당초에 기대 받던 **애플 카**Apple Car 같은 자동 운전 EV 구상은 좌절된 것으로 보인다. 하지만 애플이 자동차 산업 공략에 대한 강한 신념을 갖고 있다는 것은 틀림없어 보인다.

구글과 애플은 사업에 대한 대처 방식이 다르다. 오픈 플랫폼으로 OS를 제압하고 플랫포머Platformer로서 광고 사업으로 수익을 최대화하는 곳이 구글이다. 이에 반해 클로즈 플랫폼 안에 울타리를 치고는 소프트웨어부터 하드웨어까지 수직적으로 통합함으로써 다양한 수익 기회를 얻는 곳이 애플이다. 따라서 **애플 카** 같은 하드웨어를 과연 세상에 내놓을 것인지, 애플이 지향하는 사업 모델이 상당한 주목을 받고 있다.

코드네임 **타이탄 계획**은 애플 CEO인 팀 쿡이 수립한 자동 운전 EV의 연구 개발 프로젝트이다. 2020년 판매 개시를 목표로 삼아 한때는

1,000명 이상의 개발 인력 체제를 갖추었다고 한다. 하지만 자동차로서의 하드웨어 계획은 사양을 정하지 못하면서 계획은 수정되고, 그러면서 진용까지 상당히 축소되었다고 보도되고 있다. 현시점에서는 자동 운전 소프트 개발에 자원을 집중하고 있는 모습이다.

애플은 2017년 4월부터 캘리포니아주에서 도로 실증 실험을 반복하고 있다. 애플의 자동 운전 장치들을 장착한 렉서스 X 등, 60대 이상의 차량을 이용해 자동 운전 소프트웨어를 개발 중이다. 최근에는 VW과 공동 개발로 2018년 5월부터 새 본사인 애플 파크와 구 오피스를 왕래하는 셔틀 버스에 자동 운전 OS를 장착해 시험 주행을 하고 있다는 보도가 나오기도 했다.

타이탄 계획이 구체적으로 어떤 사업 모델을 지향하고 있는지에 대해 공표된 것은 없다. 하지만 자동차 멀티미디어와 관련된 차량 탑재 OS를 지배함으로써 아웃카(OutCar, 자동차 외적 영역) 영역을 공략해, 자체적으로 개발하고 있는 인카 영역인 자동 운전 키트와 연결해 나가겠다는 야망은 구글과 별반 다르지 않을 것이다.

앞으로 예상되는 프로세스는 다음과 같다. 제1단계에서는 스마트폰과 연계시켜 자동차의 커넥티드화를 실현할 수 있는 **카 플레이** 플랫폼으로 자동차 멀티미디어와 관련된 차량 탑재 OS 영역을 공략하는 것이다. 제2단계에서는 자동 운전 키트의 외부 판매 사업을 확립하는 것이다. 제3단계에서는 아마도 빨라야 2025년 무렵이 될 것으로 생각되지만, **애플 카**의 제조·판매를 시작해 파이낸스부터 소프트웨어, 하드웨어, 액세서리를 포함한 거대한 밸류 체인을 수직적으로 통합해 나가는 것이다.

2 IT 업계의 아웃카 침공 전략

🏃 차량 탑재 OS를 공략하라

커넥티드 카(네트워크에 접속된 자동차)나 최근에는 사어死語가 되어버린 텔레매틱스(자동차에서 이동 통신을 이용한 서비스의 총칭)라는 말은 적어도 20년 이전부터 사용되어 왔던 개념이다. 그러나 텔레매틱스는 솔직히 말해 적극적으로 사용하고 싶을 만큼 편리한 것이 아니었다. 음성 인식 수준은 낮고 콘텐츠는 재미없을 뿐만 아니라, 사용 편리성도 스트레스를 줄 정도였다. 텔레매틱스로 뭔가를 하는 것보다 아무 것도 하지 않고 라디오라도 듣는 편이 운전 스트레스를 훨씬 줄일 수 있다.

그런데 이동 중에 쾌적한 커넥트 환경을 제공하는 스마트폰이 차량 탑재 멀티미디어 단말기와 간단히 접속된다면 자동차 안에서의 사용자 체험은 크게 바뀌게 된다. 매력적인 서비스를 손쉽게 즐길 수 있기 때문에 **폐쇄 공간**인 자동차가 외부와 소통하는 열린 공간인 **개방 공간**으로 바뀐다는 것을 의미한다. 그 결과 자동차의 커넥티드화가 진행되면서 자동차 가치를 지배하는 시발점이 될 가능성이 있다.

두 가지 게임 체인저가 자동차 산업의 아웃카 영역을 침범하고 있다. 한 가지는 애플의 iOS와 구글의 안드로이드를 바탕으로 한 차량 탑재 멀티미디어 단말기와 스마트폰을 연계시키는 움직임이다. 또 한 가지는 클라우드상에서 AI를 구사해 자연 언어 처리를 가능하게 한 에이전트Agent 기능을 자동차에 적용하려는 움직임이다. 스마트폰이 차량 탑재 멀티미디어 단말기와 쉽게 연결되기 시작한 것은 2015년 무렵부터이다. 케이블을 이용해 스마트폰을 실내 커넥터에 접속하는 것만으로 차량에 탑재한 디스플레이에 스마트폰 화면이 표시된다.

이런 편리성과 보급을 바탕으로, 사용이 익숙해진 스마트폰 앱App을 사용할 수 있기 때문에 구미에서는 순식간에 인기를 끌고 있다. 그런 대표적 사례가 애플의 iOS를 베이스로 하는 **카 플레이**Car Play, 구글의 안드로이드를 베이스로 하는 **안드로이드 오토**Android Auto 양대 세력으로, 2017년의 커넥티드 카 가운데 절반 가까이가 스마트폰과 연계된 것이다.

카 플레이, 안드로이드 오토 모두 시작하고 나서 사용하는 메이커들이 확대되어 왔다. 저항 세력으로 여겨졌던 도요타도 2018년에 미국 일부 차종부터 **카 플레이**를 사용하고 있다. 이 IT 기업의 스마트폰 연계를 통한 커넥티드의 강점으로는 두 가지 플랫폼으로 대부분의 자동차용 앱App이 움직인다는 사실이다. 사용자 편리성이 매우 뛰어나고 재미있는 서비스도 쉽게 만들어낼 수 있다. 무엇보다도 이미 스마트폰 플랫폼이 확립되어 있기 때문에 차량 탑재에서도 신속하게 에코시스템을 구축할 수 있다는 것이 강점이다. 모든 자동차 메이커가 사용할 수밖에 없는 추세라 무서운 기세로 보급되고 있다.

애플의 카 플레이를 탑재한 BMW 자동차의 대시보드

출처 : BMW 홈페이지

🏃 AI 에이전트는 위협적인 게임 체인저

카 플레이, 안드로이드 오토의 보급과 함께 멀티미디어 차량 탑재 기기의 인터페이스가 바뀌고 있다. 기존의 음성 인식은 회화의 의미를 이해하는 것이 아니라 문장의 패턴을 맞추는 데 지나지 않기 때문에, 이용자가 편하게 사용하지 못하는 경우가 많았다. 이것이 AI에 의해 크게 바뀌고 있는 것이다. 애플이 음성 인식 어시스턴트로 탑재하고 있는 시리Siri를 시작으로, 구글의 **구글 어시스턴트**Google Assistant 그리고 가장 주목받고 있는 것이 아마존의 **알렉사**Alexa이다.

미국에서는 **알렉사**가 인기가 많은 신차를 중심으로 표준 사양으로 들어가고 있다. 가정에서 음성 인식 어시스턴트를 능숙하게 사용하게 되면, 이것을 가장 필요로 하는 곳이 미국인이 하루에 1시간 가까이 보내고 운전에 몰두해야 하는 자동차 안이라는 사실은 두말할 필요도 없다.

네트워크에 대한 사용자 인터페이스는 키보드가 터치패널 조작으로 이미 바뀌었고, 다음은 음성 입력이 될 가능성이 높다. 구글이나 아마존은 이 기술을 차량 탑재 커넥티드 기기에 도입해 네트워크에 대한 플랫폼로서의 지위를 굳히려 하고 있다. 이 자연 언어 이해가 자동차 산업 일부 관계자에게 위협적인 게임 체인저로 인식되고 있다. 지금까지 내비게이션이나 텔레매틱스 서비스의 음성 인식에서는 실현하지 못했던, 사람과 시스템을 연결하는 완전히 새롭고 쾌적한 휴먼 머신 인터페이스HMI가 될 것이라는 점을 알고 있기 때문이다.

구글과 아마존 입장에서는 자동차 메이커가 독자적인 차량 탑재 OS를 사용해 커넥티드의 출입구Gateway를 막는다 하더라도, 사용자가 개인 어시스턴트 기능으로 **알렉사**나 **구글 어시스턴트**를 선택하면 자동차 안에서의 인터페이스를 제어할 수 있다. 그 결과 IT 기업은 자동차의 어퍼 보디에 있는 정보를 쉽게 노릴 수 있다. 이것은 컴퓨터나 OS에 상관없이 사용자가 크롬 등의 브라우저를 통해 서비스를 이용하는 것과 비슷한 구도이다. 자동차 메이커는 차량 내 공간의 사업 기회를 IT 기업에게 빼앗기게 될 가능성이 많다. 다만 여기까지는 호혜적 관계 속에서 그렇다는 얘기이고, 자동차 메이커도 **나도 피해를 보지만 상대에게 더 큰 피해를 입히겠다.**는 식의 방어를 칠 것이므로 적절한 선에서 타협이 이루어질 것이다.

자동차 메이커에서 있어서 가장 큰 공포는 **알렉사**나 **구글 어시스턴트**가 사실상의 표준이 되고, 그 결과 차량 탑재 OS를 IT 기업이 좌지우지하게 되는 시나리오이다.

사용자가 **이게 갖고 싶다.**고 했을 때 **노~**라고 할 수는 없다(메르 세데스라면 **노~**라고 할 수 있을지 모르겠다). 그런 지위를 구글과 아마존이 구축하게 된다면 자동차 메이커에 대한 IT 기업의 조건도 바뀔 가능성이 있다. 자동차의 OBDⅡ(자기 진단 장치)에는 자동차 메이커가 중요하게 생각하는 주행 관련 센서 정보가 있는데, 구글이나 아마존에게 출입구가 털리면서 이 정보들을 빼앗기는 상황도 생각할 수 있기 때문이다.

자동 운전을 포함한 차체 제어의 언더 보디 시스템과 멀티미디어나 에이전트의 어퍼 보디 시스템 제어는 각각의 도메인을 뛰어넘어 통합적으로 제어하는 것이 지금까지의 자동차 표준이었다. 주행 시스템 센서 정보를 수중에 넣은 파괴자는 자동차 메이커의 밸류 체인 사업까지 빼앗으려 할지 모른다. 그 끝에는 자사가 개발한 자동 운전 키트와의 연계를 지향해 나갈 것이다. 교통 데이터나 지도 정보를 포함해 모든 정보는 외부로부터 오는 것이기 때문에, 멀티미디어라고 해서 안심할 수는 없다. 멀티미디어에 의해 차량 탑재 OS의 핵심 부분이 제압되었을 때 자동차 메이커는 **뼈아픈 상황**을 맞을지도 모른다.

3 금기를 두려워하지 않는 자동차 메이커

🏃 2020년까지 100만 대의 EV 생산을 목표로 하는 테슬라

　일론 머스크 같은 기발한 사업가가 그렇게 많이 나타나지는 않을 것 같다. 머스크의 비전은 인류의 미래를 지키는 데 있어서, 이를 위해 화성 이주가 가능한 우주선을 상업적으로 활용하려 하고 있다. 또한 테슬라 EV, 가정용 축전지(파워 월), 태양광 전지(솔라 시티) 3가지 사업에 뛰어들어 태양광 전지가 전기를 만들고 가정용 축전지로 충전한 다음, 테슬라 EV에 충전하는 식의 에코시스템을 완성시키기도 했다.

　생각해 보면 로켓이나 자동차, 전력 같이 새로 뛰어들기에는 일단 불가능하다고 생각될 만큼 거대 산업에 도전하는 위대한 모험적 사업가가 아닐까 싶다. 온라인 금융 서비스인 **페이팔**PayPal 성공에 힘입어 재산을 축전한 뒤 우주 수송 로켓을 제조·개발하는 스페이스 익스플로레이션 테크놀로지스Space X를 만들었다가, 2003년에는 EV를 만드는 테슬라 모터즈에 출자하고 나아가 2008년부터는 테슬라의 CEO를 맡기에 이른다.

전기 힘을 활용하면 슈퍼 스포츠카의 동력 성능 같은 상당한 기능을 만들어낼 수 있다. 거기에 새로운 가치를 가진 브랜드 창출이 가능하다는 것을 테슬라는 증명했다. 그렇다고 부자에게 고급차 브랜드를 제공하는 것이 머스크의 목적은 아니다. 이것은 화성에 도달하기 위한 수단 가운데 하나에 지나지 않는다.

페이팔을 매각한 약간의 자금으로 할 수 있는 것은 규모의 매력이 떨어지는 고급 브랜드 분야로 한정된다. 머스크는 소량 생산 자동차 테슬라 로드스터 제작을 첫 걸음으로 정한 다음, 매출을 올려 더 저가의 중

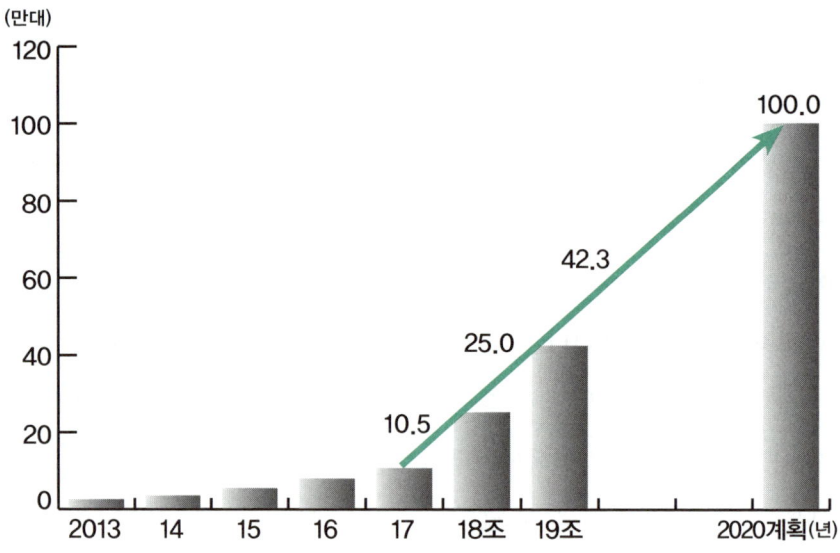

¤도표2-2 • 테슬라의 EV 생산 대수 전망(100만 대 추이)

출처 : 회사 자료, 나카니시 자동차 산업 리서치 예상, 2020년은 회사 계획 비전

량 생산 자동차 모델S를 만들고, 다시 매출을 올린 다음에는 더 저가의 대량 생산 자동차 모델3을 만들겠다는 로드맵을 정했다.

이 로드맵은 10년 전부터 계획한 것으로, 현재는 단계별로 치면 모델3 단계에 와 있다. 목표는 2020년까지 연간 100만 대의 EV를 생산하는 것이다(2017년 시점에서 10만 대). 어떤 역경 속에 있더라도 머스크의 의지가 꺾일 것 같지는 않다. 2017년에는 파나소닉과의 합병으로 50억 달러(약 6조 원)를 투자해 네바다 사막에 35기가 전지 생산 능력을 가진 초대형 공장을 가동시켰다. 중국에서는 50만 대의 신공장 계획을 추진하면서 6조 원의 자금을 조달할 계획이다.

🏃 반골에 반체제 기질을 가진 일론 머스크

2018년 만우절 다음 날, 테슬라 주가가 급락으로 돌아섰다. 이유는 머스크가 트위터에 유감스럽게 테슬라는 완벽하게 파산했다.라는 글을 모델3에 기대어 의식을 잃고 있는(또는 죽은 것같이도 보이는) 자신의 사진과 함께 투고했기 때문이다. 만우절에 경영 파산을 미끼로 한 농담이었지만, 모델3의 생산 가동에 좌절하고 자금 융통에 쫓기고 있다는 점을 감안하더라도 도저히 웃을 수 없는 악질적 블랙 유머였다.

트위터를 이용해 호전적인 메시지를 올리는 머스크의 행동에는 브레이크가 없어 보인다. 사업이 잘 돌아가지 않아 곤경에 처할수록 머스크의 행동은 훨씬 반체제적이고 규율을 무시하는 방향으로 향하기 때문이다.

지루하고 멍청한 질문은 재미없다. 결산 보고 전화 회의에서 생산 전망에 관해 질문한 애널리스트를 무시하고는 도중에 막아 버렸다. 자본 시장의 비판은 높아졌고 머스크는 나중에 사과하는 상황으로까지 내몰린다.

태국 소년 12명과 축구 코치가 동굴 안에서 조난 사고를 당했을 때의 머스크 언행은 상식을 벗어난 것이었다. 온 세계가 다이버들의 결사적인 구출 활동을 격려하는 가운데, 머스크는 트위터에 영국인 다이버를 소아성애자라고 매도하기도 했으며, 나중에는 아무 거나 걸어도 좋다, 정말이니까.라는 글까지 올린다.

구출용 미니 잠수함을 제공하겠다고 한 머스크의 제안이 거절당한 것에 대한 화풀이였는지도 모른다. 그러나 목숨을 가볍게 여기는 언동에 비난이 쇄도하면서 머스크는 사죄에 내몰렸다. 주주로부터도 매우 강한 항의가 있었던 것 같다. 목숨을 담보하는 자동차 메이커의 경영자로서 부적절하기 짝이 없는 언행이었기 때문이다.

기이하고 자유로운 천재적 파괴자가 벤처를 창업해 견인하는 단계라면 어떨지 모르지만, 사회적 공기公器로서 많은 사람을 고용하고 있고, 세금으로 보조를 받는 상장 회사 경영자로서의 품격이 의문시되기에는 충분하다. 과거에도 애플에서 쫓겨났던 스티브 잡스, 우버 창업자인 트래비스 캘러닉이 규제 회피나 기업 풍토 문제로 인해 경영 일선에서 물러난 적이 있다.

그런 풍조에 대한 거부감이었을까 아니면 얼간이 취급을 받는 데 싫증이 나서였을까, 2018년 8월 머스크는 갑자기 테슬라의 상장 폐지 검토를 트위터에 올렸다.

주가의 급격한 변동이나 4사 분기 업적에 대해 경영 판단을 요구받고 있

지만 장기적인 시점에서는 옳지 않다.

머스크의 주장이 맞는 말이기는 하지만 소문을 유포할 수도 있는 발언을 트위터에 올리는 행동은 상식적으로 생각할 수 없는 일이다. 이 상장 폐지 안건은 불과 1주일만의 해프닝으로 끝났지만 머스크에 대한 평가는 더 추락하게 된다. 증권거래위원회SEC는 주가 조종 의혹으로 머스크를 소추하기에 이른 것이다. 결국 머스크가 CEO에서 물러나는 상황까지는 안 갔지만, 회장직에서 물러나고 머스크와 회사에 각각 벌금 2천만 달러를 지불하는 한편, 머스크의 의사소통을 감시하는 위원회를 사내에 설치하는 것으로 양자가 화해했다.

반골 기질에 반체제적인 행동이 머스크가 가진 매력일 수도 있다. 그러나 문제가 되는 언행이 자꾸 되풀이되고 자본 시장에서 주요 주주와 불협화음을 일으키는 모습이 자주 노출되면서, 사업상 어려움을 극복하려는 자신에 대한 스스로의 격려나 분발이 나쁜 방향으로 발휘되는 것으로밖에 이해되지 않는다. 머스크 입장에서는 나아가고자 하는 숭고하고 고차원적인 혁명에 있어서 수단은 신경 쓰지 말고 결과만 봐달라는 생각일 것이다.

금기를 두려워하지 않는 테슬라

테슬라는 모델3의 생산 가동에 있어서 좌절감도 경험했고, 어른답지 못한 언동까지 더해져서 머스크의 평가가 상당히 추락하고 있기는 있지만, 머스크가 만들어 놓은 사업 구조가 자동차 산업에 역사적 충격을 준 평가만은 변함이 없다. 금기를 두려워하지 않는다는 점이 이 기업의 무서움이다. 테슬라의 자극으로 인해 업계 전체가 움직이기 시작한 것도 사실이다.

포르쉐, BMW, 다임러 등이 상품과 EV 기술 전략을 근본적으로 재검토해야만 했다. 터치패널로 자동차 전체를 제어하는 HMI 채택도 일거에 확산되었다. 커넥티드를 이용한 무선 통신Over The Air 경유로 소프트웨어 업데이트 기능을 운용하는 것에 대해 자동차 메이커들은 보안 측면 때문에 시기상조로 여겨왔다. 하지만 테슬라가 자극이 되면서 진지하게 검토하기 시작한 것이다.

모델S, 모델3 모두 커넥티드를 전제로 하고 있어서 단순히 말하면 스마트폰 같은 자동차라 할 수 있다. OTA를 이용해 유저 인터페이스(UI)를 갱신하는 방법은 전기 기기 메이커가 앞서나갔던 영역이다. 그 결과 다른 전기 기기보다 자동차의 OTA는 뒤처져 왔지만, 테슬라는 이에 대해 아무렇지도 않게 루비콘 강을 건너 버린다. OTA는 자동 운전 시대에 필수 요건인 기술이기 때문에 각 자동차 메이커가 진지하게 도입을 검토할 수밖에 없게 된 것이다.

자동차의 하드와 소프트 분리에 있어서도 테슬라가 앞서 나가고 있다. 완전 자동 운전에 필요한 하드 기능을 미리 자동차에 장착해 놓았다가, 소프트웨어가 완성된 단계에서 OTA를 이용한 펌웨어 업그레이드를 실시함으로써 기능을 완성시키는 것이다. 현재의 오토파일럿은 2015년 10월에 테슬라 버전 7.0이 가동되었을 때 업데이트로 사용되고 있다.

현재는 모델S, 모델3과 함께 완전 자동 운전 기능이 필요한 하드웨어를 장착한 형태로 판매하기 때문에 완전 자동 운전을 가능하게 하는 최신 버전의 OS 적용을 기다리는 상태이다. 원래는 2016년 말을 시점으로 잡아 판매를 촉진해 왔지만, 오토파일럿을 사용한 모델S가 플로리다에서 사망 사고를 일으키면서 1차 연기가 되었다. 그 후 2017년 말이었던 시기는 다시 2차 연기로 이어졌다.

테슬라의 사업 혁신성에는 뛰어난 점이 많다. **완전 자동 운전**의 업그레이드 옵션에 대해 신차를 구입할 때 미리 돈을 받는 것도 그 가운데 하나이다. 사용자에게 먼저 돈을 받고 나중에 OTA 업데이트로 기능을 제공한다는 사업 모델의 참신성이 엿보이는 것이다. 자동차의 커넥티드는 사업 모델이 쉽사리 구체화되지 않는 가운데, 테슬라는 OTA 업데이트를 이용해 프로세스를 변경함으로써 밸류 체인에 추가 수익을 올릴 수 있는 기회를 만든 것이다. 이런 방식은 다양한 사업 기회를 창조하는 데 있어서 참고가 될 만하다.

다만 테슬라는 장래에 완전 자동 운전을 실현하는 데 필요한 하드 웨어를 미리 탑재하고 있다고 말하지만, 그 시스템이라고 해야 8개의 광학 카메라와 12개의 초음파 센서로 구성되어 있을 뿐이다. 이 센싱 기능으로 무엇이든 가능한 자동 운전을 완성해 내는 일은 이론적으로 합당하지 않기 때문에 완전 자동 운전이라고 하는 유행어를 강력한 마케팅 툴로써 이용하고 있다는 인상을 지울 수 없다.

머스크가 말하는 **완전 자동 운전**이 어디까지의 기능을 약속하는지는 오랫동안에 걸친 수수께끼이다. 아마도 레벨2에 가까운 레벨4라고 추측되지만, 테슬라가 내세우고 있는 시범 주행 비디오를 보면 무엇이든 가능한 것처럼 보인다. 사용자의 기대치를 너무 올리는 일은 위험도 수반한다. 여전히 금기를 두려워하지 않는 모습이다. 이 점이 테슬라의 무서운 점이자 취약성이기도 하다.

실리콘밸리와 물건 제조의 융합

세계는 100년마다 바뀌어 왔지만 지금은 100시간 만에도 완전히 바뀌고 있다.

리먼 브러더스 파산 다음 날인 2008년 9월 16일에 GM은 창업 100주년 기념식을 화려하게 개최했다. 거기에 참석했던 CEO인 리처드 와그너는 위기를 이렇게 표현한 것이다. 그 뒤 자신은 GM에서 물러나게 되고, 미국을 대표하는 명문 기업은 창업 100년째에 경영 파산이라는 굴욕을 맛보게 된다. 그로부터 10년이 지나 GM은 과거 최고의 업적을 자랑하는 한편으로, 주가까지도 과거 최고치를 갱신하는 대부활에 성공했다.

파산 후의 경영은 매년 CEO가 교체되는 혼돈의 연속이었다. 이런 흐름을 바꾼 것이 2014년에 CEO로 승격한 메리 배라이다. 1961년생인 배라는 디트로이트 북쪽에 위치한 중산 계층들이 많이 사는 도시인 워터포드 타운십에서 자랐다. 그곳에 살던 사람들에게 GM에 취직하는 것은 매우 자연스러운 직업 선택이었다. 배라는 제너럴모터스 연구소(현 케터링대학)에서 공부하고 스탬핑 공장에서 취업 실습을 받은 다음, GM

자금으로 스탠포드대학에서 MBA를 취득한 순수 GM 출신이다.

배라에 대한 평가를 높인 것은 CEO로 막 승격했던 2014년, GM 품질 관리를 둘러싼 의회 증언과 미디어 대응, 사태 수습 능력 때문이었다. 또한 2017년에는 헤지펀드인 그린라이트 캐피털과의 싸움에서 승리하면서 기관 투자가들의 평가까지 급상승했다.

헤지펀드 업계에서 젊어서부터 성공한 데이빗 아인호른이 이끌던 그린라이트 캐피털은 GM 주식 3.6%를 갖고서 배라에게 도전장을 던졌다. 실적 호조를 보이면서도 선명하지 않은 GM의 기업 가치를 향상시키겠다는 명분으로, 강력한 배당을 요구할 수 있는 듀얼 클래스 스톡(두 가지 종류의 주식)의 채택, 배라의 이사회 의장직과 CEO 분리, 3명의 임원 파견을 제안했던 것이다. 오랜 협의는 결렬되고 주주 총회에서의 주주 투표로 결정이 넘어갔지만, 배라는 그린라이트 캐피탈의 제안을 부결로 이끌었다. 이 싸움에서 패한 그린라이트 캐피탈은 운이 다했는지 그 뒤 심한 운용 성적을 보이며 거액의 자금 유출에 휘말린다. 한편 배라는 절정기를 구가한다.

배라의 반론은 단기적으로 주가를 밀어 올리지 않고 장기적인 접근으로 지속 가능한 성장을 추구하겠다는 것이다. 배라는 인도 사업의 철수, 적자 탈피를 못하던 독일의 오펠을 매각함으로써 사실상 유럽 사업에서도 철수하는 강력한 리더십을 발휘했다. 동시에 실리콘밸리 전략을 펼친다. EV 볼트를 베이스로 하는 자동 운전 실험차를 공개한 것이다. 파멸로 향할 것으로 우려됐던 자동차 산업의 역경을 극복하고 GM의 성장을 지속 가능하게 할 수 있는 길을 제시한 것이다.

🏃 규모의 끝을 직시한 GM

2017년 11월 말, GM의 **투자가를 위한 설명회**Investor's Day에 참석하기 위해 전 세계의 투자가들이 샌프란시스코로 모여들었다. GM 성장 전략의 핵심인 자동 운전 기술 설명회와 2년 전에 매수한 자동 운전 개발 회사 크루즈 오토메이션이 **EV 볼트**를 바탕으로 개발 중인 레벨4(고도의 자동 운전)의 자동 운전 실험 차량 시승회를 가진 것이다. 배라는 이 차량을 이용해 2019년까지 무인 라이드 쉐어 배차 서비스를 시작할 것이라고 발표했다.

사람의 왕래나 교통량이 많은 도로 환경에서 시승회를 하는 경우는 흔치 않다. 시승에 참여한 기관 투자가 가운데는 **부드럽지 않다.**는 등의 비판적 의견도 있었지만 전체적인 평가는 양호했다. GM의 자동 운전 기술과 무인 라이드 쉐어 사업에서 선두에 나서려고 하는 경영 방침에 대한 평가를 높이는 데 도움이 된 것이다.

해가 바뀐 2018년 1월, GM은 미국 표준화 단체 SAE가 규정한 레벨4에 해당하는 양산 버전인 자동 운전 차량 **크루즈AV**를 발표하게 된다. 이 자동차에는 스티어링이나 브레이크 페달도 없지만 미국 운수성에 도로 주행 허가를 신청해 특별 허가를 받아냈다. 미국 연방자동차 안전기준FMVSS에서 용인되는 연간 2,500대의 한정적인 규모부터 시작한다. 운행 지역도 **정확도 높은 지도 데이터 정비가 완료된 상태**에서 반복적으로 주행 시험을 했던 **식별 완료 지역**으로만 주행을 한정하고 또한 타는 곳과 목적지도 한정된 범위에서만 선택하는 식이다. 주행 속도는 시속 24마일(약 38km)의 비교적 저속 운행부터 시작한다.

한정적인 조건이기는 하지만 아마도 샌프란시스코를 시초로 2019년에는 상업적 무인 라이드 쉐어 사업을 시작할 예정이다. 경영 파산을 겪기도 했지만 설립 109년째에 모빌리티 컴퍼니로 가는 첫 걸음을 내딛는 것이다.

GM에 대한 평가는 계속 상승했다. 자동 운전 시스템 개발과 무인 라이드 쉐어 사업을 펼치는 실리콘밸리의 GM크루즈는 미래의 주식 공개 IPO를 목표로 기업 가치 확대를 지향하고 있다. 자동 운전 하드웨어를 장착한 차량 개발과 생산은 GM의 전통적인 자동차 산업 중심지인 미시건주를 중심으로 진행된다. GM크루즈뿐만 아니라 제휴 업체인 리프트까지 포함해 GM의 하드웨어를 공급하는 역할을 명백히 함으로써, 자동차 메이커가 아니면 할 수 없는 물건 제조 영역에서의 경쟁력으로 앞서나가겠다는 의도인 것이다.

GM이 2019년부터 실용화하는 자동 운전 양산차 크루즈AV

출처 : GM 홈페이지

🏃 소프트뱅크 비전 펀드 – 자금이라면 얼마든지 있다.

2018년 5월, 소프트뱅크 그룹이 운영하는 100조원 펀드 **소프트뱅크 비전 펀드**SVF가 GM크루즈에 2조4천억 원을 투자해 19.6%의 주식을 보유한다는 놀랄만한 뉴스가 들려왔다. 자동차 산업에 대한 강한 의지와 함께 파괴자로서 계속해서 접근해 왔던 것이 소프트뱅크 그룹의 대표이사 회장인 손정의이다. 정보 혁명의 선봉에 서겠다는 것을 경영 전략의 핵심에 두고, 300년 동안 성장할 수 있는 회사 그리고 가능한 한 자기 변혁을 되풀이해 나갈 수 있는 회사를 지향하고 있다. AI가 인간을 능가하는 **기술적 특이점**Singularity이 인류 사상 최대의 패러다임 시프트가 될 것이라는 신념과 함께, 자동차 산업의 대혁명이라는 대유전을 발굴하려고 노력하고 있다.

역사적인 도전이라고도 할 수 있지만, 단독이 아니라 집단으로 싸우는 **단체 전략**이 손정의의 기본 전략이다. 같은 비전이나 뜻을 가진 회사와 인재를 자본 관계와 동지적 결합으로 묶는 것이다. 이런 전략을 구체화한 것이 **소프트뱅크 비전 펀드**SVF로 명명한 100조 원 규모의 세계 최대 사모펀드이다. SVF는 사우디아라비아 등의 정부계 펀드, 애플, 퀄컴, 홍하이정밀공업 등의 테크놀로지 기업의 출자로 구성되어 있으며, 연결회사인 소프트뱅크 그룹의 수익 성장에 있어서 중추를 담당한다.

소프트뱅크는 사고나 정체를 없애려는 우리들 목표에 부합하는 강력한 파트너. 유력한 파트너를 획득한 GM의 배라는 만족해하며 기뻐했다.

이 거래에는 두 가지 트랑쉬(Tranche, 조건에 맞는 구분)가 있다. 트랑쉬1은 GM크루즈에 대한 사업 투자로 주로 **크루즈AV** 차량이 대상이다. SVF가 9억 달러(약 1조 원), GM이 11억 달러(약 1조 2,100억 원)를 투자한다. 트랑쉬2는 SVF의 순수 투자로서 13.5억 달러(약 1조 4,850억 원)를 투자한다. 이 두 가지 트랑쉬를 합쳐서 19.6%의 GM크루즈 주식을 보유하게 되는 것이다. 트랑쉬2는 2019년에 일정한 사업화 진척을 확인한 다음에 투자된다.

SVF는 7%의 배당 수익률이 있는 GM크루즈 우선주를 받는다. 7년 이내에 GM크루즈의 IPO를 실현하지 못하면 우선주를 GM 보통주로 해서 일정한 조건으로 전환할 수 있는 방식이다. 연간 2,500대의 **크루즈AV** 차량 투자에 5억 달러(550억 원), 오퍼레이션 등에 1억 달러(1조 1천억 원)를 지출해도 연간 6억 달러(6,600억 원)이기 때문에, 적어도 4년 동안의 사업성 자금은 이것으로 조달할 수 있는 셈이다.

손정의의 투자에 의해 두 가지 사실이 확인되었다. 하나는 **크루즈AV**의 기업 가치가 115억 달러(22.5억 달러÷19.6%), 대략 12조 6천억 원까지 뛰어올랐다는 것이다. 2년 전에 GM이 투자했던 것은 5억8,100만 달러(약 6,390억 원)에 지나지 않았다. 그 후 2조 원 정도의 사업화와 개발 투자를 투입하기는 했지만 그래도 3조 원에는 미치지 못한다. 자동 운전 사업의 사업 가치가 버블처럼 부풀려진 인상이 없지는 않다.

또 하나는 **크루즈AV**의 차량 가격에 대한 것이다. 대략 1대 당 2억5천만 원 정도에서 시작될 전망이다. 자동 운전 사업은 막대한 자산을 형성해야 하는 자본 집약적인 사업이라는 것이 재확인되었다. 매력적인 미래가 기다리고 있다 하더라도 당장에 막대한 자본력과 위험 부담 수용 능력이 없으면 계속할 수가 없다. 덧붙이자면 GM은 2018년 상반기의 GM크루즈 실적을 발표했는데, 아직 사업화 전이기는 하지만 6개월 동안 3,300억 원의 영업 적자를 냈다.

구글이나 아마존 등과 같은 각 IT 기업들의 1,000조 원 전후나 되는 거액의 시가 총액에 더해 100조 원의 SVF와 소프트뱅크 그룹의 자금력, 여기에 이윤을 추구하는 투자가의 욕망이 자동차 산업의 파괴를 막아내고 있다. 비전과 야심을 가진 조직이나 뛰어난 재능이 동지 같이 결합된 단체 전략은 무시할 수 없는 파워를 만들어낼 것으로 보인다.

이미 소프트뱅크 그룹이 자동차 산업 파괴를 계획하는 기업들에 투자하는 규모는 경이로운 수준이다. 손정의의 전략은 정해 놓지 않고 광범위하게 투자하는 것이다. 잘 되면 어떤 것이든 또는 전부가 비약적인 성공을 불러올 것이다. 손정의는 기술적 특이점Singularity이 반드시 올 것이라고 확신하고 있기 때문이다.

¤ 도표2-3 • GM크루즈의 시가 총액 분석

(단위 : 백만 달러) (단위 : 억원)

GM크루즈의 기업 가치	11,480	12,628
Tranche1: 2019년 기업에 대한 차량 투자 Tranche2: 순수 투자 소프트뱅크 투자액 합계	900 1,350 2,250	990 1,485 2,475
소프트뱅크의 출자 비율 GM 출자 비율	19.6% 80.4%	19.6% 80.4%
GM의 보유 가치 GM의 Cruise 매수 가격(2016년 5월) 과거 3년 동안의 누계 투자 금액 추정 GM 총투자액	9,230 581 2,000 2,581	101,53 639 2,200 2,839
GM의 Tranche1 추가 투자액 GM 총투자액	1,100 3,681	1,210 4,049

출처 : 각종 자료 중에서 나카니시 자동차 산업 리서치가 집계

4 중국 국가 자본주의의 야망

🏃 AI 제압이 세계를 제압하는 것

이 책 뒷부분에서 중국의 신에너지 자동차NEV 전략에 대해 상세하게 살펴보겠지만, 여기서는 중국의 CASE 전략이 AI를 중심으로 하는 국가 자본주의의 거대 프로젝트가 되면서 세계적 경쟁력을 확립하려고 하는 야망에 초점을 맞춰 보겠다.

중국은 2017년의 **자동차 산업 중장기 발전 계획**을 통해 자동차 산업 정책의 중점을 CASE 전략에 두기로 결정한다. 먼저 부분적 자동 시스템의 장비 비율을 2020년까지 50%로 높이고, 커넥티드 시스템의 장비 비율은 10%까지 높이기로 한다. 또한 2025년까지는 완전 자동 운전을 시장에 투입하기로 계획한다.

많은 도시에서 자동 운전화를 전제로 하는 스마트시티 프로젝트나 대규모 공유 경제를 관민 일체로 추진하고 있다. 2017년 11월에는 과학 기술부가 **국가 차세대 인공 지능 플랫폼 개발**프로젝트를 설정하면서 **자동 운전, 도시 계획**城市大腦**, 의료 영상, 음성 인식**知能語音 4가지 AI 관련 국가 프로젝트를 시작했다.

자동 운전을 위탁한 곳은 거대한 자동 운전 **프로젝트 아폴로 계획**을 추진하고 있는 인터넷업체 바이두百度이다. **도시 계획**은 알리바바阿里巴巴의 클라우드 자회사인 **알리윈**阿里雲에, **의료 영상**은 소셜 네트워킹 서비스 업체인 텐센트騰訊에, **음성 인식**은 IT 기업인 아이플라이텍iFlytek에 각각 위탁했다. 이니셜을 따서 BAT라고 불리는 대기업들이 집결하고 국가가 깊이 관여함으로써 AI 분야에서 세계적인 경쟁력을 확립하려는 것이다.

🏃 아폴로 계획으로 시작해 EV 벤처까지 속속 등장

자동 운전 분야에서는 2017년 7월에 바이두가 시작한 **아폴로 계획**이 사실상의 국가 프로젝트로 격상되었다. **아폴로 계획**은 자동 운전 개발과 관련된 다른 업종들까지 연계하는 오픈 소스형 개발 플랫폼이다. 2020년 12월까지 완전 자동 운전을 실현할 계획이다.

아폴로 계획에는 중국 자동차 메이커 가운데 대형 국영 회사는 대부분 참여하고 있으며, 자동차 부품 업체로는 독일 3대 메이커인 보쉬와 콘티넨탈, ZF가 참여하고 있다. 또한 반도체 업체에서는 미국의 엔비디아와 인텔, 글로벌 자동차 메이커에서는 다임러와 BMW, 포드가 참여하고 있다. 일본에서는 혼다와 닛산자동차 외에 파이오니아와 반도체의 르네사스가 참여한다.

BAT, 국영 자동차 메이커, 벤처 캐피탈이 손잡고 EV 벤처까지 육성하고 있다. 웨이라이자동차NIO는 상하이자동차와 바이두의 자본을 투자받은 고급 EV 벤처로서, 중국 벤처로는 처음 뉴욕증권거래소에 상장되었다. 2018년 6월에 불과 100대를 출하했지만, 2020년까지는 10만 대 출하를 목표로 하고 있다.

중국에서 세계적으로 성공적인 EV 회사를 만들어내고 있다는 사실은, 나아가서는 중국의 산업 정책과 NEV 정책을 성공시키는 중요한 촉매로 작용한다는 것을 의미한다. 그런 사명을 갖고 NIO 프로젝트가 움직이고 있는 것이다. 나아가 앞으로 EV 벤처는 자동 운전 도로 실험에서도 우선적으로 허가를 받을 수 있다. 도로 실험에 있어서 국내 자동차 메이커보다 우선시되고 있는 가운데, NIO는 계속적으로 주행 실험을 실시하고 있다.

[제3장]
자동차의 가치와 모빌리티 구조의 변화

Connected Autonomous Shared & Service Electric

1 2030년까지의 CASE 혁명 시나리오

🏃 시나리오에는 많은 변수나 조건이 따른다.

지금까지 살펴본 바와 같이 CASE 혁명이란 커넥티드, 자동 운전, 쉐어링&서비스, 전동화 4가지 중대한 흐름이 순차적이 아니라, 복합적으로 한데 뭉치면서 자동차 가치에 일어나는 혁명적인 변화이다. 이 장에서는 2030년까지를 시간 축으로 삼아 CASE 혁명이 불러올 자동차 가치나 사회 구조 변화를 예측하는 한편, 자동차 산업의 밸류 체인에 대한 영향도 살펴보겠다.

커넥티드, 자동 운전, 쉐어링&서비스, 전동화가 어떻게 보급되어 나갈 것인지에 대한 많은 예측들이 넘쳐나고 있다. 또한 수많은 컨설팅 회사들은 4가지 트렌드의 파괴적인 변화(이 책에서 정의하는 CASE 혁명)가 불러올 시나리오를 분석하는 데 여념이 없다. 그 가운데는 약간은 과격한 예측들도 있고 근거가 빈약한 것들도 있다. 여기서는 변화 프로세스를 중시하기 때문에, 애널리스트 입장에서의 추론에 기초해 독자적인 예측을 펼쳐나가 보도록 하겠다.

CASE 혁명 시나리오에는 수많은 변수와 조건이 뒤따른다. 예를 들면 제1장에서 언급한 것처럼 전통적으로 자동차를 구입·보유한 상태에서의 이동(POV의 이동 거리)과 MaaS를 이용한 이동(MaaS의 이동 거리)의 이용 사례가 크게 다르기 때문에, 양쪽의 대체는 단순한 가동률이나 이동 거리로는 결정되지 않는다. MaaS의 성장이 새로운 이동 환경에서의 이용 사례를 만들뿐만 아니라, 이동 거리 자체가 연장될 가능성까지 지적했다.

앞으로의 CASE 혁명 진행 과정을 생각해 보면, 복수의 교통 기관을 연계시키는 멀티 모달 Multimodal 교통의 이동 거리 연장을 예측하게 한다. 그러나 스마트폰이나 차량 탑재 단말기를 통해 MaaS의 환승 앱 App이 어떤 보급 추이를 보이느냐에 대해서도 이해해야 한다. 또한 그것을 뒷받침하는 사이버 인프라 정비가 어디까지 진행될 것인지도 중요한 논점이다.

나라에 따라서 모빌리티를 둘러싼 문제의식이 다르다는 것도 분석을 복잡하게 한다. 일본은 과소화, 고령화, 운전자 부족이 중요한 과제이지만, 미국이나 유럽 여러 나라는 공해, 운전자 부족, 주차장 부족 등이 문제가 된다. 미국은 장소에 따라서도 복합적인 편이다. 도시와 교외, 지방에 따라 큰 차이가 있기 때문이다. 메트로폴리탄 같은 거대 도시와 그 위성 도시나 통근권 교외, 인구 10만 명 정도의 지방 도시, 과소 지역에 따라서도 모빌리티에 대한 문제의식은 제각각이다. 전 세계의 도시 인구 밀도나 교통 제약, 이동 요건 패턴에 관해 세밀하게 정리할 필요가 있는 것이다.

CASE 혁명의 4가지 트렌드가 병렬적으로 진화해 나갈지, 아니면 각각의 진화가 독립적이고 차이가 생길지 여부도 흥미로운 논점이다. 예를 들면, 인도에서는 중요한 고용 창출 부문인 운전자 직업이 줄어드는 것을 방치할 수 없기 때문에 자동 운전 기술에 대해 정치적으로 매우 부정적이다. 반면에 중국에서는 자동 운전과 AI를 사회적 인프라로 보급시키는 한편, 전동화로 세계적인 경쟁력을 확립하기 위해서 적극적으로 정책을 펼치고 있다.

MaaS의 핵심을 이루는 로봇 택시의 가동률, 정비 시간, 이동 속도, 가장 중요한 차량 수명의 전제를 어떻게 두느냐에 따라 로봇 택시의 시장성은 크게 달라진다. EV에서는 보조금 정책 예측부터 시작해 비용 구조와 전지 성능, 공급력, 인프라 정비 등이 논점이다. 자동 운전 기술은 가격·성능은 말한 것도 없고, 클라우드나 모바일 망의 정비, 법적 정비부터 사회적인 수용성도 중요한 요소이다.

🏃 2030년의 CASE 혁명

제4장 이후부터 상세한 논의로 들어가기 전에, CASE 혁명에 의한 자동차 변혁에 대해 전망해 보겠다. 어떤 식이든 시간 축은 2030년 시점에서의 예측이고, 분석 대상 주요 지역은 유럽과 미국, 일본, 중국 4

곳의 신차 시장으로 잡았다. 먼저 커넥티드 시장은 차량 100%가 네트워크와 접속하는 커넥티드 카가 될 것으로 예상된다. 자동 운전에서는 최소 6%, 최대 10%가 시스템이 운전의 주도권을 갖는 레벨4와 5(자동화 레벨의 정의는 제5장에서 소개)의 완전 자동 운전 자동차로 바뀔 것으로 예상된다. 또한 쉐어링&서비스에서는 이동 거리에서 차지하는 MaaS 구성비가 최소 19%, 최대 29%는 될 것으로 예상된다. 전동 차량 비율은 46~52%, EV는 8~10%로 예상된다.

2030년 시점에서 네트워크에 접속되는 차량이 10억 대에 육박할 것으로 추산되기 때문에 대규모 네트워크를 구축하기 시작한다. 이것은 거대한 디지털 시장이 형성되는 것으로서, 대량의 차량 센서 정보나 교통 정보가 빅 데이터로 저장된 다음, AI로 분석되면서 자동 운전과 커넥티드, 쉐어링 등 다양한 모빌리티 서비스가 생길 것이란 전망이다. 제4장에서 커넥티드 카의 핵심 논의에 대해 살펴보겠지만, 커넥티드에 있어서 주요 논점은 커넥티드와 텔레매틱스라고 하는 아웃카 영역으로 이어지는 의미의 차이를 이해하는 것이다.

커넥티드 카는 단순한 서비스의 다양화가 아니다. 커넥티드 카는 자동차의 차량 제어와 아웃카가 하나로 연결된다는 것을 의미한다. 거기서 만들어지는 차량 데이터는 자동 운전 운용運用을 확대시키는 중요한 기반으로 작용한다. 커넥티드와 자동 운전은 동전의 양면 같은 관계라고 이해하면 된다. 그리고 본격적인 자동 운전 시대를 맞아하기 위해서는 커넥티드에 의한 자동차와 데이터 센터의 연결이 필수적이다.

한편, 텔레매틱스는 일반적인 커넥티비티(접속성)를 이용한 정보나

¤도표3-1 • 2030년에 예상되는 CASE의 진전

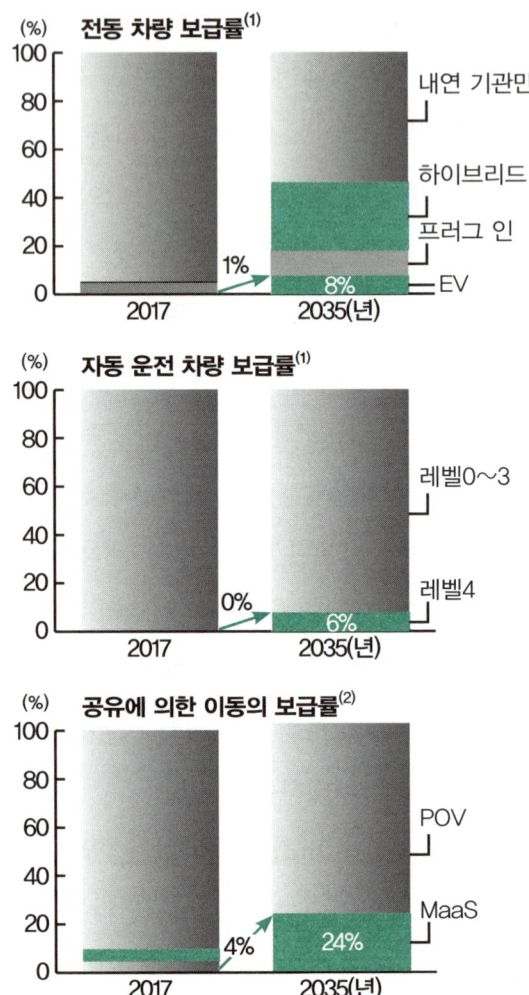

*참고 : (1) 세계 신차 판매 대수에서 차지하는 비율, (2) 이동 거리에서 차지하는 비율

출처 : 나카니시 자동차 산업 리서치

오락의 확대로서, 스마트폰과 연계되거나 차량 탑재 멀티미디어를 경유해 무한한 서비스로 펼쳐진다. GAFA는 멀티미디어를 통해 아웃카와

자동차의 연결을 심화시킴으로써, 인카 영역의 자동 운전 시스템 소프트와 멀티미디어를 연결해 최종적으로는 차량 제어까지 끌어안고 싶을 것이다.

자동 운전 기술의 보급은 MaaS(모빌리티 서비스)용 차량과 POV(개인 소유 차량)에서 보급률이 크게 다를 것으로 추측된다. 이미 지적한 바와 같이 MaaS와 POV 논의가 혼동되어 있는 것 같다. 로봇 택시와 로봇 셔틀(무인 운전 노선 버스) 등, MaaS의 완전 자동 운전이 사람들의 모빌리티 일부를 책임지는 것은 매우 현실적이다.

카 쉐어, 라이드 쉐어, 우버 같이 배차 서비스 등의 공유 모빌리티가 자동 운전 기술과 결합하면 이동 비용을 크게 낮출 수 있다. 온디맨드로 호출해 이용할 수 있는 로봇 택시는 비약적으로 확대되어 나갈 것이다. 나아가 정보가 효율적이고 실시간으로 관리되면서 복수의 교통 수단이 자연스럽게 이어지는 멀티모달화가 진행될 것으로 예상된다. 그 결과 MaaS는 현저히 성장해 나갈 것으로 보인다.

그러나 POV는 레벨3의 자동 운전이 어느 단계에서 확립될 것인지도 확실하지 않다. 2030년 시점에서는 POV의 완전 자동 운전 보급이 한정적일 가능성이 높다고 본다.

자동차의 20%에서 30%가 완전 자동 운전으로 바뀔 것이라는 예측은 MaaS의 이용 사례를 오해한 데서 비롯되었을 가능성이 많기 때문에, 실현될 가능성이 낮다고 생각하는 것이 좋을 것이다.

커넥티드 카가 IoT의 정보 단말기가 된다면 그 서비스 대상 영역은 어떤 의미에서는 무한대라고 할 수 있다. 쉐어링&서비스는 자동차 산업이 제조업에서 모빌리티 서비스 회사로 바뀐다고 하는 전체론적 Holistic 사업을 포괄하는 개념이다. 다만 자동차 안에서 집안의 전기를 켜거나 끄거나 하는, 프리마켓 앱(메루카리)에 낡은 신발을 올리는 일을 이동 중에 한다고 해서 그다지 가치가 있을 것으로는 생각되지 않는다. 이 책의 관심 영역은 MaaS와 자동차의 밸류 체인에 따른 사업에 있다.

2개의 미래 시나리오 가운데 올바른 쪽은?

2030년으로 가는 동안에 신차 대수가 증가세를 유지할 것이라는 견해와 감소로 돌아설 것이라는 견해로 나뉘고 있다. 로봇 택시가 본격적으로 보급되면 POV 소유 차량이 줄어들 가능성은 분명히 높아 보인다. 사람에게 의존하지 않는 자동 운전 MaaS 차량의 가동률이 높아지므로, 사용 기간 동안에 POV의 몇 배나 되는 거리를 주행할 수 있기 때문이다. 어느 컨설팅 회사에 따르면 1대의 MaaS 차량이 10배 가까운 POV의 소유를 대체할 것이라는 전망도 있다.[4]

잠깐 생각해 보자. POV의 연간 평균 거리가 12,000km, 13년 동안 사용한다고 하면 차량 수명을 통해 15만km가 넘게 이동하는 셈이다. 자동 운전을 하는 MaaS 차량의 평균 속도는 35km/h, 가동률 40%, 사용 기간을 POV의 3분의 1인 4년이라고 전제하면, 50만km를 주행할 수 있다. 이런 전제에서는 1대의 MaaS 차량으로 3대의 POV를 대체한다는 계산이 나온다.

[4] 「아일랜드 오브 오토노미」, KPMG컨설팅

연간 이동 거리가 2% 성장해 2030년 시점에서 이동 거리의 25%를 POV에서 MaaS로 대체한다고 계산해 보자. POV 보유 대수는 20%가 줄어드는 반면에 MaaS 차량은 2,700만 대가 필요하게 된다. 이것을 평균 사용 연수로 뺀 대수를 신차 판매율로 따지면 POV 신차는 1억2천만 대에서 9,600만 대로 감소하고, MaaS 판매 대수는 650만 대로 늘어난다. 합계 신차 판매 대수는 1억2천만 대에서 1억 대로 감소한다는 계산이 나온다.

그러나 이 계산식에는 3가지 미비점이 있다. 첫 번째는 MaaS의 보급이 POV 수요를 모두 흡수한다는 전제를 하고 있다는 점이다. 여러 대를 보유하고 있는 사람이 MaaS 이용이 확대된다고 해서 보유 대수 한 대를 줄인다고는 생각하기 힘들다. 하물며 한 대만 보유하고 있는 사람 가운데 MaaS에 의존해 한 대도 갖고 있지 않으려는 사람이 얼마나 될까.

두 번째는 MaaS의 이동 수단 대부분이 로봇 택시에 의해서 이루어질 것이라는 전제이다. 로봇 택시의 보급은 착실히 진행될 것이라 생각하지만, 2030년에 무인으로 어디든지 갈 수 있는 만능의 성능을 갖출 것으로는 생각되지 않는다. 모든 무인 로봇 택시가 이동을 책임지는 것이 아니라, 전통적인 유인有人 라이드 쉐어나 멀티 모달 교통 가운데서 MaaS가 운용될 영역은 많이 남을 것이다.

세 번째로 MaaS의 보급이 이동의 사용 사례에 미치는 영향을 고려해야 한다는 점이다. MaaS의 보급으로 인해 이동의 자유가 늘어나 비용이 내려간다고 한다면, 이동의 사용 사례가 증가하고 이동 거리가 늘어날 가능성이 높다. 특히 1회 이동 거리가 10km 이내인 이동 빈도의

¤도표3-2 • 자동차 생산 대수의 두 가지 시나리오

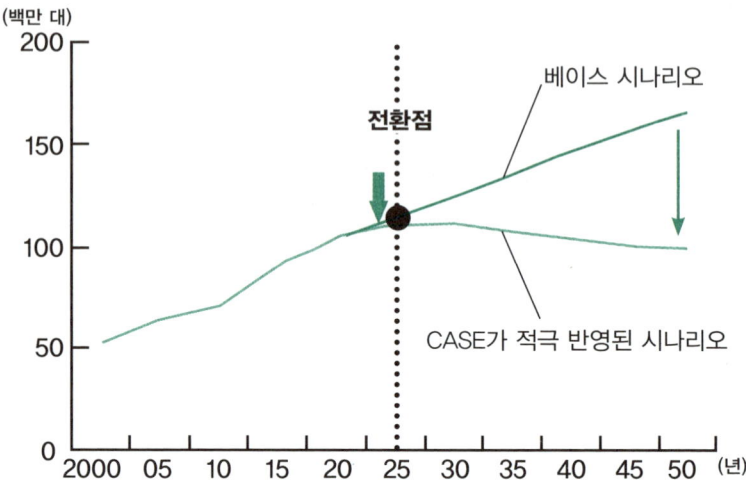

출처 : 나카니시 자동차 산업 리서치

확대, 고령자나 지방에서 이동하기 곤란한 사람의 이동 빈도가 크게 늘어날 것 같다.

가령 이동 거리의 연간 성장률이 1% 확대되어 MaaS의 POV 차량 교환 비율을 3이 아니라 2로 보거나, 로봇 택시의 보급도를 보수적으로 보는 등 변수를 바꾸게 되면 POV 보유 대수는 2030년에도 증가한다. POV의 신차가 종래의 전망인 1억2천만 대에서 크게 바뀌지 않고 MaaS 차량은 700만 대가 필요하기 때문에, 신차 판매 대수는 줄어드는 것이 아니라 오히려 확대되는 것이다.

2030년에서의 자동차 생산 대수는 감소되지 않을 가능성이 높다고 생각한다. 전통적인 자동차의 가치란 여러 불편함을 느끼면서도 소유에 대한 기쁨을 가질 수 있을 뿐만 아니라, 어떤 이용 상황도 만족시킬 수 있는 이동 수단이었다. 때로는 기쁨과 슬픔의 감정을 드러낼 수 있는 감정적이고 개인적인 공간이기도 했다. 마이카My Car나 애마로 불릴 정도로 전통적인 자동차의 가치가 가까운 미래에 존재하지 않는 일은 상상하기 어려울 것이다.

그러나 스마트폰으로 최적의 이동 솔루션을 얻을 수 있다면 그것을 추구하는 수요가 비약적으로 확대될 것임은 상상하기 어렵지 않다. CASE 혁명 속에서 사람들의 이동은 다시 정의되고, 자동차 가치에는 새로운 영역이 생기면서 전통적인 가치가 바뀌리라는 사실 또한 틀림없을 것 같다. 생산 대수 규모가 크게 바뀌지 않더라도 부가 가치의 원천은 밸류 체인 안에서 크게 변혁될 가능성이 높다. 자동차의 제조·조립·판매라고 하는 강 중류의 사업 부가 가치가 줄어들고, 소재나 부품 같은 강 하류, 메인터넌스나 서비스 같은 강 상류로 부가 가치가 대거 옮겨 갈 가능성이 높다. 이런 밸류 체인의 변화를 살펴보도록 하자.

2 보유에서 공유로 바뀌는 변화와 영향

🏃 MaaS의 5가지 사업 모델

먼저 이 MaaS의 사업 모델에 대해 살펴보겠다. 서장에서 언급한, MaaS 확대에 따른 자동차 산업 구조 변화를 떠올리기 바란다. 전통적인 자동차 산업의 사업 모델은 자동차 메이커가 계열 딜러를 통해 직접 고객과 접점을 갖고 있으면서 거기서 얻은 정보를 생산, 개발 쪽으로 피드백 하는 형태의 거대한 피마미드의 정점에 있는 구조였다. 여기서는 규모가 바로 강력한 경쟁력의 원천이었다.

이것이 MaaS로 바뀌었을 때, 자동차는 보유에서 공유로 넘어가고 이용자와 서비서 사이에 MaaS 플랫폼이 생겨난다. 서비서의 수익성까지 포함한 에코시스템 구축이 필요한 것이다. 그 중심에는 모빌리티 서비스 플랫폼(MSPF)이 있으며, 데이터 수집 능력과 AI를 통한 분석 능력은 MaaS에서의 경쟁력으로 이어진다.

이 개념을 나타낸 것이 **도표3-3**이다. 자동차 메이커는 차량 자산을 자산Asset 보유 업자에게 매각한다. 그 차량 자산을 이용해 서비서가 다양한 서비스를 사용자에게 제공하는 것이 MaaS이다. 이 차량 자산은 거액의 자금을 필요로 하기 때문에, 현재의 항공기 리스업 같이 위험 부담을 관리하는 전문적인 업자가 생길 것이다. 이 MaaS 차량은 높은 가동률로 영업을 계속할 수 있도록, 고도의 메인터넌스를 낮은 가격으로 제공하는 사업이 큰 경쟁 영역으로 생겨날 가능성이 있다. MSPF는 수급 균형과 가격 제안, 결제 관리, 고객 정보 등을 효율적으로 관리하고, 서비서의 사업을 뒷받침해 수익을 창출할 수 있는 사업 환경을 정비하는 IoT가 기반을 이룬다.

¤ **도표3-3** • MaaS의 사업 모델 개념

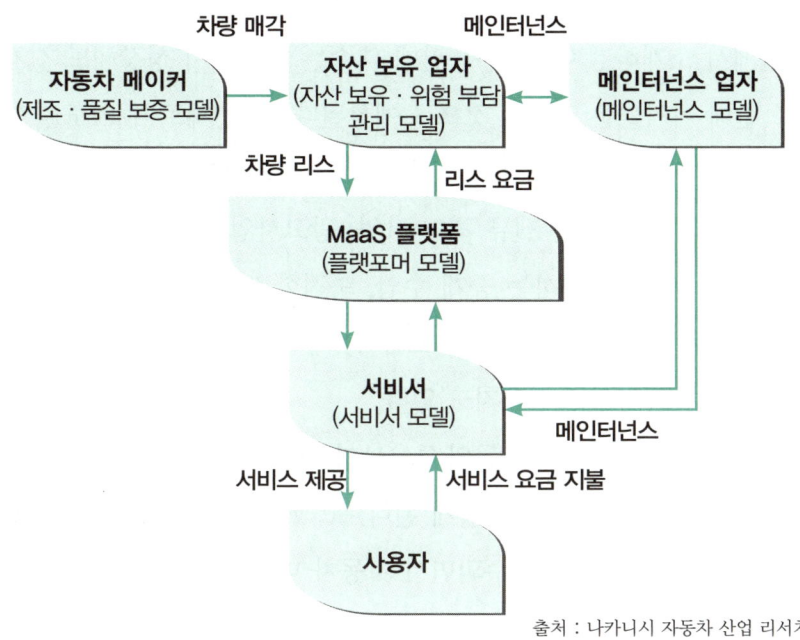

출처 : 나카니시 자동차 산업 리서치

이와 같은 이해를 전제로 크게 5가지의 비즈니스 모델이 대두된다. 데이터센터나 AI 분석을 제공할 수 있는 MSPF를 운영하는 ① 플랫포머 모델 : 보수 · 메인터넌스, 보험 등을 제공, ② 메인터넌스 모델 : 차량을 투자해 자산과 위험 부담을 관리, ③ 자산 보유 · 위험 부담 모델 : 다양한 서비스를 사용자에게 제공, ④ 서비서 모델 : 차량의 하드웨어나 자동 운전 키트를 제공, ⑤ 제조 · 품질 보증 모델 5가지이다.

🏃 자동차 메이커의 부가 가치를 지키는 모빌리티 플랫폼

자동차 메이커 입장에서는 3가지 필요한 전략축이 있다. 첫 번째로, 상실되는 리스크를 포함해 전통적 제조와 판매에 대한 부가 가치를 지키는, MaaS 시대에서도 수익을 낼 수 있는 물건 제조의 확립이다. 다음 절에서 소개하겠지만, 신차 판매 대수는 계속해서 성장해도 신차의 제조 판매 이익률은 떨어질 것으로 예상된다. 두 번째로, MSPF를 확립해 MaaS의 확대를 수익원으로 삼는 구조의 확립이다. 텔레매틱스 보험이나 수리 등과 같은 밸류 체인 사업, 광고사업, 무한히 넓어지는 커넥티드 서비스로 연결하는 중개 수입, 축적한 빅 데이터 · 분석 정보에 기초한 새로운 사업의 창출이 필요하다. 세 번째로, 스스로가 서비서로서 수입을 만들어내는 선택지도 있다.

MSPF에 구글이나 애플 등의 GAPA가 개입하면 자동차 메이커는 최종 소비자와의 고객 접점을 잃게 된다. 고객 데이터가 MaaS 플랫포머가 되는 IT 기업들에게 흡수되면서 자동차 메이커는 지배자에서 IT 기업이 지배하는 에코시스템의 종속자로 전락할 위험성도 있다.

자동차 메이커는 IT 기업에게 뒤지지 않기 위해 조기에 자동 운전 기술을 확립하고 커넥티드 기반을 구축함으로써, MSPF를 중심으로 하는 새로운 MaaS 에코시스템을 확립하려 하고 있다. 자신의 부가 가치를 지키는 중요한 전략인 것이다. 2016년의 다임러와 도요타자동차를 비롯해 2017년에 포드, 2018년에 VW 그룹이 커넥티드와 MSPF 전략을 공식적으로 밝힌 이유이다.

자동차 메이커가 플랫포머로서의 위치를 확립할 수 있는 길이 없지는 않을 것이다. 자동차 산업으로서의 강점은 차량의 고품질과 고도의 메인터넌스, 딜러를 이용한 고도의 서비스 제공 외에, 대규모 융자를 제공할 수 있는 재무 능력도 있다. 자동차 메이커이기 때문에 가능한 보안성을 높인 데이터센터를 구축하는 것도 가능하다. 안전과 품질은 차별화를 주는 원천이 될 것이다.

여기서 과제는, 각 자동차 메이커가 개별적으로 MSPF를 확립하기에는 규모가 작고 IT 인재도 부족하다는 것이다. 서비서가 손쉽게 이용할 수 있는 인터페이스나 구조를 제공할 수 있느냐, 어디까지 경쟁력을 확립할 수 있느냐는 불투명하다.

커넥티드의 통신, 클라우드 기반, 데이터센터 같은 하드웨어와 더불어, MSPF 소프트웨어를 개발하려면 거대한 개발 투자와 설비 투자를 위한 자금력이 필요하다. 이런 투자 규모에 대응할 수 있는 자동차 메이커는 세계에서 5곳 정도에 불과하다. 그 이외의 메이커는 플랫폼을 구축할 수 있는 자동차 메이커와 연계하든지, IT 기업의 플랫폼과 연계해 나갈 수밖에 없을 것이다.

🏃 이팔레트는 바퀴에 달린 모빌리티 플랫폼

2018년도 CES에서 도요타자동차는 MaaS 전용 EV인 **이팔레트** ePalette를 발표하면서, 2020년부터 주행하는 서비스 차량과 무인 MaaS 사업 서비서에게 플랫폼을 제공하겠다고 밝혔다.

이팔레트는 자동 운전 기술을 활용한 무인 MaaS 전용 자동차로서, 마쯔다가 개발하는 로터리 엔진을 발전 전용 엔진Range Extender으로 탑재하는 EV이다.

MaaS 전용 차량은 사람의 이동, 물류, 소매 등 다양한 서비스를 제공할 수 있는 다기능성 차량으로 설계된다. 자동 운전의 라이드 쉐어(로봇 버스), 병원으로 가는 자동 운전 셔틀, 점심 배송 차량 등 시간대에 맞춰 자동차 용도를 구분해서 사용하고, 서비스 용도에 맞는 설비를 탑재할 수 있다. 이 구조에 대한 상세한 사항은 도요타자동차의 홈페이지에 있는 동영상을 참고하기 바란다. https://newsroom.toyota.co.jp/jp/corporate/20508200.html.

모빌리티 서비스 파트너로서 아마존과 피자헛, 우버와 제휴했으며, 기술 파트너로는 디디추싱, 마쯔다, 우버와 손을 잡았다. 일본 내에서는 야마토운송이나 세븐일레븐과 공동 개발 협의에 들어가 편의점, 택배 영역에서 새로운 서비스 형태를 모색하고 있다. 2020년대 전반에 서비스 실시를 목표로 하고 있지만, 2020년 도쿄 올림픽에서 일부 기능을 탑재한 차량을 시범 주행할 계획이다. 자동화는 레벨3 정도의 수준으로, 한정적인 서비스에 그칠 가능성이 높지만 세계를 상대로 펼칠 수 있는 쇼 케이스로서는 절호의 무대인 셈이다.

　이팔레트의 차량 제어 인터페이스는 자동 운전 키트 개발 회사에서 제공한다. 자동 운전 키트 개발 회사는 이팔레트용 자동 운전 키트(자동 운전 제어 소프트웨어+센서)를 독자적으로 개발하는 것도 가능하다. 자동차 메이커로부터 하드웨어를 일괄적으로 제공받고, 소프트웨어는 자동 운전 키트 개발 회사에서 개별적으로 MSPF를 통해 제공한다.

　이 이팔레트의 사업 구조는 도요타가 제시한 것이다. 이팔레트에 탑재된 디지털 통신 모듈(DCM)을 통해 차량 정보는 도요타 빅 데이터 센터TBDC에 축적된다. 이 정보에 기초해 리스나 보험, 메인터넌스가 제공된다. 서비서가 요구하는 차량 상태, 동태 관리 데이터가 MSPF로 제공된다. 서비서는 자신의 사업 모델에 딱 맞는 자동 운전 키트를 선택할 수도 있다. 자동 운전 키트 개발 회사는 소프트웨어의 메인터넌스 갱신 등을 MSPF 상에서 제공한다.

　이 이팔레트 구조에 앞서의 MaaS 사업 모델을 겹치면 5가지 사업 모델이 딱 들어맞는 것이다. 이팔레트가 바퀴에 달린 MSPF라는 것이 이해될 것이다.

¤도표3-4 • MaaS의 5가지 사업 모델

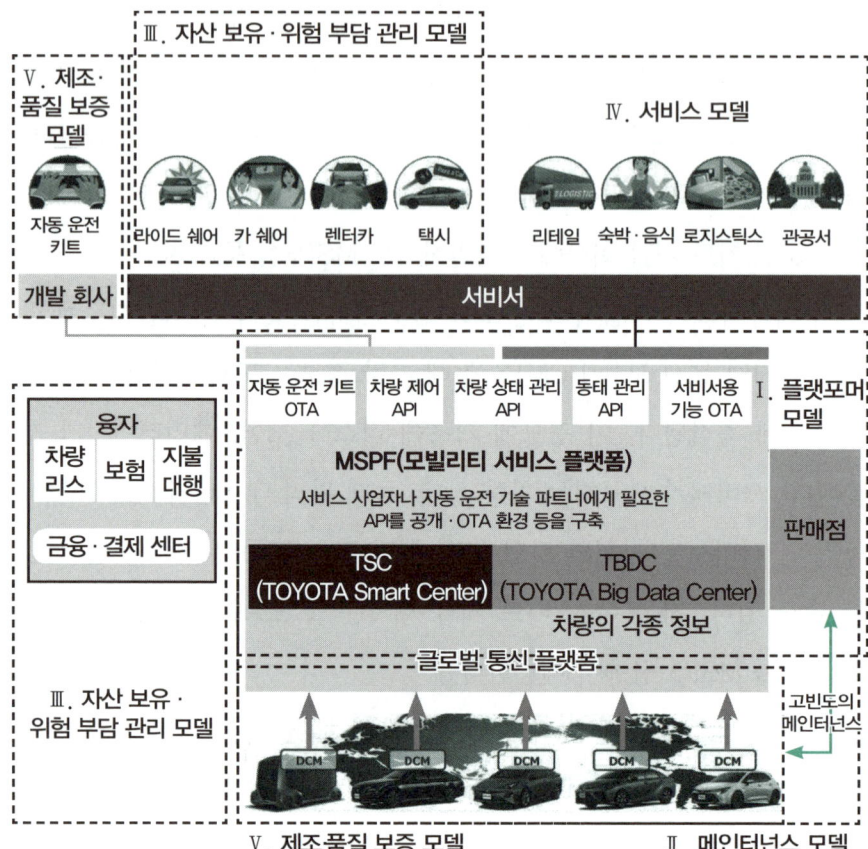

출처 : 도요타자동차의 자료, 나카니시 자동차 산업 리서치가 추가

소프트뱅크와 손잡다.

2018년 10월, 도요타와 소프트뱅크는 이팔레트 보급을 확대하기 위해 MaaS 관련 회사인 모네 테크놀로지MONET Technologies를 설립한다고

발표한다. 제휴를 제안한 쪽은 도요타이다. MaaS를 추진하던 도요타의 한 젊은 사원이 MaaS의 수급 최적화, 기획, 영업 등을 실시하는 제3의 사업체가 서비서와 도요타 사이에 필요하다고 호소했다. 그 실현을 위해 강력한 IoT 플랫폼과 라이드 쉐어 회사 등의 서비서와 관계를 갖고 있는 소프트뱅크와 손잡은 것이다.

그래? 정말인가? 소프트뱅크 CEO인 손정의가 도요타로부터 제휴 이야기를 처음 들었을 때의 반응이었다고 한다. 손정의가 놀랄 정도로 도요타와 소프트뱅크는 기업 경영 철학이나 모빌리티에 관한 사고방식이 전혀 달랐기 때문이다. 이런 입장을 불식시키기라도 하겠다는 듯이 제휴 발표 기자 회견에 나선 손정의와 도요타 아키오는 웃는 얼굴로 서로를 칭찬해가며 추켜세웠다.

역사적인 제휴가 실현된 것으로도 보이지만, 철저히 파괴자 논리에서서 이동의 일반적인 상품화Commodity를 추진하는 소프트뱅크에 반해, **사랑**이 있는 감성적 자동차를 만들려는 도요타의 사고방식에는 큰 차이가 있다. 동상이몽으로 끝날 위험성도 있을 뿐 아니라, 손정의와 도요타 아키오가 세계를 상대로 일본 연합으로 싸우는 상황까지 전략이 일치하기가 쉽지만은 않다.

도요타자동차를 CASE 혁명의 연합 전력 일부로 껴안은 소프트뱅크는 더할 나위 없는 심경일 것이다. 한편 적진에 뛰어들어서라도 미래의 모빌리티 사회를 구현하는 데 다가섬으로써, 자동차 메이커에서 모빌리티 컴퍼니로 변신하려는 도요타 경영진의 각오를 느끼게 해주는 제휴극이었다.

3 자동차 산업 피라미드를 덮쳐오는 밸류 체인의 변혁

🏃 자동차 산업 밸류 체인의 변화

여기서 밸류 체인Value Chain에 대해 다시 돌아보자면, 조달 → 생산 → 물류 → 판매라고 하는 일련의 기업 활동 속에서 창조되는 연쇄적인 가치를 의미한다. 각 공정을 거치면서 부가 가치가 만들어진다. 밸류 체인이라고 하는 강 중류의 부가 가치가 감소하면서 강 상류와 강 하류로 이동하는 것을, 사람이 웃었을 때의 입꼬리를 닮았다고 해서 스마일 커브라고도 부른다. CASE 혁명은 자동차 산업의 밸류 체인에 엄청난 변혁을 불러온다.

이 밸류 체인의 부가 가치 변화에 대해 보스톤 컨설팅 그룹BCG이 2018년 1월 11일에 보고한 자료에는 미래에 관한 방향성을 담고 있다. 이 보고서에서는 자동차 산업의 부가 가치가 2017년의 2,260억 달러에서 2035년에는 3,360억 달러로 1.5배의 지속적인 성장을 할 것으로 보고 있다. 이 분석에 따르면 전통적 사업은 대체로 보합세를 보이지만 전

¤도표 3-5 • BCG가 예측하는 자동차 산업의 부가 가치 변화

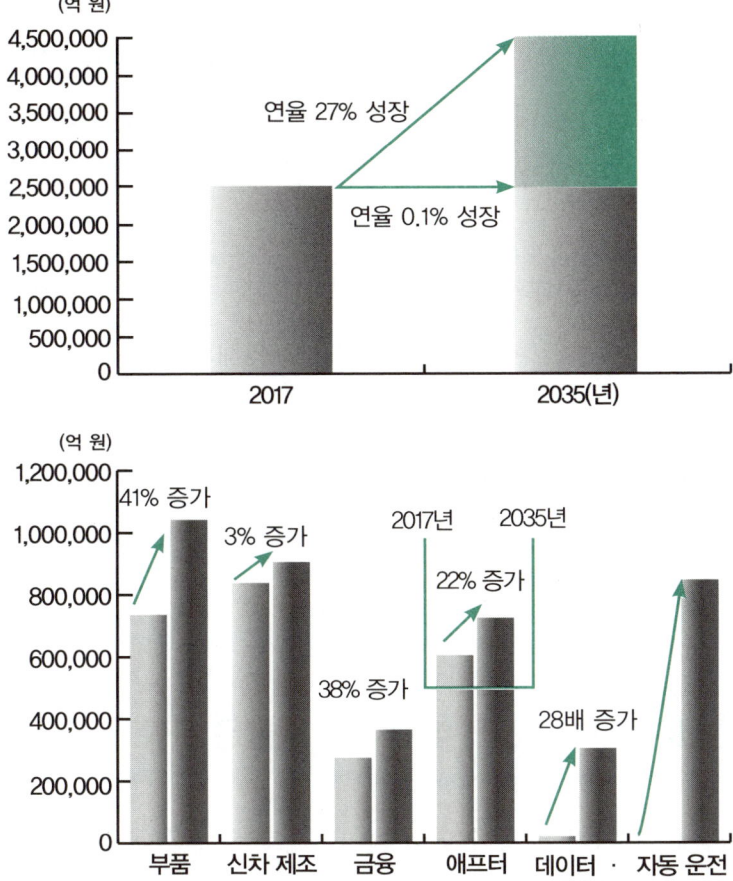

출처 : BGC, 각종 2차자료, 나카니시 자동차 산업 리서치[5]

[5] "The Great Mobility Tech Race Wining the battle for future profits"
https://www.slideshare.net/TheBostonConsultingGroup/thegreatmobilitytechracewinningthebattleforfutureprofits, The Boston Consulting Group

동화와 자동화의 결합, MaaS, 커넥티드 등과 같은 신사업이 모든 성장세를 주도함으로써 연평균 27%라는 고성장을 이룰 것으로 보고 있다.

자동차 밸류 체인의 부가 가치에 닥쳐올 변화를 정확하게 예측하기는 매우 어려운 일이지만, BCG가 지적하는 각 트렌드의 방향성은 상당히 타당성이 높아 보인다. 자동차 산업이 공동화空洞化되는 것이 아니라, CASE 혁명을 통해 자동차 산업이 다시금 도약할 수 있는 가능성과 성장력을 가진 모빌리티 산업으로 진화할 수 있다는 미래상을 반영하고 있다.

CASE 혁명이 진행됨에 따라 강 중류에 있는 제조 영역의 부가 가치는 침체될 수 있지만, 강 상류와 강 하류에 의해 높은 부가 가치를 만들어내는 스마일 커브가 진행된다. 지속되는 POV 수요와 더불어 새롭게 만들어지는 MaaS 차량의 판매 대수 증가가 플러스됨으로써 신차 판매 대수는 앞으로도 높은 성장이 기대된다. 그러나 신차의 제조 판매 부가 가치 비율은 떨어질 것으로 예상된다.

🏃 신차의 제조 판매 부가 가치 비율은 하락

여기에는 3가지 배경이 있다. 첫 번째로 CASE 대응 차량에 필요한 센서나 전동화에 대응하는 하드웨어의 증대, 복잡한 소프트웨어 개발 비용 등, 부가 가치가 티어1이나 티어2 메이커에게 옮겨 갈 가능성이 높다. 두 번째로 MaaS 차량은 계속되는 사업 속에서 수익을 거두기 때문에 완판에 대한 수익성이 낮다. 뿐만 아니라 MaaS 차량을 대량으로 구입하는 것은 법인이기 때문에 제조·판매 측면의 협상력Bargaining Power이 감소하게 된다. 세 번째는 MaaS 차량의 대부분을 차지하는 자동 운전 EV 차량이 높은 가동으로 인해 전지 성능이 노화되기 때문에 중고차 가치를 거의 기대할 수 없게 된다. 달리 표현하면 사용 기간 중에 잔가 가치(=중고차 가격)를 밸류 체인으로 피드백할 수가 없다는 것이다. 이런 이유들로 인해 신차 제조, 딜러 판매, 중고차 사업 각 공정에서 부가 가치를 상실할 전망이다.

MaaS 시대에 수익을 내는 물건 제조를 확립하는 일은 자동차 산업에 있어서 가장 중요한 과제라고 인식해야만 한다. MaaS 속에서 자동차의 잔가 가치를 잃는다는 것은 전통적인 자동차 메이커에게는 큰 위협이 아닐 수 없다. 현재 자동차 메이커의 수익성은 상당히 높은 편으로, 신차 제조에서 3분의 1, 판매 금융에서 4분의 1, 중고차에서 4분의 1, 서비스에서 반 정도를 버는 구조이다. MaaS의 도래로 인해 잔가 가치를 밸류 체인으로 피드백할 수 없게 되면 수익원인 판매 금융이나 중고차의 사업 이익을 잃을 수밖에 없다.

EV는 안정된 중고차 가격을 바라기가 힘들다. 충전 회수나 충전 방법에 따라 전지 성능의 노화에 대한 차이가 발생한다. MaaS용 EV는 가동률을 높이기 위해 숙명적으로 급속 충전을 반복해야 하기 때문에 신차일 때 몇억 원 했던 것이 몇 년만 지나도 잔가 가치가 거의 없는 고철 가격으로 떨어질 것이다.

잔가 가치가 남아 있고, 그것을 밸류 체인으로 피드백함으로써 제조업으로서의 수익을 뒷받침하는 현재의 자동차 메이커 수익 구조가

MaaS에서는 기대할 수 없다. MaaS용 EV의 하드웨어 장사는 비싼 전지 가격과 제로 잔가 가치 속에서 상당히 빡빡한 수익밖에 거두지 못한다. 잘못하다가는 하드웨어를 뿌리는 것으로 끝나는 한계 이익 장사가 되어 버릴 수도 있다.

한편 밸류 체인의 강 상류에는 상당한 잠재력이 있을 것 같다. 신차 판매 대수는 늘어나고, 부가 가치도 높은 새로운 기술이다. 커넥티드와 자동 운전, 전동화에 필요한 하드웨어 부품 수는 대폭 증대될 전망이다. 차량 1대 당 평균 단가가 POV와 비교해 MaaS 차량이 몇 배나 비싸질 것이다. 강 중류에 있는 자동차 메이커와의 평균 분업화가 진행되면서 협상력도 증대될지 모른다.

앞으로 자동차의 하드웨어와 소프트웨어의 분리가 진행될 때, 소프트웨어에 대한 개발 주도권을 티어1이 지킬지 아니면 자동차 업계가 빼앗아 올 것인지, 자동차 메이커 대 티어1의 싸움 구도가 매우 흥미로울 전망이다. 하드웨어 영역에서는 부가 가치를 기존처럼 피라미드 상층에 있는 티어1이 지켜낼지 아니면 전기 업계 같은 티어2가 빼앗을지도 흥미로운 싸움이 될 것이다. 이 강 상류의 잠재력은 제8장에서 자세히 분석해 보도록 하겠다. 의외의 결론이 기다리고 있다.

🏃 자동차 메이커의 5가지 사업의 방향성

자동차 메이커가 모빌리티 기업으로 변신한다는 것이 말로는 간단하지만, 천문학적 금액과 위험 부담을 동반하는 과정이다. 모빌리티 서비스 플랫포머MSPF만으로 머무르지 않고 서비서, 품질 보증이나 소프트웨어 또는 플랫포머로서의 수익 기회가 패키지화된 된 사업을 그려 나가야 하는 것이다. 이것을 정리해 보면 자동차 메이커에는 5가지의 사업 방향성이 있다고 생각한다.

1. **틈새 전략** : 특별함 · 고급차 영역으로의 특화.
2. **제조 차별화** : 제조 · 가격 경쟁력에 대한 특화형.
3. **소프트웨어의 통합**Integrator : 모빌리티를 제공하는 시스템의 개발, 안전과 기능의 품질 보증을 제공한다.
4. **모빌리티 서비스 플랫포머** : 모빌리티 서비스의 플랫폼을 제공한다. 차량 빅 데이터를 지배해 각종 서비스와 연결한다.
5. **모빌리티 서비서** : 차량 자산을 보유하고 위험 부담을 관리하면서 직접 서비스를 제공한다.

자동차 메이커 자신이 차량 자산을 보유하고 직접 고객 서비스를 제공 하는 모빌리티 서비서 사례로는 GM의 크루즈사업이 여기에 해당한다. 자동차 메이커에게는 차량 자산에 투자하고 그 자산을 관리하는 노하우와 재무 능력이 있을 것이다. GM크루즈 사업은 소프트뱅크와의 제휴를 통해서 지속적인 재무 기반을 구축할 수 있었다는 것이 시장에서 높은 평가를 받는 이유이다. 자동차 메이커 자체가 MaaS 서비서를 지향하느냐 아니냐는 회사마다 생각에 큰 차이가 있다. 지금까지 GM이나 포드, VW, BMW, 닛산자동차는 로봇 택시에 전향적이었지만 다임러나 도요타, 혼다는 신중한 자세이다. 스스로가 로봇 택시를 운영하는 서비서가 되는 일은 한 걸음만 잘못 디뎌도 딜러와의 관계를 손상시키는, POV에서의 고객 접점 약화를 불러올 수 있기 때문이다. 도요타가 이팔레트 기본을 이용해 상업 서비스에서 활로를 찾으려는 배경에는 이런 배려가 있다. 혼다도 자신이 참여하게 된다면 물류나 에너지의 MaaS 쪽에 더 흥미가 있는 것 같다.

그러나 보수적인 태도를 유지해 온 도요타나 혼다도 로봇 택시에 대한 전략적 자세를 바꾸어 왔다. 도요타는 2018년에 우버에 대한 추가 투자를 통해 로봇 택시 개발의 전략적 파트너가 되는 길을 선택했다. 현시점에서 도요타 스스로 서비서를 지향할 생각은 없지만, 이 기술을 우버 같은 라이드 쉐어 회사와 전 세계 택시 업계로 확산시켜 나갈 의사는 갖고 있다. 그런 가운데 GM크루즈에 대항할 수 있는 기술력과 데이터 양, 그리고 가장 중요한 규모를 획득할 생각이다.

혼다는 2018년 10월, GM크루즈에 7억5천만 달러를 출자한다고 발표했다. 출자 비율 5.7%를 갖는 전략적 파트너가 되는 것이다. 혼다 하치고 다카히로 사장은 **자동 운전을 공부하기 위한 소액 출자**라고 말하지만, 향후 12년 동안 총액 27억5천만 달러의 개발 자금을 투입하는 데 합의했다. 혼다는 뒤처진 자동 운전 기술을 확보하는 것이고, GM은 거액의 자동 운전 기술 개발 자금 확보뿐만 아니라 혼다의 강세 지역인 아시아에서의 지리적 보완 관계도 얻을 수 있는 제휴인 것이다.

4 카 딜러는 살아남게 될까

🏃 딜러의 역할 변화

　이 책 후반에 서플라이어를 포함해 제조 영역에서의 CASE 혁명 대응에 대해 자세히 살펴볼 것이므로, 여기서는 CASE 혁명 속에서 큰 영향을 받을 것으로 예상되는 딜러 사업에 관해 살펴보겠다. 보유를 전제로 한 현재의 자동차 산업에 있어서 딜러의 역할을 매우 중요하다. 판매 창구라는 점은 기본이고, 더 중요한 역할은 고객 접점의 선봉으로서 서비스·메인터넌스와 중고차 사업 등을 펼치는 가운데 있어서 고객 만족도를 높이고 브랜드에 대한 충성심을 만들어내는 원천이기 때문이다.

　앞서 언급했듯이 자동차 메이커 수익에서 차지하는 자동차 제조 이익은 전체의 3분의 1에 지나지 않는다. 나머지는 수리 부품과 판매 금융 사업에서 발생된다. 그만큼 밸류 체인 사업은 수익 기반의 바탕을 이루고 있기 때문에 딜러의 고객 접점은 매우 중요한 것이다. 자동차 사업에서 이익을 내고 싶다면 먼저 **딜러가 벌게 하라**는 격언이 있다.

다임러는 세계에 점재하는 6천 곳의 딜러 망을 CASE 시대의 중요한 자산으로 규정하고 있다. 그러나 다임러는 인터넷 판매를 강화할 방향으로, 중국·인도에서는 2025년까지 25% 가까운 신차를 온라인에서 판매할 계획임을 발표한 바 있다. 그렇다 하더라도 서비스나 메인터넌스를 뒷받침해 현실적인 고객 접점을 제공하는 딜러의 중요성은 변함이 없어서, CASE 시대라도 경쟁력의 원천이 될 것이라 생각한다. 가상의 세계에서 온라인 판매를 통해 혁신적 편리성을 추구하면서, 가상과 현실을 구분하지 않고 이어 주는 것이 딜러이다.

자동차 사업의 디지털화를 추진하는 경우, POV 판매 영역에도 디지털화가 진행되어 온라인에서의 판매나 서비스 활동이 강화될 것이라는 사실은 상상하기 어렵지 않다. 최근 소식에 따르면 미국의 혼다는 온라인 판매 비율이 10% 이상 증가 추세라고 한다.

신차를 구입할 때 가격 할인을 알아보거나 상품을 비교하기 위해 웹사이트를 체크하는 고객이 거의 100%에 가깝다. 재고 확인, 시승 예약, 가격 교섭, 융자 교섭, 최종적인 계약 서류 사인까지 과정 일부를 온라인에서 실시하는 비율이 15% 정도, 계약 이외는 모두 온라인에서 실시하는 비율이 대체로 7% 정도이다. 자동차 인도 창구로서의 딜러 위치는 바뀐 것이 없지만, 구입 진행 과정 속에서 딜러를 찾는 경우는 자동차를 받을 때 한 번뿐이라는 사용자가 10명에 1명이다. 미국의 일반적인 소비자는 신차를 구입할 때 딜러와 자주 만나는 관계를 그다지 바라지 않고, 가능한 한 딜러 샵에서 보내는 시간을 줄이고 싶어 한다. 그러나 구입 후에는 딜러에게 **내가 여기서 차를 샀으니까 정확한 서비스를 바랍니다.**라면서, 수리나 메인터넌스에서는 친밀한 관계를 요구해 온다.

　서비스 대응으로서의 딜러 역할도 중요하다. 이것은 CASE 혁명에서도 근본적으로 변함이 없을 것이다. 서비스에서의 고객 접점을 계속해서 유지하는 것이 딜러의 가장 중요한 역할인 것이다. 밸류 체인 사업을 IT 기업에게 제공하는 마켓 플레이스 같이 오픈된 거래 시장에 끌려들어가 제3자에게 서비스를 빼앗기는 상황이 자동차 산업계에 있어서는 중대한 위험 요소이다. 이것은 딜러의 역할에 치명적인 타격을 주는 위험 부담이 생기는 것이다. 따라서 커넥티드나 모빌리티 플랫폼 전략을 진행하는 데 있어서, 딜러를 끌어안는 커넥티드 서비스를 전개해 나가는 것이 POV의 신차 판매 과정에서는 중요할 것이다.

🏃 딜러 사업이 나아갈 방향성

　현재의 보유를 전제로 한 자동차 판매는 판매점이 고객과 자동차 메이커를 연결한 다음, 딜러를 통해 소매로 판매하는 구조이다. POV에서는 온라인 판매가 보급되면서 딜러 관여가 감소되는 판매 형태가 주류를 이룰 것이다. 차량 데이터가 빅 데이터 센터로 모아지고 수리 정보가 데이터 분석을 거친 뒤 소비자에게 직접 피드백 되는 커넥티드 서비스가 보급되면, 고객 접점과 정보의 피드백을 담당하는 딜러 역할에도 큰 변화가 일어난다.

　MaaS 사업에서는 딜러의 고객 접점이 크게 바뀐다(도표3-6). MaaS

에서는 두 가지 변화가 일어날 것이다. 딜러의 고객은 서비서 등과 같은 법인 판매 비율이 상승한다. 티어1 서플라이어나 파괴자가 등장하면서 자동차 메이커와의 관계가 동등해질 뿐만 아니라, 테슬라의 직판에서 보듯이 딜러를 매개로 하지 않고 직접 고객에게 판매하는 경우도 증가할 것이다.

서비스 창구로서 딜러가 제공할 수 있는 가치가 많기는 하지만, 일반적인 트렌드를 고려하면 딜러의 수익 구조에는 큰 영향을 가져올 것이다. 금융, 보험, 수리·용품, 중고차 판매 같은 밸류 체인에서는 POV용 부가 가치 감소가 예상된다. 커넥티드 서비스와 연계되는 영역에서는 확대를 기대할 수 있을 것이다. 고객을 확보하고 유지하면서, 밸류 체인을 중시하는 사업 모델 구축은 딜러의 기본이다.

가장 주목되는 것은 고도의 메인터넌스 사업이다. 5가지 MaaS 사업 모델 가운데 가장 높은 수익성과 성장률이 기대되는 분야이다. 가동률이 40%라고 전제했을 때, 고객이 타지 않는 시간을 포함한 주행 전체 시간 가동률은 80% 정도나 될 만큼 높을지도 모른다. 즉 움직이지 않을 때는 거의 보수 점검 시간으로 보내는 세계가 될지도 모른다. 센서의 적합 조정Calibration 등은 새롭게 고도의 정비 기술을 필요로 한다. 소유 기간이 단축되는 MaaS 차량의 리사이클 사업도 기대할 수 있다. MaaS 공급자를 사업에 끌어들이는 것도 가능하다.

법인용 MaaS 서비스는 이런 고도의 서비스를 연계시켜 원스톱으로 완결할 수 있는 기업 차량 관리Fleet Management 같은 종합 서비스 체제를 구축하지 않으면 안 된다. 많이 보유하고 있는 토지를 유효하게 활

¤도표3-6 • MaaS 확대에 따른 판매 경로 변화

● 현재의 신차 판매 경로

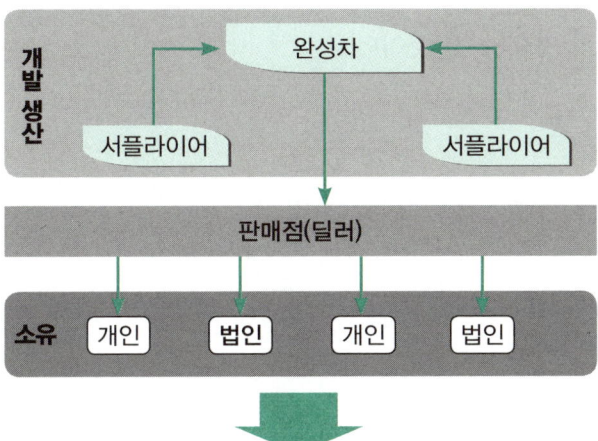

● MaaS 보급 후의 신차 판매 경로

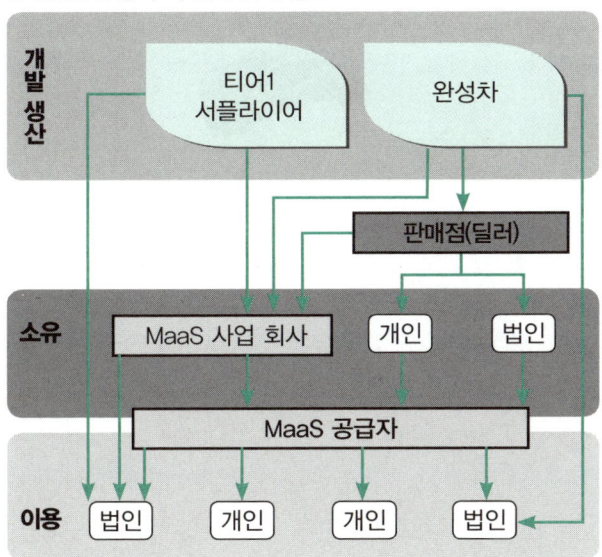

출처 : 나카니시 자동차 산업 리서치

용하는 것도 기대가 크다. MaaS의 메인터넌스에는 많은 시설이 필요하다. 점포나 차량 야적장의 효율적인 운용과 통합 정리를 추진해 놓고 있는 토지를 MaaS 사업 대상으로 삼는 것도 딜러에게 있어서 잠재력이 큰 사업적 기회가 될 것이다.

[제4장]
양방향 연결성

Connected Autonomous Shared & Service Electric

1 모든 것의 기반을 이루는 커넥티드

🏃 도요타의 더 커넥티드 데이에 담긴 속뜻

2018년 6월 26일, 도요타자동차는 **더 커넥티드 데이**THE CONNECTED DAY라는 이름으로 신형 크라운과 신형 카롤라 스포츠 발표회를 전국 규모로 실시했다. 2016년에 발표한, 2020년까지 미국과 일본에서 거의 모든 승용차에 디지털 통신 모듈DCM을 표준으로 장착하겠다는 **커넥티드 전략**이 드디어 발동된 것이다. 이날 사장인 도요타 아키오와 부사장인 도모야마 시게키 두 사람은 커넥티드에 대한 이야기를 풀어 나갔다.

도모야마는 도요타 커넥티드의 사장이자 최고 정보 보안 책임자, 가주 레이싱GAZOO Racing 사장, 도요타 생산 방식 본부장을 겸하고 있다. 아키오 사장의 최측근이다. 아키오와 도모야마가 커넥티드에 대한 결의를 말하는 가운데 많은 시간을 **가주**GAZOO의 역사에 할애한 것은 이유가 있었다.

아주 오래전 이야기지만, 아키오가 생산 조사부라고 하는 도요타 생산 시스템TPS 추진 부서에서 계장으로 배속되어 일하던 시절에 젊은 날의 도모야마는 아래 직원으로 있었다. 그 후 아키오가 국내 판매 부서로 옮겨 갔던 적이 있는데, 그곳에서 상품이 정체되어 있는 것을 보고 상당히 놀랐다고 한다.

제조 공정에서는 TPS에 기초해 1분 1초를 쪼개 가며 낭비를 줄이고 있음에도 불구하고, 판매점에서는 자동차가 며칠이고 정체되어 있었다.

그래서 아키오는 자신이 과장, 도모야마를 계장으로 해서 1996년에 업무 개선 지원실을 만든다. 이 외에 수십 명의 멤버와 함께 TPS 경영 철학을 판매점으로 확대시키는 데 동분서주하면서 고락을 함께 했던 것이다.

아키오는 신차 판매 보상으로 인수받은 중고차의 국내 유통을 촉진시킬 목적으로, 여러 딜러들이 중고차 사진을 공유할 수 있는 시스템을 구축하려고 생각했다. 하지만 그런 일에는 쉽게 예산이 책정되지 않던 시절이다. 고민하던 아키오는 아키하바라에서 자기 돈으로 컴퓨터 2대와 몇 가지 통신 부품을 구입하라고 했다. 그것을 서버로 삼아 시스템을 갖추고는 딜러들에게 자동차 사진을 보냈다고 한다. 그것이 **중고차 화상 시스템**으로, 훗날의 **가주GAZOO**가 되었다. 도요타의 커넥티드 뿌리가 여기에 있었던 것이다.

용돈으로 여명기의 커넥티드 사업에 뛰어든 아키오의 모습과, 현재 **커넥티드 전략**에 기초해 회사 차원의 프로젝트로 참여하고 있는 모습이

도요타자동차가 개최한 「더 커넥티드 데이」 모습

제공 : 도요타자동차 홈페이지

겹쳐져서 보이는 것 같다. 아키오와 도모야마로서는 커넥티드가 경영 철학의 근본인 TPS와 함께 고객 접점의 영속성을 위한 중요한 전략이 아닐 수 없다.

TPS는 적기 공급 Just In Time이 기본으로, 후공정 정보를 전공정에 피드백함으로써 필요한 것을 필요할 때 필요한 만큼 제조한다는 개념이다. 공정 마지막에 있는 것이 고객이고 또한 고객 접점이 생명선이기 때문에, 이 정보가 전공정에 위치하는 판매·생산·개발 쪽으로 피드백되었을 때만이 TPS는 제대로 기능한다.

이 개념에 따르면 커넥티드의 보급으로 인해 IT 기업에게 공격받는 현재의 자동차 메이커 입지가 위험해 보이는 상황인 것만은 틀림없다. 반면에 여기에 잘 대처할 수 있다면 고객과 메이커, 딜러, 보험 회사,

정비 업자, 금융 회사 등과 같은 밸류 체인을 유기적으로 연결하는, 자동차 산업이기에 가능한 커넥티드 기반의 구축을 통해 새로운 경쟁력을 쌓을 수 있는 기회가 될 수도 하다. 커넥티드에서의 고객 접점을 바탕으로 궁극적인 서비스와 사업을 창조할 수 있기 때문이다.

왜 커넥티드가 중요한가

대체 커넥티드와 기존의 텔레매틱스는 어떤 점이 다른 것일까? 텔레매틱스는 통신Telecommunication과 정보 과학Informatics을 합쳐서 만든 조어로서, 표면적 이동 통신을 이용한 서비스의 총칭을 말한다. 1996년에 시작된 교통 정보 제공 서비스인 빅스VICS나 자동 요금 징수 시스템인 ETC 등과 같은 지능형 도로 교통 시스템 ITSIntelligent Transport System 내 비게이션을 연계시킨 검색 기능, 운전 상황이나 주행 거리를 바탕으로 보험요율이 결정되는 텔레매틱스 보험 등이 대표적인 예이다. 최근에는 이미 텔레매틱스라는 말 자체를 사용하지 않게 되면서 멀티미디어 시스템으로 표현하는 편이 더 이해가 쉬울지 모른다.

커넥티드란 자동차가 IoT 단말기로써 네트워크에 연결되어 유기적으로 확산되는 플랫포머 전체를 망라하는 개념이다. 예를 들면, 방송 Over The Air을 이용한 자동차의 펌웨어 업그레이드, 자동 운전 자동차의 원격 조작, 빅 데이터와의 연결을 통한 완전 새로운 서비스 등의 전개까지 포함한다. 즉 커넥티드가 텔레매틱스의 상위 개념이라고 보면 된다.

텔레매틱스는 20년 이전부터 보급되어 왔지만 ITS나 텔레매틱스 보험 을 제외하면, 이동 통신 서비스가 자동차 안에서의 사용자 체험으로서 참신한 핵심 가치를 확실하게 제공했다고 보기는 어렵다. 특히 통신 속도 자체는 치명적이었다. 음성 인식 시스템은 말도 제대로 인식하지 못하면서 **아직 멀었다!**는 평가를 받았을 뿐이다. 20년을 유지해 왔지만 라디오조차 이기지 못 했던 것이 자동차 산업이 주도했던 텔레매틱스였다.

반면에 현재의 커넥티드는 이제 막 껍질을 깨기 시작하는 상항이다. 긴급 통신 시스템, 도난 추적 서비스, 프로브Probe 교통 정보, 예측 정보 서비스 등과 같은 서비스 확충은 물론이고, 원격 메인터넌스, 스마트키나 마치 인간 같은 말로 대화할 수 있는 음성 인식과 어시스턴트 기능이 추가되고 있다. 이것들이 가능하게 된 배경에는 스트레스가 적은 4G의 통신 속도와 음성 인식의 발전이 있었기 때문이다.

많은 자동차에 차량 탑재 통신 기기가 표준으로 장착되고 커넥티드 서비스가 제공되면서, 스트레스 없는 음성 인식을 통한 실내 조작이나 내비게이션과의 연계도 원활하다. 나아가 누구나 갖고 있는 보통 스마트폰을 USB 케이블로 연결만 하면, 차량 탑재 모니터를 통해 평소 때와 똑같은 사용자 인터페이스로 커넥티드 서비스를 이용할 수 있다. 애플의 **카 플레이**와 구글의 **안드로이드 오토** 두 가지 플랫폼도 추가되었다.

표준 장착 통신기를 내장한 상시 접속 타입과 IT 기업이 제공하는 차량 탑재 전용 단말기나 스마트폰 연계 타입까지 포함하면, 미국·중국·유럽·일본 주요 4개 지역에서 2030년까지 거의 모든 자동차가 네트워크와 접속할 수 있는 커넥티드 카가 될 것으로 예상된다. 이를 통해 자동차 산업은 획기적인 새로운 네트워크를 만들어내게 되는 것이다.

세계에는 약 10억 대의 승용차가 보급되어 있고, 2030년에는 13억 대에 이를 전망이다. 2030년까지 네트워크에 접속되는 차량 대수는 10억 대 이상이 될 것으로 예상된다. 스마트폰에 필적할 만한 규모에 그치지 않고, 자동차의 설계, 조달, 생산, 서비스 같이 저변이 넓은 밸류 체인도 네트워크에 접속된다. 교통까지 포함하면 공공 교통 시스템부터 사회 인프라까지 연결되는 초거대 네트워크가 형성될 것이 틀림없다.

🏃 커넥티드가 만들어내는 완전 새로운 자동차의 가치

이 거대한 네트워크가 창조하는 가치는 비약적으로 높아질 것이다. 축적되는 주행 데이터를 바탕으로 사업 기회가 만들어져 부가 가치의 원천이 된다. 커넥티드 기반을 바탕으로 해서 성장이 예상되는 것이 자동 운전 기술과 공유 경제Sharing Economy이다. 운전자는 주변 감시나 운전에서 해방되어 시간을 마음껏 활용할 수 있다.

라이드 쉐어를 활용하면 좋아하는 곳에 싸고 자유롭게 이동할 수 있는 사용자 편리성은 헤아릴 수 없을 만큼 많다. 자동차 관련 방식이나 이용 방법이 크게 바뀌면서 소유만이 아니라 공유 세계가 확산될 것이다. 라이드 쉐어나 카 쉐어가 자동 운전 기술과 융합했을 때 로봇 택시나 로봇 셔틀로 불리는 무인 이동 모빌리티 서비스가 된다.

제3장을 잠깐 복습해 보면, 자동차로부터 얻는 이동이나 정체 같은 주행 데이터는 빅 데이터가 되고, 이것을 분석·이용하면 다양한 MaaS(모빌리티 서비스)를 만들어낼 수 있다. 누구나 자유롭게 이동할 수 있는 도시나 사회로 다시 설계되면서 사회 인프라로서의 자동차 가치나 교통 시스템에도 큰 변화의 바람이 분다. 최종적으로 자동차는 사회적 장치로 자리하면서 AI를 기반으로 한 초스마트시티가 구축되어 사회적 과제를 해결하게 한다. 이런 모든 기반이 커넥티드에 있는 것이다.

이런 세기의 대유전을 GAFA(구글, 애플, 페이스북, 아마존)로 대표되는 IT 기업이 노리고 있다는 것은 앞서도 언급한 바 있다. 강대한 네트워크를 구축해 앞서나가고 있을 뿐만 아니라, AI 기술에서도 크게 앞서 있는 플랫포머들이다. 이들의 데이터 수집 능력과 AI를 통한 학습·분석 능력을 활용하면 자동차 산업을 앞서는 매력적인 에코시스템을 구축하는 것이 가능하다.

제2장에서 살펴보았지만, IT 기업에게는 두 가지 전략적 접근 방식이 있다. 바로 차량 탑재 소프트웨어 OutCar 영역와 차량 소프트웨어 InCar 영역 두 가지 중요한 OS에 접근해 이를 지배하는 방식이다. 최종적으로 자신들의 플랫폼에 자동차 산업의 네트워크를 완전히 접속시켜 차량과 이동 양쪽의 일반적 상품화를 추진한다. 이를 통해 자동차 메이커를 자신들 기존 플랫폼의 종속자 위치로 전락시키려는 것이다.

그러나 IT 기업들 손에는 하드웨어로서의 자동차나, 저변이 넓은 밸류 체인, 각각의 운용 등과 같은 생생한 데이터가 없다. 현재 이런 데이터를 지배하고 있는 것은 산업 피라미드의 정점에 있는 자동차 메이커

¤도표4-1 • 도요타자동차의 커넥티드 개념도

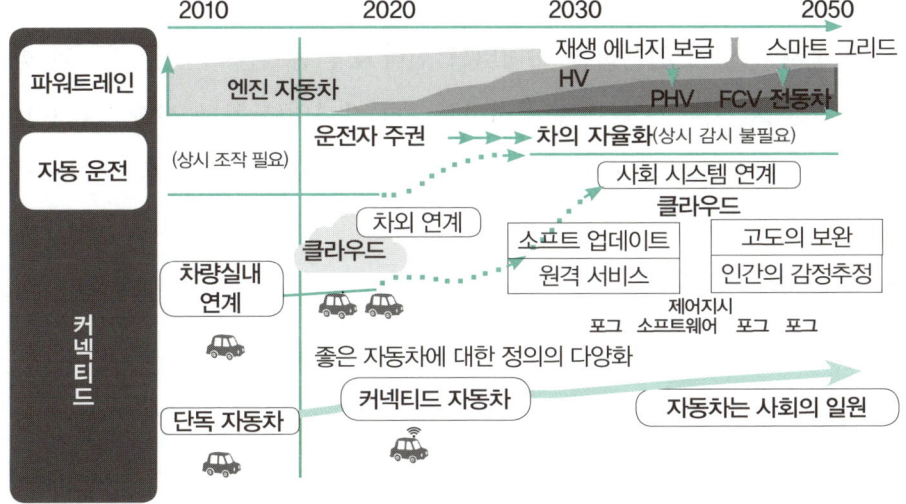

출처 : 도요타자동차 자료에 나카니시 자동차 산업 리서치가 일부 추가

뿐이다. 이 대목에 자동차 산업이 방어하고 반격할 수 있는 기회가 있는 것이다. 왜냐면 자동차 산업을 단순한 제조업으로 봐서는 안 되기 때문이다. 자동차 메이커들은 고객과의 직접적 접점과 광대한 유통 판매망을 확보하고 있다. 자동차 산업은 막대한 보유 차량에 대한 서비스 공급자이자 광대한 밸류 체인 전체 영역에 대한 통합자Integrator이기도 하다. 이런 산업은 다른 곳에는 없다.

이렇게 보면 IT 기업과 자동차 메이커가 승패를 결정하는 식의 대결 구도가 아닌 것처럼도 보인다. 아웃카 영역에서 무한대에 가까운 확장성 및 콘텐츠 매력을 가진 IT 기업과, 전통적인 밸류 체인의 통합자인 자동차 메이커가 경쟁하면서도 협조하는 윈윈 전략을 도모하는 미래지향적 그림을 그려 나갈 가능성도 높아 보이기 때문이다.

이것이 실현되면 강력하고 신속하게 사회를 변혁할 수 있는 힘이 될 것이다. 그러기 위해서는 양쪽이 평화적인 불가침 조약을 맺어야 한다. 자동차 산업이 진행하는 커넥티드 전략의 근본에는 이러한 공존과 공영 속에서 자동차 혁명을 실현함으로써 다시 자동차를 성장 상품으로 끌어올리겠다는 목표가 있다.

2 개방일지 폐쇄일지가 문제이다.

🏃 IT 기업의 커넥티드 카 전략

제2장에서 이해했던 것은, 커넥티드 세계에서는 2개의 게임체인저가 존재한다는 것이다. 첫 번째인 카 플레이와 안드로이드 오토는 간편한 차량 탑재 커넥티드의 기반으로서, 무엇보다 애플과 구글이 구축한 플랫폼에는 선행하는 AI 기술과 무한에 가까운 콘텐츠 확장성이 있다는 것이 매력이다.

카 플레이와 안드로이드 오토가 자동차의 차량 탑재 OS와 부분적으로 연결된다 하더라도 그들이 취합할 수 있는 차량 데이터라고 해봐야 고작 헤드라이트가 점등되었는지, 엔진이 걸렸는지 어떤지 두 가지 정도의 단순한 데이터밖에 없다. 자동차 쪽 차량 데이터의 관문Gateway이 단단히 닫혀 있기 때문이다.

현 단계에서 사용자 편리성을 높인다는 목적 하에 **카 플레이**, **안드로이드 오토**와 자동차 메이커 사이에는 호혜 관계가 형성되어 있다. 그러나 자동차 산업에게 **카 플레이**와 **안드로이드 오토**는 장기적으로 위협적인 존재이기도 하다.

GAFA 진영은 스마트폰을 중심으로 한 검색, 지도, 광고, 콘텐츠 같은 광범위한 서비스 체제를 구축하고 있다. 여기서는 상당히 높은 수익을 계속 만들어낼 수 있는 에코시스템이 이미 완성되어 있어서 커넥티드 기반, AI, 자동 운전 기술 개발, 음성 어시스턴트, 무료 커넥티드 서비스 등과 같이 앞으로 필요한 기술 투자를 계속할 수 있다. 또한 여기서는 사용자 활동 데이터도 자동적으로 쉽게 수집할 수 있다. 이런 거대 에코시스템에 자동차 메이커가 정말로 장기적으로 다투는 것이 가능할까, 솔직히 말하자면 불안한 것도 사실이다.

두 번째 게임체인저는 음성 인식을 포함한 AI 어시스턴트이다. 애플의 **시리**, 구글의 **구글 어시스턴트**, 아마존의 **알렉사** 등이다. AI가 만들어낼 자연 언어를 이해하는 기술 혁신이 눈앞에 다가오고 있는 가운데, 자동차로서는 100년에 한 번인 게임체인저가 될 수 있는 기술이라고 느껴진다.

자동차 인터페이스는 버튼이나 다이얼이었던 것이 지속적으로 터치 패널 조작으로 바뀌고 있다. 그 끝에는 음성 인식이 사람과 시스템을 이어 주는 쾌적한 인터페이스로 자리하게 될 것이다. 자동차 메이커는 이 음성 인식이 과거에 텔레매틱스에서 실현하지 못 했던 꿈을 이루게 해 줄 수 있는 기술이라는 사실을 강하게 인식하고 있을 것이다.

구글, 애플, 아마존은 이 두 가지 게임체인저를 차량 탑재 커넥티드 기기의 인터페이스 표준으로 만들려 하고 있다. 그런 다음 이미 구축해 놓은 거대하고 매력적인 콘텐츠에 연결시키기만 하면 그들의 자동차 사용자 인터페이스로서의 지위가 완성되는 것이다.

자동차 메이커에게 있어서 IT 기업의 커넥티드 단말 인터페이스가 완전한 디팩토 표준(사실상의 표준)이 되어 가는 상황은 바람직하지 않다. IT 기업이 처음에는 열린 자세로 협조적인 신사처럼 행동하는 것처럼 보이지만 플랫폼으로 포위한 다음에는 냉혹한 협상가로 바뀐다. 표준이 되어 버리면 **사용자를 위해**라는 말을 앞세우며 자동차 메이커에 대한 조건을 확실하게 바꿔 나갈 것이다. 제어 시스템 센서에 대한 게이트웨이를 강제로 오픈시키면서 자동차 주행시스템 센서 정보와 더 연결하고 싶다고 요구할 가능성도 배제할 수 없다. 그것만으로도 끝나지 않고 다음은 자동차 제어 자체이다. **자동 운전 소프트와 차량 탑재 통신 기기 전체를 안드로이드 OS로 바꾸면 어떨까요?**하면서 나오면 하드로서의 자동차는 완전히 일반적인 상품Commodity으로 전락하게 된다.

🏃 자동차 산업의 클로즈 작전

즉 자동차 산업은 구글이나 아마존의 요구가 계속될 때 노~라고 거절할 수 있는 대항 카드를 갖고 있어야 하는 것이다. 여기서는 이것을 자동차 산업의 클로즈 작전으로 부르겠다. 도요타나 다임러는 이런 생각을 갖고 있기 때문에 사용자 인터페이스에 가능한 한 독자적으로 폐쇄적인 인터페이스 장치를 만들려고 하는 것이다.

많은 자동차 메이커가 커넥티드 전략을 내세우면서 DCM 같은 차량 탑재 통신 기기를 표준으로 장착해 통신 비용을 무료화함으로써 사용자들을 자동차 메이커의 독자적 커넥티드 플랫폼 안에 가둬 두려고 한다. 다만 이것을 사업 모델로 확립하는 것은 간단하지 않다.

최초 몇년 동안이라도 통신료를 무료로 하지 않으면 사용자들은 쉽게 받아들이려 하지 않을 것이다. 따라서 이것을 기점으로 납득할 수 있는 콘텐츠나 서비스를 만들어 매월 일정액 비용을 지불하게 하는 서브스크립션으로 나아가야 한다. 더불어서 자동차 메이커이기에 가능한 핵심 콘텐츠를 개발할 필요가 있다.

예를 들면 2018년의 신형 벤츠 A클래스부터 도입된 MBUX나 도요타의 신형 크라운에 도입했던 TConnect는 벤처 계열의 자연 언어 처리를 통한 음성 입력 기술을 공동 개발하고 있다. MBUX는 미국의 뉘앙스 커뮤니케이션의 음성 인식 기술을 사용하고 있다. 도요타는 일본에서는 LINE의 AI 플랫폼인 클로버Clova를 활용해 일본적인 LINE으로 자동차와 대화할 수 있는 음성 인식을 채택하고 있다.

도요타는 미국 시장에서 음성 인식으로 아마존의 알렉사를 도입해 상당한 호평을 받고 있다. 이것은 미래 자동차에서 한 가지 표준이 될 가능성이 있다. 아마존의 클라우드 기술이 어디까지 자동차를 지배해 나갈지 걱정스러운 대목이다.

먼저 알렉사의 음성 데이터는 일단 알렉사 클라우드 상의 도요타의 스킬Skill에 올라간다. 운전자가 요구하는 정보가 자동차 제어와 관계가 없으면, 예를 들어 알렉사, 집에 있는 전기밥솥 스위치 넣어 줘 등과 같은 정보는 아마존 내에서 처리된다.

그러나 운전자의 의도가 차량 제어와 관련된 정보이면, 그 데이터는 아마존이 침입할 수 없는 도요타 독자의 도요타 스마트 센터TSC로 들어간다. 알렉사, 앞차에 맞춰 오토크루즈(자동 후속 주행)로 세팅해 줘라고 말하면, 도요타의 스마트 센터에서 이 정보를 처리한 뒤 다시 자동차로 통신을 보내 차량을 제어하는 구조이다. 알렉사가 뛰어난 음성 인식 툴이기 때문에 아웃카까지 확대시킬 생각이기는 하지만, 그렇다고 차량 제어에 관여하는 것은 아니다.

자동차 메이커 입장에서는 외부 벤더에 대해 닫아 놔야 할 중요한 두 가지 관문Gateway이 있다. 첫 번째는 커넥티드를 지배하는 차량 탑재 커넥티드 OS이다. 이것은 자동 운전의 업데이트를 하는 펌웨어, 교통 데이터, 차량 데이터, 지도 데이터 등, 차량 제어와 관련되어 중요한 데이터가 지나가는 길을 제어하는 OS이다. 커넥티드 차량 탑재 OS란 자동차가 아웃카 세계로 연결되는 가장 중요한 기반이라는 인식이 필요하다.

자동차 메이커로서는 차량 탑재 커넥티드 OS를 자동차 산업계만의 독자적 표준 OS로 확립해 블랙박스를 배제하고 싶어 한다. 그런 목적 하에 설립한 것이 오픈 플랫폼 리눅스UNIX OS를 바탕으로 한 AGL Automotive Grade Linux 컨소시엄이다. 자동차 산업계가 독자적으로 표준화를 지향하는 차량 탑재 통신 기기의 OS이다.

도요타와 마쯔다가 주도하고 스즈키와 혼다, 닛산, 포드, 다임러가 참여하고 있다. 자동차 메이커가 주도해 사용하기 쉬운 표준 OS를 만들면 참여할 자동차 메이커는 더 많아질 가능성이 있다. AGL에는 아마존이 골드멤버로 참여하고 있어서 자동차 산업계에게는 유리한 IT 연계를 구축할 가능성도 숨어 있다.

도표4-2의 도요타 오픈·클로즈 전략도를 보면 AGL이 인카와 아웃카의 접점에 위치하면서, 자동차가 아웃카와 통신하는 데 있어서 정보 출입을 담당하는 게이트웨이라는 사실을 알 수 있다.

제2의 클로즈 작전은 멀티미디어 계통 정보 통신을 하는 스마트폰과의 연계에 있어서 폐쇄적인 게이트웨이를 두는 것이다. 카 플레이, 안드로이드 오토 모두 멀티미디어 계통 정보 통신 차량 탑재 OS로서, 자동차 제어 정보에는 관여하지 않는다. 카 플레이, 안드로이드 오토의 에코시스템은 확산시키고 싶을 만큼 매력적이다. 그러나 이들 OS는 완전한 블랙박스이기 때문에 사실상의 표준화가 됨으로서 멀티미디어 시스템의 주도권을 뺏기는 것은 우려스러운 점이다.

그래서 독자적인 차량 탑재 OS와 스마트폰 연계 사이에서, 자동차 산 업계 독자의 폐쇄적인 커넥티비티 기술로 개발한 것이 리눅스를 바

¤도표4-2 • 도요타의 오픈·클로즈 전략

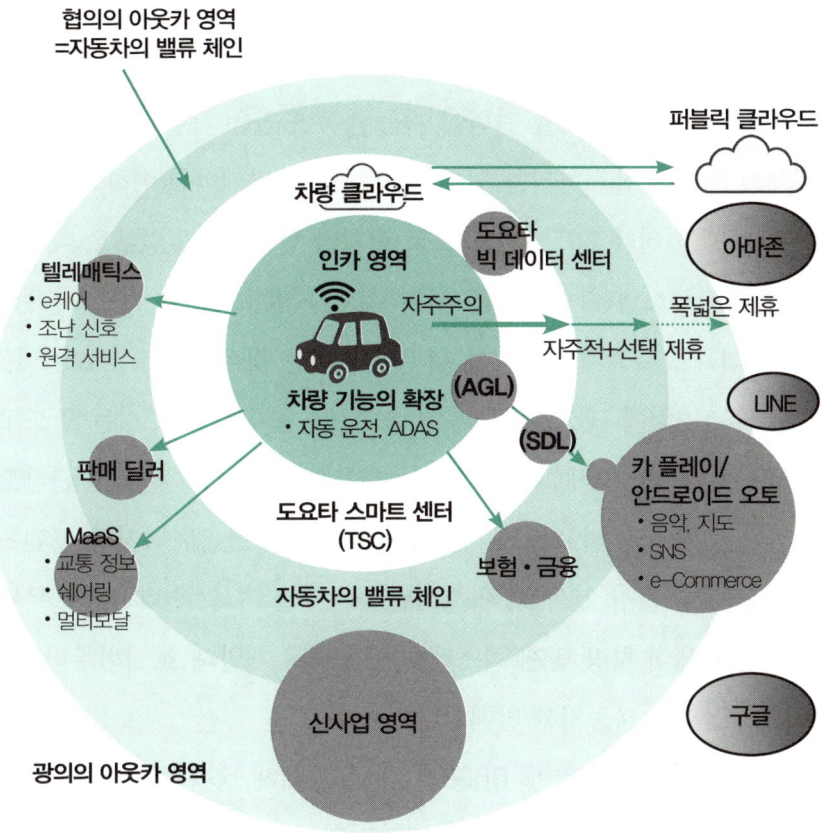

출처 : 나카니시 자동차 산업 리서치

탕으로 삼아 포드가 주도해 온 SDL Smart Device Link이다. **도표4-2**에서는 하얀 원으로 표현된 자동차의 성벽과 외부와의 접점에 위치한다. OS의 블랙박스화를 피하는 한편, 적극적으로 카 플레이나 안드로이드 오토와 협조해 그들의 서비스와 편리성을 차량 실내 공간에 반영한다. SDL에는 도요타자동차, 마쯔다, 스즈키 등이 참여하고 있다.

🏃 멀티미디어 시스템은 각사의 접근 방식이 다르다.

그러나 SDL에 대한 자동차 산업계의 평가는 나뉘어 있다. SDL은 자동차 메이커가 OS 레벨 지원이 가능한 주도권을 가질 수 있기 때문에 폐쇄적 환경을 유지하기가 쉽다. 그러나 어플리케이션(이하 어플) 폭이 커서 카 플레이나 안드로이드 오토를 차량 탑재 OS의 일부로 이용하는 편이 에코시스템 확립에 있어서는 속도가 압도적으로 빠르고 유리하다. 그러나 GAFA계 플랫폼에 너무 의존하는 것은 위험도 내포한다.

2018년 9월에 닛산자동차와 미쓰비시자동차, 르노 3사는 안드로이드 OS를 탑재한 차세대 차량 탑재 시스템을 커넥티드 전략의 근간으로 두겠다는 놀라운 발표를 했다. 지도 정보인 **구글 맵**, 디지털 콘텐츠인 **구글 플레이**, 음성 인식 AI 어시스턴트인 **구글 어시스턴트** 3가지 무기를 장착한 차세대 차량 탑재 시스템을 공동으로 개발해 2021년부터 이 시스템을 탑재한 자동차를 발매한다.

3사 동맹은 2017년에 1,060만 대를 판매해 승용차 부문에서 세계 최대로 올라선 그룹이다. 2022년까지의 중기 경영 계획에는 규모를 1,400만 대로 끌어올리겠다는 야망도 담겨 있다. 얼라이언스·커넥티드·클라우드 기반을 구축해 대부분의 자동차에 커넥티드와 클라우드 베이스의 서비스를 탑재해 나가겠다는 방향을 발표한 바 있다. 도요타와 포드보다 뒤처진 느낌은 있었지만 근래에 와서 전략이 구체화되었다. 통신이나 클라우드 기반을 구축하려면 막대한 비용이 필요하다. 또한 수익 사업화도 쉽지만은 않다. 닛산미쓰비시르노 동맹은 이 기반을 통일시킴으로써 비용 대비 효과에서 경쟁사보다 유리한 입장에 서겠다는 의식이 강하다.

안드로이드 OS 베이스의 전용 차량 탑재 단말기를 멀티미디어 시스템의 커넥티비티 기반으로 채택함으로써, 구글의 높은 인기를 이용해 조기에 동맹 차량의 커넥티드화와 에코시스템을 구축해 나가겠다는 생각일 것이다. 다만 안드로이드 OS만 이용해 차량 제어와 관련된 모든 커넥티드 정보를 관리할 것으로는 생각하기 어렵다. 닛산-미쓰비시-르노 동맹이 어떤 클로즈 전략을 갖고 있는지 현 단계에서는 아직 확실하지 않다.

자동차와의 커넥티드 방식은 당분간 다종 다양한 상태가 지속될 전망이다. 그러나 어느 쪽이 됐든 공통화와 국제 표준화가 진행될 가능성이 있다. 차량 내부에 복수의 AI 어시스턴트가 혼재될 가능성도 있어서 어떻게 통합되고 어떤 이득을 만들어낼 수 있을지 아직 방향성은 보이지 않는다. 그때까지 모든 것을 폐쇄한 상태로 떠안는 것은 불가능하지만, 게이트웨이를 닫아 독자적인 커넥티드 카·플랫폼을 유지할 수 있는 요소 기술을 폐쇄적으로 막아 두는 의미는 크다고 하겠다. 자동차 메이커는 커넥티드에 의해 열리게 될 자동차의 폐쇄 공간 안에 IT 기업에게 대항할 수 있는 영역을 정해 놓지 않으면 안 된다.

🏃 IT 기업과 자동차 메이커는 연대할 수 있다.

자동차의 자기 진단 기능OBDⅡ은 전자 제어 유닛ECU이 취합한 센서 정보를 바탕으로 자기 분석을 통해 이상이나 고장 판단을 내리는 장치로서 차량 탑재가 의무화되어 있다. OBDⅡ로 들어오는 차량 정보가 차량 탑재 통신 장치를 경유해 외부로 유출되는 상황은 보수나 수리를 통해 고객 접점을 지켜온 자동차 서플라이 체인 기업들에게는 위협이 아닐 수 없다. 차량 데이터를 IT 기업이 손안에 쥐게 되면 생생한 공업 제품 정보가 축적되어 AI 기술로 분석하게 된다. 단기적으로는 그렇게까지 위협이 안 되겠지만 장기적으로는 어떤 비약이 있을지 예측이 안 된다.

센서 정보를 손에 넣은 IT 기업이 자동차의 수리 보수 부위를 특정해 그 정보를 오픈된 거래 시장인 마켓 플레이스에 공개하면, 새로운 거래 사업 모델을 만드는 것도 가능하다. 개방된 거래 시장에 고객 접점을 빼앗기는 것이 처음에는 작은 구멍에 지나지 않을지라도 밸류 체인 전체 영역의 통합자인 자동차 메이커의 아성을 무너뜨리는 씨앗이 될 수도 있다.

밸류 체인 사업을 독자적 커넥티드 기반에 남겨서 고객 접점을 지키는 일은 자동차 메이커가 커넥티드 시대를 맞이하는 과정에서 중요한 과제가 될 것이다. 생생한 데이터를 자동차 메이커의 커넥티드 서비스에 반영해 가치 있는 서비스를 구축해 나갈 수 있기 때문이다. 매달 지불이 낮아지는 텔레매틱스 손해보험, 고장이 나기 전에 알려주는 진단 시스템, 적절한 메인터넌스로 잔가 가치를 높여 주는 식의 커넥티드 카 소유자가 구체적으로 얻을 수 있는 경제적 이득을 만들어 가야 할 것이다.

커넥티드를 매개로 밸류 체인 업체들과 직접적으로 연결되는 호기를 증대시키는 것도 중요한 과제이다. 카 쉐어로 자동차 가동률이 올라가게 되면 대체 사이클은 단축되고 보수·메인터넌스에서 딜러가 수익을 올릴 기회는 증대된다.

일반적으로 IT 기업과 자동차 메이커는 적대적인 관계로 받아들이기 쉽다. 그러나 자동차 메이커가 지켜야 할 영역을 명쾌하게 정의하고 그것을 담보할 수 있는 클로즈 전략이 성립된다면, IT 기업과 자동차 메이커는 유익한 연대를 실현할 수 있을 뿐만 아니라 경쟁력이 높은 플랫폼을 구축할 수도 있다. 사회를 크게 발전시키는 시나리오를 만들어낼 수 있는 것이다. 커넥티드 기반을 구축해 나갈 수 있다면 자동차 산업은 성장 산업으로의 복귀도 가능하다. 현실 세계의 데이터를 확보하고 있는 자동차 산업계 쪽에 경쟁 우위가 있다고 생각되기 때문이다.

3 미국·유럽·일본 주력 자동차 메이커의 전략

🏃 도요타의 커넥티드 전략

　도요타의 커넥티드 전략을 나타낸 **도표4-2**를 한 번 더 봐주기 바란다. 중앙에 있는 것이 자동차의 인카 영역으로, 여기서는 독자적인 차량 OS가 기반을 이루고 있다. 앞서 언급했듯이 차량 탑재 통신 기기는 AGL 베이스의 업계 표준 OS를 바탕으로 한다. 그 자동차에는 독자적인 차량 탑재 통신 기DCM를 경유하는 것과 사용자의 스마트폰과 연계되어 카 플레이나 안드로이드 오토와 연결되는 두 가지 연결 방법이 있다.

　스마트폰과의 연계에서는 SDL을 끼워 넣어 OS 레벨에서의 주도권과 외부로의 게이트웨이를 닫는다. DCM을 경유한 데이터는 클라우드 상의 도요타 스마트 센터TSC와 도요타 빅 데이터 센터TBDC에 축적되면서 모빌리티 서비스 플랫폼MSPF이 새로운 가치·서비스를 창출하기 위한 인터페이스, API를 외부에 제공한다. 이 백색白色 영역이 도요타를 지키는 성벽 역할을 수행하는 것이다.

아웃카 영역은 두 가지 개념으로 정리해야 한다. 협의의 아웃카는 진하게 표시된 자동차의 밸류 체인 영역이다. 광의의 아웃카는 무한대의 IoT 세계가 펼쳐진다. 도요타가 독자적으로 직접 연결하려는 것은 협의의 자동차 밸류 체인 영역이다. 자동차 밸류 체인 영역에 있는 판매점이나 보험회사와는 빅 데이터 센터를 통해 자비自費로 직접 연결된다.

자비로 지키는 것은 밸류 체인 영역으로 정의해 거기에는 구글이나 애플, 아마존이 침입할 틈을 주지 않는 것이 도요타 클로즈 전략의 기본이다. 주행 데이터를 바탕으로 만들어지는 텔레매틱스 보험, 긴급 통신 시스템, 수리 제안 같은 서비스는 독자적인 데이터 센터를 중심으로 펼쳐 나간다.

2016년의 커넥티드 전략 설명회에서는 3가지 기본 방침으로 전략을 해설한 바 있다. ① 모든 자동차를 커넥티드화, ② 빅 데이터를 활용함으로써 고객이나 사회에 공헌하는 동시에 도요타 자동차의 사업 변혁을 추진, ③ 모든 다른 업종·IT 기업과 연계해 **새로운 모빌리티 서비스**를 창출한다는 것이었다.[6]

자동차는 단독적인 존재에서 **자동차+클라우드** 상품으로 진화하고 있다. 자동차를 단순한 이동 수단에서 IoT 단말기로서의 사회적 장치로 변화시킴으로써 사용자 가치에 머물지 않고 사회 전체의 가치를 추구하는 것이 커넥티드 전략의 미션이다.

[6] 「Connected 전략 설명회」 https://newsroom.toyota.co.jp/detail/14129117, 도요타자동차

🏃 포드 짐 해킷의 만회 전략

주주 압력을 이겨내고 부활에 성공한 GM의 배라 CEO와 대조적으로 포드의 전 CEO 마크 필즈는 결과를 내지 못하고 실패에 이른다. 일본에서 마쯔다 재건으로 지명도가 높았던 필즈는 자동 운전 흐름에 편승하지 못하고 2017년 5월에 포드 일가에 의해 경질되고 마는 것이다. 운명을 가른 것은 CASE 혁명에 대한 대응에 주주가 납득했느냐 아니냐이다. 필즈가 웨이모·구글과의 제휴 교섭을 결렬시키자, 웨이모·구글은 파트너는 얼마든지 있다.는 것을 보여 주기라도 하듯이 바로 피아트·크라이슬러 오토모빌즈FCA와 제휴를 맺었다. 필즈는 이 실책을 만회하지 못 했던 것이다.

실제로 모빌리티 서비스 기업으로 먼저 전환을 시도했던 것은 GM보다 포드 쪽이었다. 마이크로소프트와 공동으로 개발한 커넥티드 시스템 싱크SYNC를 조기에 탑재해 커넥트 분야에서 선두를 달렸다. 포드패스FordPass라고 하는 원스톱 샵을 지향하는 모빌리티 서비스의 스마트폰 어플을 만들기도 했다. 자동 운전 개발 벤처 회사 아르고AI나 버스 라이드 쉐어 벤처 회사 찰리오토 매수부터, 제5장에서 설명할 LiDAR(Light Detection and Racing, 라이더)의 벨로다인 컴퍼니, 지도 벤처 회사 시빌맵스에 대한 출자에 이르기까지 CASE에 대한 투자를 계속해 왔다.

그러나 3년의 필즈 재임 기간 동안 포드 주가는 37%나 하락했고 시가 총액은 테슬라보다 뒤처지게 되면서, 결국 포드 일가는 필즈를 포기한 것이다. 모빌리티 서비스 기업으로의 전환이라고 말하면 듣기에는 좋지만 투자 회수까지는 시간을 필요로 한다. 배라는 전통적인 물건 제조 영역에서 CASE 대응이 수익 확대로 이어지는 과정이 될 것이라는 점을 제시함으로써 주주들의 동의를 이끌어 냈다. 필즈는 이것을 빼먹고 있었던 것이다.

후임 CEO로 선택된 것이 자동차 산업 경영에 대한 경험이 없는 짐 해킷이었다. 이 결단은 큰 도박으로 비치면서 주식 시장은 어떻게 반응해야 좋을지 아직 고민하고 있는 것처럼 보인다.

해킷은 취임할 때 이미 62살로 필즈보다 6살이나 많았다. 노포 가구 메이커였던 스틸 케이스를 재건해 이름을 알린 인물이다. 1만2천 명이나 되는 인력을 구조 조정하고, 전통적 가구 회사를 실리콘밸리 기업들에게 사무실 환경을 제안하는 솔루션 회사로 변신시켰다. 경영 디자인 역량과 실리콘밸리 내 이너서클과의 인맥이 평가받으면서 포드 스마트 모빌리티의 책임자로 이적하게 된 것이다.

2017년 10월, 해킷이 취임하고 나서 바로 발표한 경영 지침 안에는 커넥티드 전략이 담겨 있었다.[7] 해킷의 지침은 **더 스마트한 세계를 위한 더 스마트한 자동차**이다. 생산을 IoT화하고, 3D 프린터나 AI를 활용한 설비 관리 및 생산 자동화를 통해 영업 이익률을 8% 이상 높인다는 것이다.

① 2020년까지 13의 EV를 시장에 투입.
② 2022년까지 5년 안에 140억 달러(15조 4천억 원)의 비용 절감.
③ 대부분의 세단 모델을 없애고 크로스오버와 픽업 트럭, 해치백에 경영 자원을 집중. 개발 기간을 20% 줄이고, 세단 개발에 할당했던 70억 달러(7조 7천억 원)를 픽업 트럭이나 크로스오버로 전용한다.

[7] "A MATTER OF TRUST", https://media.ford.com/content/fordmedia/fna/us/en/asset.download.document.pdf.html/content/dam/fordmedia/pdf/Ford_AV_LLC_FINAL_HR_2.pdf. Ford Motor

④ 2019년까지 미국에서 판매할 모든 신차를, 2020년까지 세계에 판매할 신차 가운데 90%를 커넥티드화한다.

경영 자원의 선택과 집중을 대담하게 실행하는 정책으로서, 비용 절감을 통해 조기에 수익성을 높이겠다는 방침이다. 이것만 보고 있으면 IT에 편향되어 본업을 약화시켰던 예전의 잭 내서를 연상시키는 이미지가 있다. 해킷이 그런 과오를 반복하지 않고 포드의 궤도를 수정시킬 수 있을지 아닐지는 아직 불투명하다. 포드는 VW와 CASE 영역에서 포괄적인 기술 제휴를 맺을 것이 유력시된다. 대담한 제휴 전략을 맺을 가능성이 높은 것이다.

그렇다 치더라도 2018년의 CES에서 해킷의 기조 강연은 압권이었다. 해킷은 AI를 통해 다양한 기기를 IoT화하는 **스마트시티 구상**을 들어가며, 사람을 중심으로 도시 설계와 자동차의 존재 방식을 다시 생각해 보자고 제안했다. 전통적 자동차 메이커의 수장으로부터 파괴자적인 장대한 세계관이 나온 것은 자동차 산업계의 변화 속도가 매우 빠르다는 것을 보여 주는 반증이었다. 동시에 이 속도에 뒤처지지 않으려 하는 포드의 모습도 엿보였다.

GM보다 3년이나 늦는 셈이지만 2021년부터는 포드도 로봇 택시 사업을 시작한다. 사실 포드는 2016년 단계에서 경쟁사보다 앞서서, 2021년에 레벨4의 고도 자동 운전 자동차를 양산하겠다고 발표해 시장을 놀라게 한 적이 있다. 그러나 실제 사업화에서는 크게 뒤떨어진 느낌을 지울 수 없다.

2018년 7월에 실리콘밸리의 연구 거점으로 400명의 개발자를 이동

스마트시티로의 전환을 주장하는 포드 짐 해킷 CEO(2018년 CES)
출처 : 포드 홈페이지

시켜 FAVFord Autonomous Vehicles를 설립한 뒤, 300명의 아르고 AI 개발자들과 손잡고 개발을 가속화시킨다. GM크루즈와 소프트뱅크가 제휴했던 것처럼 외부 기업의 자본 유치도 시야에 넣고 있다. GM크루즈나 웨이모와의 격차를 만회하기 위해 2023년까지 자동 운전 분야에 40억 달러(4조 4천억 원)를 투입할 계획이다.

🏃 VW의 "Zukunftspakt"=미래를 위한 협정

2018년 4월, VW 그룹은 갑자기 최고경영자 교체를 발표했다. 디젤 게이트로 인해 빈터코른이 퇴진하고 나서 2015년 9월부터 CEO를 맡아온 사람이 마티아스 뮬러이다. 뮬러는 사회 재생을 지향하는 전략 2025를 2016년에 발표했고, 2017년에는 로드맵E라고 하는 전동화 전략을 결정하는 등 정력적으로 활동해 왔다. VW의 인사 혼란이 종종 있던 일이기는 하지만, 대주주인 포르쉐 일가와 피에히 일가, 니더작센 주정부의 신용을 잃은 것으로 보인다. 임기를 2년이나 남긴 상황에서 뮬러가 갑자기 퇴임하게 된 정확한 이유는 알려지지 않았다.

후임은 VW 브랜드 CEO인 헤르베르트 디스였다. 헤르베르트는 VW의 디젤게이트가 발각되기 직전에 VW 브랜드의 재건을 책임지고 BMW에서 옮겨 온 새로운 인물로서, 입사 직후부터 VW의 EV 전략을 추진해 온 인물이다. VW 그룹 경영진에는 강경한 태도의 인물들이 많지만 헤르베르트는 몸집이 작고 온화하며, 친근감이 넘치는 인물이다.

그러나 그의 별명은 **코스트 커터**Cost Cutter로 불릴 만큼 냉혹하고 엄격한 경영자이자 VW 브랜드의 구조 조정을 추진하는 사람이다. **"Zukunftspakt"=미래를 위한 협정**으로 이름 지은 생산성 25% 개선 약속은 사실상의 구조 조종 계획으로서, VW 그룹의 경영 이익률을 2000년까지 4%, 2025년까지 6% 이상 끌어올리겠다는 것이다.

독일에서 23,000명(글로벌 3만 명)의 인력 감축, 연간 37억 유로(약 4조 8,100억 원)의 비용 절감을 추진한다. 23,000명 감원이라고 해야 대부분은 자연 감소이지만 그래도 독일 사회에서 이 정도 규모의 인원 감축을 주장하는 것은 결코 쉬운 일이 아니다.

VW에는 때때로 구세주 같은 혁신가가 등장하곤 했다. 그것도 항상 외부로부터 찾아온다. 1990년 중반에 GM 산하의 오펠로부터 전격적으로 이직한 이그나시오 로페즈는 당시 구태의연했던 VW에 조달 개혁을 일으켰다. 두 번째는 2000년대 중반에 다임러로부터 이직해 온 혁신가 울프강 베른하르트였다. 이런 과거 사례에 비춰 보면 헤르베르트는 VW를 다시 일으켜 세울지도 모른다.

그룹 CEO에 오른 헤르베르트는 조직 대개혁과 기업 근대화에 착수한다.❽ VW 그룹은 매수 합병을 통해 12개 브랜드의 보유라는 특징이 있지만, 이것을 확 바꿔서 대중차와 고급차, 초고급차, 상용차 4개 부문으로 나누고 상용 사업 부분인 트레이톤Traton은 기업 분리를 시켜 시장에 공개할 계획이다. 커넥티드와 차량 IT 부문은 헤르베르트 디스가 직접 관할하는 체제로 바꿨다. 전기 모빌리티, 디지털화, 모빌리티 서비스에서 실적을 쌓아 브랜드를 재생한다는 방침이다.

헤르베르트는 커넥티드 전략을 2018년 8월 24일에 발표했다. 다임러, 도요타, 포드에 이어 세계적 수준의 커넥티드 전략을 공식적으로 발표한 것은 VW가 4번째이다. 여기에 담긴 메시지는 크게 4가지이다.

① 폭스바겐 We로 명명한 서비스 플랫폼을 바탕으로 디지털화 투자를 가속.
② 디지털화를 추진하기 위해 2025년까지 35억 유로(약 4조 5,500억 원)를 투자.
③ 소프트웨어 개발력을 강화하기 위해 타사와의 제휴나 매수를 추진.
④ 완전한 커넥티비티를 갖춘 차량 라인업을 통해 자동차 메이커에서 모빌리티 서비스 공급자로 변혁.

2020년 이후 VW 그룹의 거의 모든 차종은 커넥티드 카로 바꾸고 후속 장착 통신기인 폭스바겐 Connect 탑재 차량까지 합쳐서 매년 500만

❽ 「폭스바겐 그룹, 경영 구조의 대대적 조정을 결정」 https://www.volkswagen.co.jp/content/dam/vw-ngw/vw_pkw/importers/jp/volkswagen/news/2018/info180413_2_web.pdf/_jcr_content/renditions/original./info180413_2_web.pdf, Volkswagen

대를 커넥티드로 바꾸게 된다. 폭스바겐 We 서비스 플랫폼을 강화하기 위해 원 디지털 플랫폼 ODPOne Digital Platform이라고 이름 지은 모빌리티 서비스 플랫폼을 구축할 계획으로서, 이 플랫폼은 각종 서비스와 서비서가 연결되는 기반이 된다. 이것은 도요타의 MSPF처럼 클라우드 상의 디지털 플랫폼이다.

차량 쪽에서는 2020년부터 도입할 예정인 EV 플랫폼 MEB를 새로운 IT 아키텍처로 자리매김한다. 현재의 자동차는 너무 복잡해서 많은 것은 ECU가 70개나 탑재되어 있는데, 이것을 불과 몇 개의 ECU로 제어할 수 있는 전자 플랫폼을 구축하는 것이다. 이를 통해 예상되는 복

¤도표4-3 • VW의 커넥티드 전략 개요

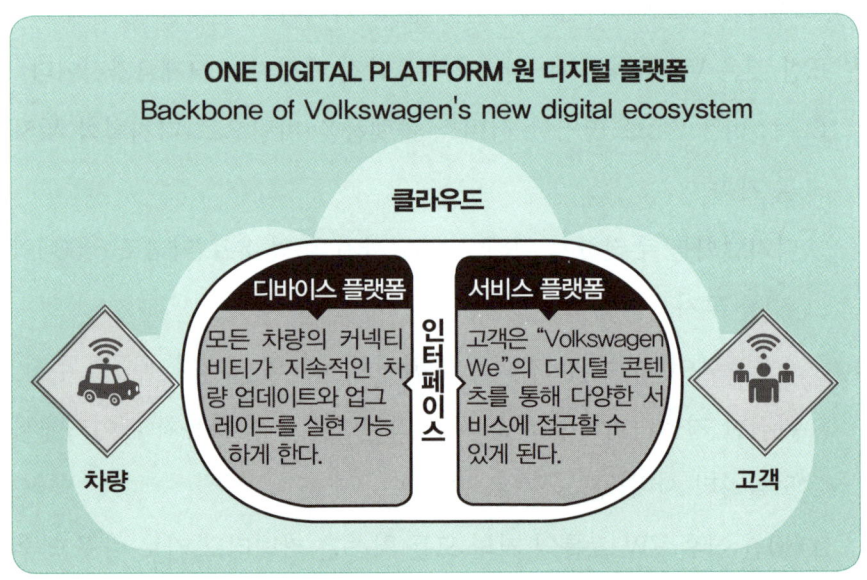

출처 : VW 자료를 바탕으로 나카니시 자동차 산업 리서치가 번역·첨가

잡성을 정리함으로써 새로운 사용자 체험과 모빌리티 서비스를 제공할 계획이다.

IT 아키텍처는 하드웨어와 소프트웨어를 분리해 계속적으로 업그레이드를 실시하는 기반이 된다. 이 전자 플랫폼은 2030년까지를 내다보는 매우 중요한 기술 혁신이다. 향후에는 VW OS로 이름 지은, 한 가지 차량 OS에 모든 어플과 서비스를 담을 수 있는 방식을 제안하고 있다. 이것은 자동차 아키텍처의 진화를 엿볼 수 있는 중요한 비전이다. 이 자동차의 새로운 아키텍처 방향성에 대해서는 제8장에서 살펴보겠다.

[제5장]
자율 주행

Connected Autonomous Shared & Service Electric

1 이해해야 할 두 가지 접근 방식

🏃 불행한 사고의 배경

자동 운전이 가능해졌다.

2015년 10월 14일, 테슬라 CEO인 일론 머스크는 자랑스럽게 이런 메시지를 띄웠다. 테슬라 버전7.0이 완성되어 **오토파일럿 모드**라 불리는 자동 운전이 가능해진 것이다. 펌웨어 업데이트가 완료된 **모델S**는 하룻밤 사이에 자동 운전 기능을 갖추게 된 첨단 고급차로 진화했다.

네트워크 접속으로 차량 소프트를 바꿀 수 있는 OTA Over The Air를 통해 차량의 소프트웨어를 업데이트함으로써 자동 운전이 가능한 자동차로 다시 태어났다. 이런 테슬라의 혁신성에 열광하는 젊은 부유층은 새로운 가치관에 대해 강하게 지지했다.

그러나 모델S는 2017년 5월, 오토파일럿 주행 중에 사망 사고를 일으켰다. 고속도로(고속 주행을 할 수 있는 일반 도로) 교차로에서, 좌회전하기 위해 핸들을 돌린 대형 트레일러의 화물칸 쪽으로 반대 차선에서 고속으로 직진해 오던 테슬라S가 거의 수직으로 충돌한 것이다. 모델S의 차체가 트레일러의 화물칸 밑으로 들어가는, 흔히 말하는 언더 라이드 상태가 되면서 앞 유리와 정면으로 충돌하는 참혹한 사고가 일어났다.

왜 급브레이크가 걸리지 않았던 것일까. 이유는 단순하다. 옆에서 뛰어드는 차, 좌회전 차량(일본의 경우는 우회전 차량), 맞은편 차량, 나무, 전신주에 대한 충돌을 급브레이크로 피하도록 프로그램되지 않았고, 그것을 가능하게 하는 센서도 탑재되지 않았던 것이다. 컴퓨팅 상의 문제 해결을 위한 구체적 순서를 **알고리즘**이라고 한다. 단순하게 말하면 트레일러 빛이 반사되어 눈이 부셨다는 식의 원인이 아니라 알고리즘으로서 장애물이라고 인식하는 사양이 갖추어지지 않은 것이다.

하지만 불행한 운전자는 설정 속도를 시속 74마일(시속 118km)로 올린 상태로, DVD로 영화 **해리포터**라도 보고 있었는지 충돌 7초 이상 전부터 트레일러가 보였을 텐데도 불구하고 피하는 행동을 취한 흔적이 없다. 이 사고의 책임은 테슬라가 아니라 유감스럽게 운전자에게 있었다.

자동 운전이라는 말의 울림이 모든 운전 조작을 기계가 해줄 것이라는 인상을 주기 쉽다. 그러나 모델S의 수준은 엄격히 말해서 **운전 지원**이다. 운전자가 상시적으로 감시하고 운전 결과에 책임을 져야 하는 것이다. 따라서 미국 도로교통안전NHTSA은 테슬라의 오토파일럿 모드에는 결함이 없다는 결론으로 조사를 마무리했다.[9]

[9] 「테슬라 차 사망 사고에 관한 보고서」 https://static.nhtsa.gov/odi/inv/2016/INCLA-PE16007-7876.PDF, NHTSA

이후에도 테슬라의 **오토파일럿 모드** 중에 사고가 이어지고 있다. 2018년 3월에는 캘리포니아주에서 중앙 분리대에 모델X가 부딪치면서 차량은 대파되고, 운전자가 사망하는 사고가 발생했다. 2018년 5월에는 모델S가 정차 중이던 소방차에 추돌했지만 다행히 운전자는 발목 인대 부상에 그쳤다.

일론 머스트는 트위터에 **미국에서 한 해 4만 명 이상이 교통사고로 목숨을 잃고 있지만 한 건도 보도되지 않는다. 테슬라에서 일어난 1건의 사고로 발목 인대를 부상당한 것이 신문 1면을 장식하는 것은 너무나 이상하다.**라고 올린 적도 있다.

오토파일럿 모드 운전 중, 중앙 분리대에 부딪쳐 사망 사고를 일으킨 테슬라 모델X
출처 : 미 폭스TV · ABC 방송 캡처

🏃 선진 운전 지원 시스템ADAS과 자동 운전의 차이

자동 운전 레벨은 미국 표준화단체인 SAE가 정의한 5단계의 레벨을 2016년에 미국 도로교통 안전국이 채택한 결과, SAE 레벨이 사실상 세계 표준이 되었다.

레벨1은 **운전자 지원**으로, 앞뒤 방향 가속이나 브레이크, 좌우 방향 스티어링 조작 가운데 하나가 자동으로 이루어진다. 스바루의 원조 **아이사이트** 급브레이크 같은 것이 여기에 해당한다.

레벨2는 **부분적 자동 운전**으로 불린다. 앞뒤 방향과 좌우 방향 두 가지 조작이 자동으로 이루어진다. 닛산자동차 세레나의 **프로파일럿**이 이 레벨에 해당한다. 닛산은 **프로파일럿은 운전자의 운전 조작을 지원하기 위한 시스템이지 자동 운전 시스템은 아니다. 안전 운전을 하는 책임은 운전자에게 있다.**면서 자동 운전이 아니라는 점을 매뉴얼에 명기하고 있다.

레벨3은 **조건부 자동 운전**으로서, 차량은 전후좌우 모두 자동 운전이 될 뿐만 아니라 시스템이 감시도 한다. 다만 시스템이 대응할 수 없는 경우는 요청에 따라 운전자에게 조작이 넘어간다. 이 조작이 넘어가는 것을 **폴백**Fallback이라고 하며, 주행 중에 운전자에게 운전 주도권이 넘어간다는 것이 포인트이다. 폴백은 기술적으로 어렵기 때문에 사고 책임을 운전자에게 둘지 시스템에 둘지에 대한 각국의 법적 정비가 미비해서 아직까지 운용은 한정적이다.

레벨4는 **고도의 자동 운전**으로, 운전 조작과 주변 감시를 전부 자동차 시스템이 하기 때문에 당연히 사고 책임도 시스템에 귀속된다. 그러나 큰 비가 내리는 등 시스템이 대응하지 못하게 되었을 경우는 위험 부담을 줄이기 위해 차량을 정지시킨다. 차량을 정지시키고 나서 인간 운전자나 원격에 의해 조작된다는 것이 포인트이다.

레벨5는 **완전 자동 운전**으로, 운용 제한이 없는 자동 운전이다. 다만 앞으로도 상당한 미래에 어디서나 레벨5가 운용될 것으로는 상정하기 어렵다. 핸들이나 브레이크도 없는 GM크루즈 AV가 언뜻 레벨5 차량에 해당하는 것처럼 보이지만, 실제를 레벨4에서 운용되고 있다. 그리고 한 꺼풀만 벗기면 기술 레벨이 레벨2와 크게 다르지 않다. 적어도 2020년 전후 단계에서는 레벨2나 레벨4 모두 기술적 차이는 크지 않고, 센서 개수나 운용 방법 차이라고 보는 것이 올바른 이해일 것이다.

명확한 정의가 있는 것은 아니지만, 레벨1~2를 선진 운전 지원 시스템(ADAS, **에이다스**로 발음), 레벨3~5를 자동 운전으로 분류하는 경우가 많다. 레벨2~3은 어느 쪽에도 속하는 애매한 영역이다. 중요한 구분은 인간이 관여하는 크기로 결정된다는 것이다. 인간과 시스템이 협력하면서도 주도권이 인간에게 있는 경우는 ADAS, 주도권이 시스템에 있으면 자동 운전으로 생각하면 된다.

ADAS는 사고를 줄이는 데 존재 의의가 있다. 시트벨트나 에어백 같이 충돌 이후 안전을 지켜주는 것을 패시브 세이프티Passive Safety라고 하는 데 반해, ADAS는 충돌을 미연에 막아 주는 액티브 세이프티Active Safety이다. 불과 50만 원에서 200만 원 사이의 옵션 비용에 지나지 않지만 운전자와 시스템이 서로 협력하면 사고는 크게 줄일 수 있다. ADAS는 표준 사양으로 장착되어야 할 기술이다.

소비자에게 있어서 안전장치는 표준 사양으로 들어가야지 추가로 돈을 지불하는 것이 아니라는 인식이 강하다. 이것이 ADAS의 보급을 어렵게 하는 점이다. 그런데 자동 운전이라고 했을 때는, 소비자는 **운전에서 해방된다**라고 하는 구체적인 이득을 느낄 수 있다. 비싼 옵션 금액을 지불하더라도 장착하겠다는 의욕은 높다. 이러한 소비자 의식은 닛산의 **프로파일럿** 장착률이 매우 높다는 데서도 잘 나타나 있다.

¤도표5-1 • 자동화 레벨 분류

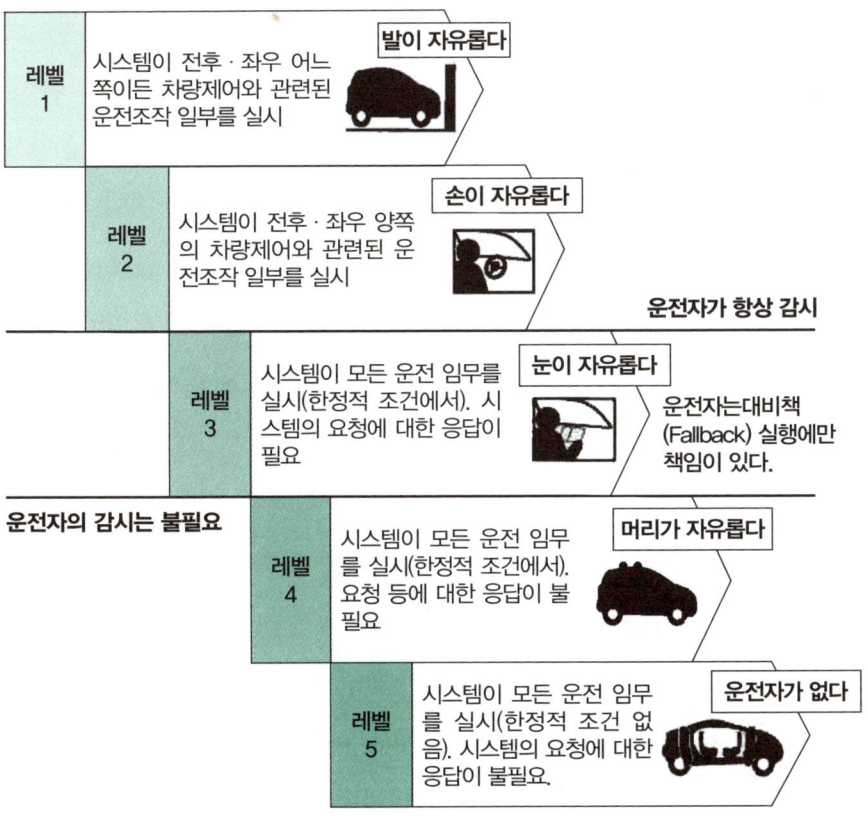

출처 : 각사 자료, 국토교통성 자료를 바탕으로 나카니시 자동차산업 리서치가 작성

🏃 MaaS와 POV의 접근 방식 차이

자동 운전 개념을 이해한 상태에서 **모빌리티 서비스**MaaS와 **개인 소유 차**POV의 접근 방식 차이를 이해하는 것이 중요하다. 레벨1에서 레벨2로 단계를 거치면서 자동차의 자동화에 대처하는 POV와, 돌연 레벨4부터 운용을 시작하는 MaaS의 접근 방식은 사업 모델에서 큰 차이를 보인다. 많은 보도가 이 두 가지 접근 방식을 혼동하고 있고, 이 혼동은 바로 자동 운전 사업에 대한 오해의 원인이 되기도 한다.

자동차 메이커는 소비자 자동차에서 일어나는 불행한 사고를 한 건이라도 줄이기 위해 ADAS를 채택해 왔다. 또한 자동차 안전평가 NCAP New Car Assessment Programme 같은 안전성에 대한 외부 평가와 정보 개방이 정착되어 왔다. 이 때문에 법규보다 NCAP 규제가 더 앞서 있어서 자주적으로 ADAS 장치를 장착해 NCAP 규제에 맞추는 것이 브랜드 가치를 높일 뿐만 아니라 소비자 신뢰를 얻는 중요한 방법으로 여겨 왔다.

자동차 안전 평가 규제에 맞춰 자동차 레벨1에서 레벨2로 단계를 거치면서 자동차의 안전성을 향상시켜 온 것이 자동차 메이커이다. POV에 대해 자동화 레벨4를 도입하는 것은 솔직히 말하자면 기술 레벨, 비용 측면 양쪽에서 현실적이지 않다. 거대한 센서가 천정에 몇 개나 달려 있는, 보기에도 아름답지 않은 자동차를 페라리 가격으로 소유하려는 이상한 취미를 가진 사람은 별로 없을 것이다. 대개 사용할 수 있는 장소도 한정적이다. 따라서 일시적으로 운전으로부터 운전자를 해방시킬 수 있는 레벨3이 바로 자동차 메이커가 현재 도전하는 영역인 것이다.

한편 웨이모나 바이두百度 같은 IT 기업이 지향하는 사업 모델이 MaaS에 대한 접근 방식으로, 이것은 레벨4부터 출발한다. 센서와 데이터, AI를 사용해 운전자를 창조할 수 있다는 사실을 보여준 것이 웨이모의 원류인 구글X에 있어서의 자동 운전 연구에 관한 본질이다. 웨이모는 그 기술을 사회에서 실제로 적용하려는 사업을 추구하고 있다. 이 자동 운전 기술을 바탕으로 한 MaaS는 폭발적인 사업 확대 가능성을 간직하고 있다.

레벨4 기술을 사회적으로 이용할 수 있게 되면, 제약이 따르기는 하겠지만 자동차에서 운전자가 내리더라도 MaaS 서비스를 제공할 수 있다. 레벨4에는 고가의 센서나 고성능 반도체가 필요하지만 그래도 운전자의 인건비보다는 싸게 운용 시스템을 만드는 것이 가능하다. 이 사업이 2019~2020년에 세상에 선보이는 것이다.

레벨2의 POV와 레벨4의 MaaS 사이에 기술적인 차이가 크게 존재하는 것이 아니라, 사회에 적용할 때의 운용 방법에 차이가 있다고 이해해야 할 것이다. 때문에 자동차 메이커는 자동 운전 기술 실현이 다가오고 있다는 인식을 2000년대 후반부터 감지하고 있었지만 그다지 당황하지는 않았다.

이 인식을 바꾸지 않으면 안 된 결정적 사태가 스마트폰에 의한 디지털 사회의 진화였다. 스마트폰이 급속하게 보급된 결과, 클라우드 기반이 획기적으로 정비되면서 가격이 떨어졌다. IT 기술의 혁신이 상상을 초월할 정도로 발전하면서 자동차의 IoT화가 현실적인 세계에 등장한 것이다. 그렇게 되면 이미 살펴보았듯이 자동차는 네트워크 단말기처럼 되고, 거기서 만들어지는 데이터가 가치를 지배하기 시작한다. 그런 시대가 무서운 속도로 덮쳐오고 있는 것이다.

제2장에서 명확하게 밝힌 것은 IT 기업이 두 가지 접근 방식으로 자동차 산업의 기반을 공략하고 있다는 것이다. 자동차 내부인 인카 영역에서는 자동 운전 기술을 이용한 차량 OS를 노리고, 자동차 외부와 연결되는 아웃카 영역에서는 멀티미디어 등과 같은 차량 탑재 OS를 공략하고 있다. 이 두 가지를 이미 구축한 거대 IT 플랫폼에 연결하면 IT 기업이 CASE 혁명의 주도권을 잡고 나갈 수 있다.

자동차 산업계는 이 두 가지 자동차의 IT화에 대한 위기감이 심해졌다. IT 기업의 침공을 막으려면 스스로가 IT 플랫폼을 구축하지 않으면 안 된다. 그러기 위해서는 자신들의 커넥티드 기반을 구축한 다음, 거기서 POV에 멈추지 말고 MaaS 차량까지 연결할 필요성이 있었다. 스스로가 모빌리티 서비스 플랫포머가 되는 전략을 수행하기 위해서는 레벨4의 MaaS 영역으로 뛰어들어야만 했던 것이다.

여기서 인식해야 할 것은, 웨이모의 자동 운전 차량이 MaaS로 달리기 시작했다고 해서 승패가 결정된 것은 아니라는 사실이다. 자동차 메이커가 모빌리티 서비스 플랫포머가 되는 전략은 MaaS와 계속적인 진화가 예상되는 POV 양쪽에서 진행된다. MaaS의 레벨4 운용 영역 확대에는 상당한 시간이 필요하다. 동시에 POV 시장 확대도 계속된다. IT 기업과 자동차 메이커와의 전쟁은 이제 막 시작되었다는 것이 필자의 인식이다.

¤도표5-2 • 자동 운전 기술에 대한 두 가지 접근 방식(MaaS 대 POV)

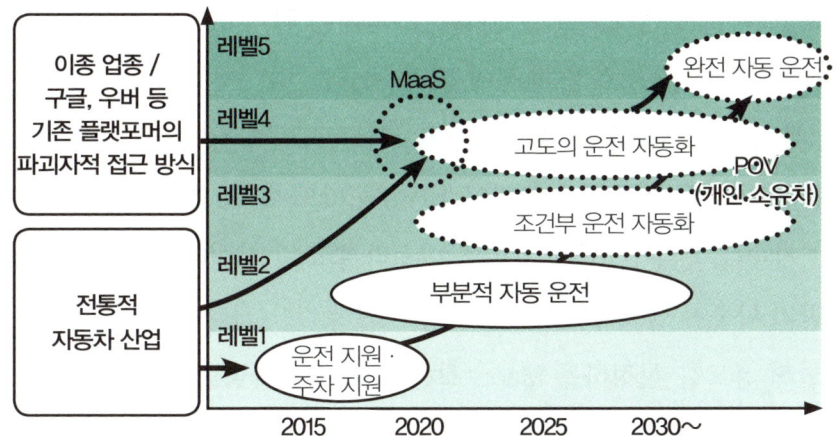

출처 : 나카니시 자동차 산업 리서치

🚶 자동 운전의 구조와 앞으로의 과제

여기서 자동 운전의 구조에 대해 잠깐 살펴보겠다. 자동차를 운전한다고 하는 행위는 **인지, 판단, 행동** 3가지 과정으로 진행된다. 주변 상황을 확인하는 것이 **인지**, 자동차의 움직임을 결정하는 것이 **판단**, 액셀러레이터나 브레이크 등을 이용해 조작하는 것이 **행동**에 해당한다. 인간이 운전자일 경우에는 눈으로 보고, 머리로 생각하고, 손발을 움직이는 조작을 빠르게 또 동시에 실행하게 된다. 자동 운전 시스템은 인간을 대신해 **인지**를 센서가, **판단**을 반도체와 소프트웨어(알고리즘)가, **행동**을 자동 조작 기계가 실행하는 것이다.

자동 운전이란 다양한 기술의 집약체로서 자동차 자신이 어디에 있고 주변 상황이 어떤지를 정확하게 파악하는 센싱 기술이다. 이 기술을 확립하지 않으면 출발선에 설 수 없다. 위치를 파악하려면 센서를 많이 이용한다. 카메라 성능을 높인다든가, 고도의 지도 정보와 커넥티드 정보에 의지하는 등, 운용 목적에 따라 비중을 어디에 두느냐가 달라진다. 센서에 무게를 두는 것을 자율형, 지도 정보와 커넥티드 정보에 무게를 두는 것을 인프라 협조형이라고 부르기도 한다. POV에 레벨3, 레벨4 기술을 폭넓게 보급시키려면 인프라 협조형 커넥티드와 빅 데이터 기반의 확충이 필요하다.

한편 용도를 한정하는 MaaS 같은 경우는 자율형을 통해 신속히 보급기에 진입할 수 있다. 멀티센서 자동차로 불리기도 하는데, 다음에 설명할 고도의 LiDAR나 밀리파 레이더, 카메라 등과 같은 센싱 장치가 필요하다. 마치 만화 속 로봇 건담처럼 보디 전체에 센서를 장착하고 있다. GM크루즈 AV에는 LiDAR가 5개, 밀리파 레이더가 21개, 카메라가 16개나 장착되어 있는 등, 일부가 작동하지 못할 때를 대비해 여유 있게 시스템을 구축하고 있다.

자동 운전 자동차를 보면 지붕 위에서 대형 센서가 빙빙 돌고 있다. 이것을 LiDAR(라이더, Light Detection and Ranging)라고 하는데, 빛을 이용한 적외선 레이저 스캐너이다. 대상 물체까지의 거리를 3차원으로 계측하는 장치이다. 현재의 ADAS 탑재 자동차에는 레이저나 밀리파 레이더가 탑재되어 있지만, 자동 운전에서는 더 정확하게 대상 물체까지의 거리나 대상 물체와의 자유 공간까지 검출할 수 있는 LiDAR가 필수이다.

이 LiDAR의 비용 절감이 자동 운전을 보급하는 데 있어서 핵심 키로 여겨지고 있다. 저렴한 것은 아마존 등에서 10만 원 정도로 쉽게 구입할 수 있지만, GM크루즈의 테스트 차량 지붕에 있는 5개의 벨로다인 제품의 고성능 LiDAR는 1개에 2만 달러나 된다. LiDAR를 소형화하고 200~300달러까지 가격을 낮추기 위한 경쟁이 급속하게 전개되고 있다. 고액의 기계식 LiDAR가 MEMS(미세 전자 기계 시스템)나 플래시 등과 같은 전全고체 LiDAR로 진화할 있느냐 없느냐는 것도 중요한 열쇠이다. 루미나, 쿼너지 등의 스타트업 기업도 속속 사업화를 진행하고 있다.

반도체 성능은 비약적인 개선을 지속하고 있지만, 완전 자동 운전의 보급을 확대시키기 위해서는 연산 속도, 소비 전력 저감 등과 같은 새로운 차원의 기술 향상이 필요하다. 근래에는 그래픽스 처리 장치Graphics Processing Unit라고 하는 반도체와 심층 신경망Deep Neural Network으로 알고리즘을 심층적으로 학습하는 AI 기술이 키를 쥐고 있다. 2020년부터 운용이 시작될 MaaS용 자동 운전 시스템에서는 이 기술에 강한 미국의 엔비디아가 한 걸음 앞서나가는 모양새이다.

DNN은 인간의 뇌와 똑같은 구조의 심층 학습을 하는 기계 학습 가운데 하나로서, AI 영역의 비약적인 진화를 가져오고 있다. 패턴 매핑에 대한 성능이 많이 향상되어 레벨4 모델이 등장하는 데 큰 계기가 되었다. 행동 계획 알고리즘을 딥 뉴럴로 학습해 나가는 AI 알고리즘은 엔비디아의 Drive PX2 플랫폼이 실증 중으로서 학습 능력을 급속히 높여 나가고 있다. AI 영역에서는 도요타 자동차가 출자하는 프리퍼드 네트웍스Preferred Networks의 기업 가치가 2조 원을 넘긴 유니콘 기업으로 주목받고 있다.

하지만 반도체의 세력 분포가 장기적으로 어떻게 변해 갈 것인지는 아직 윤곽이 잡히지 않는 상황이다. 덴소는 반도체를 개발 설계하는 새 회사인 엔에스아이텍스를 설립해 새로운 타입의 프로세서 DFP Data Flow Processor를 개발 중으로, 엔비디아 앞으로 어느 쪽이 먼저 비약해 나갈지에 대한 확실한 그림은 알 수 없다. 2030년을 향한 자동차 산업 기술을 떠받치는 반도체 기술은 지금도 끊임없이 진화해 나가고 있다.

¤도표5-3 • 자동 운전 시스템 개념과 주요 구성 요소

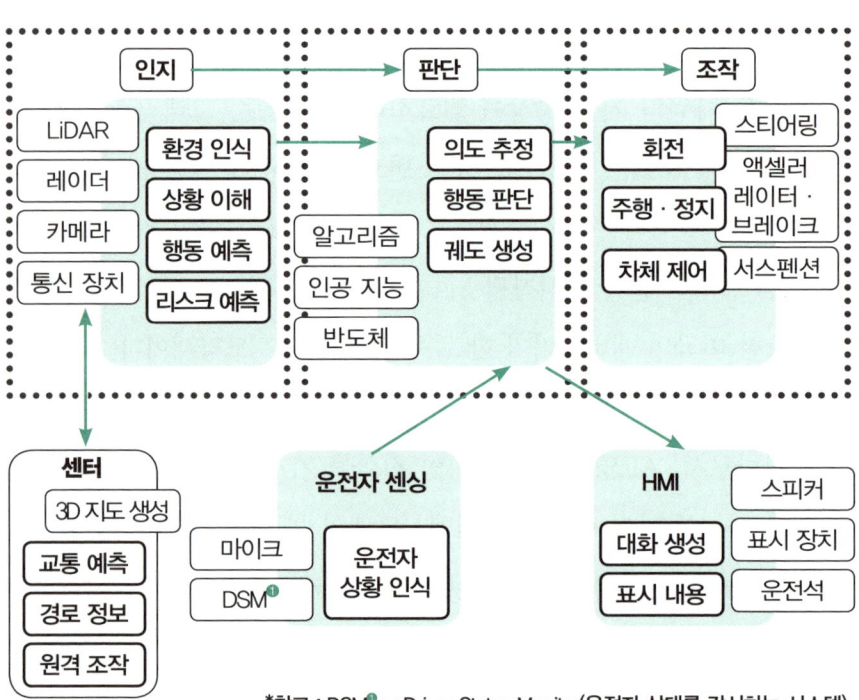

*참고 : DSM❶ = Driver Status Monitor(운전자 상태를 감시하는 시스템)

출처 : 덴소 자료를 나카니시 자동차 산업 리서치가 정리

2 이종 업종 연합의 세계

🏃 도요타 그룹의 반격

자동 운전 소프트 개발에서는 2018년에 들어와 도요타가 그룹의 디터1 서플라이어인 덴소, 아이신 정밀 기계까지 3사가 제휴해 도쿄 니혼바시에 선행 개발을 담당하는 TRIAD(Toyota Research Institute Advanced Development)를 설립했다. 사장에는 도요타가 AI 기술을 연구·개발할 목적으로 2016년에 실리콘밸리에 설립했던 TRI(Toyota Research Institute Inc.) 연구소에서 CTO(Chief Technology Officer)를 역임했던 제임스 캐프너가 취임했다. TRIAD에서는 AI 등을 연구 개발하고, 자동 운전에서는 시뮬레이션기술 등을 개발한다.

TRIAD에는 도요타의 동후지연구소의 자동운전개발팀이 합류하고, 덴소는 센서와 전자 제어 유닛(ECU) 같은 하드웨어 기술을, 아이신정밀 기계는 자동 주차 시스템에서 쌓은 노하우를 제공한다. 자동 운전 소프트에 관한 선행 개발을 TRIAD가 정리하고, 센서와 ECU의 양산 개발

¤도표5-4 • TRIAD의 출자 구조와 역할

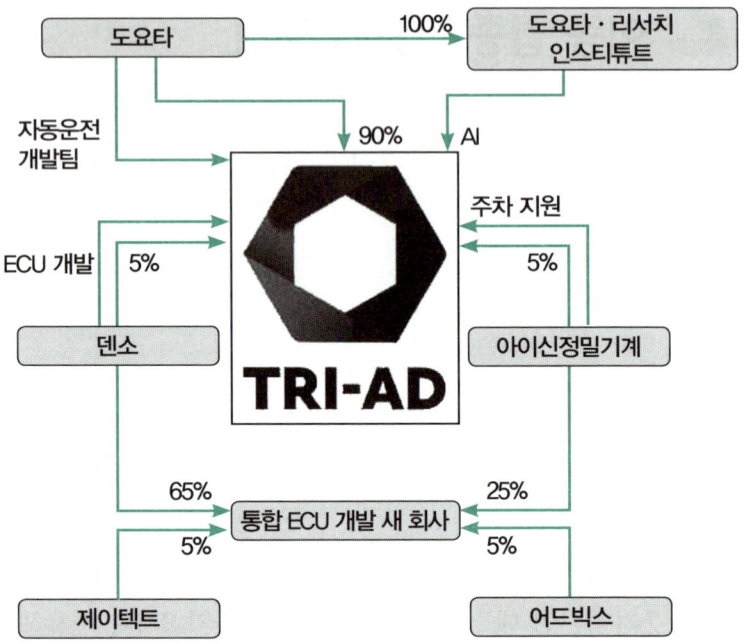

출처 : 회사 자료, 각종 2차 정보를 바탕으로 나카니시 자동차 산업 리서치가 작성

은 덴소 본사에서 분담하는 체제가 될 것이다. 도요타는 이 결정과 거의 비슷한 시기에 ECU 등과 같은 전자 부품과 전동 차량의 핵심 부품인 인버터(승압 등을 하는 전원 회로)의 개발·제조를 2021년까지 도요타에서 덴소로 완전히 이관해 통합하는 것도 결정한다. 이 결과 하드웨어와 소프트웨어 모두 인버터의 양산 개발과 생산에 관해서는 덴소가 담당하게 된다.

도요타의 의도는 덴소로 집약시켜 서비스 추구에 집중하겠다는 데 있는 것 같다. 모빌리티 서비스까지 포함한 차량 전체의 기획은 도요타가, 그것을 실현하는 소프트웨어의 선행 개발은 TRIAD가, 기능을 받아들여 소프트웨어와 컴포넌트의 양산 개발·생산은 덴소가 하는 식의 역할 분담이다. TRIAD는 2020년까지 최초의 성과를 낸 뒤, 2022년까지는 상업적 활용이 가능한 자동 운전 자동차의 개발 성과를 목표로 하고 있다.

이 TRIAD에서 개발할 최초의 시스템은 엔비디아의 GPU, 르네사스의 CPU, 프리퍼드 네트웍스의 화상 인식 기술, 덴소의 ECU나 전자 플랫폼, 아이신정밀기계의 자동 주차 알고리즘 등을 집결시켜 개발해 나갈 것으로 보인다.

이런 도요타 계열이 집결한 일본 연합체를 일부에서는 갈라파고스라고 비판하기도 한다. 그러나 다른 자동차 메이커나 메가 서플라이어도 복합적인 이종 업종 연합을 형성해 대규모 자동 운전 시스템 개발에 대처하고 있다. 자동 운전 시스템은 인지 분야에서는 전기 메이커가 강점을 갖고 있는 카메라와 센서 및 고정밀도 지도가 필요하고, 에서는 반도체나 AI 벤처, 행동에서는 전통적인 부품 회사가 집결하지 않으면 완성될 수 없는 엄청난 대규모 시스템 개발이다.

표준화를 위한 3대 연합

웨이모를 빼면 자동 운전 시스템 개발 진영은 크게 3개로 짜여 있다. 진영 간 횡적 연대도 많아서 세밀한 분류는 아니지만, 다음과 같은 3개 진영의 존재감이 강해질 공산이 크다. ① 다임러·보쉬·엔비디아 연합, ② BMW·콘티넨탈·인텔·모빌아이 연합, ③ 도요타·덴소·엔비디아 연합(도시바와 르네사스도 여기에 속한다) 3개 진영이다. 이 진영들은 2020년부터 2022년에 걸쳐 레벨4 운용이 가능한 자동 운전 기술의 사회적 적용을 목표로 한다. 이 성과물은 로봇 택시, 로봇 버스, 로봇 배송 차량 등의 MaaS 영역과 레벨2~3의 POV 자동 운전 기술에서 활용될 것이다.

2017년에 보쉬는 엔비디아의 플랫폼인 DRIVE PX Xavier를 바탕으로 한, 자동 운전 자동차용 AI 컴퓨터 개발에 합의했다. 다임러는 보쉬와 2020년대 초반까지 완전 자동 운전 자동차의 시장 투입을 목표로 개발 업무 제휴를 맺은 뒤, 로봇 택시용 시스템 개발과 양산 개발 체제를 정비한다. 2018년 7월에 다임러와 보쉬는 엔비디아의 드라이브 페가수스 Drive Pegasus를 채택해 AI를 이용한 자동 운전용 ECU를 개발하겠다고 발표한 바 있다.

2016년에는 BMW와 인텔, 모빌아이 3사가 자동 운전 자동차 개발 제휴에 들어가 2021년까지 완전 자동 운전 자동차를 양산하겠다는 계획을 발표했다. 그 후 콘티넨탈이 이 3사 연합에 참가하면서 티어1까지 포함한 포괄적인 연합으로 발전하고 있다. 인텔이 모빌아이를 150억 달러에 매수하면서 연대는 더욱 공고해졌다.

GM과 앱티브Aptiv도 이 3사 연합과 강하게 연대하고 있는 것으로 보인다. 앱티브는 GM 산하의 델파이가 뿌리에 있다. 델파이가 경영 파산 이후 신생 델파이 코퍼레이션으로 재기하면서 전통적인 파워트레인 사업을 델파이 테크놀로지스로 분리했다. 그 후 기대 받던 자동 운전 자동차 스타트업인 뉴트노미Nutonomy를 매수하고 나서 이름을 앱티브로

¤도표5-5 • 자동 운전 시스템 개발에 있어서의 3대 연합

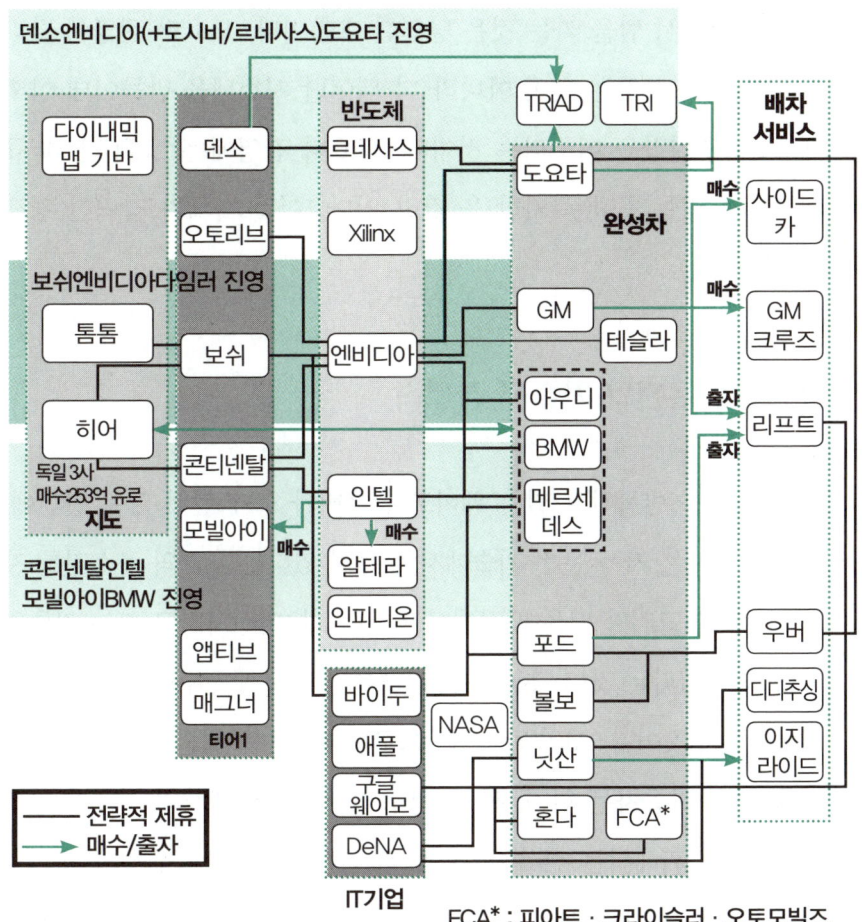

FCA* : 피아트 · 크라이슬러 · 오토모빌즈

출처 : 나카니시 자동차 산업 리서치

변경. 전자 부품과 자동 운전 기술, 로봇Veoneer는 2017년에 ADAS와 자동 운전 소프트웨어를 개발하는 합병 회사 제누이Zenuity를 스웨덴 연합으로 출범시킨다. 자동차 메이커와 티어1 서플라이어가 합병 회사를 차려서 협력하는 것은 TRIAD와 비슷한 형태이다.

강력한 라이벌은 독일 진영에서 만든 팀이다. 여기에 대항하기 위해 도요타 진영에서 팀을 짜는 것은 당연한 흐름이다. 도요타 진영이 갈라파고스가 되려고 하는 것이 아니라 더 뛰어난 시스템을 만들어내 향후 세계 표준의 일각을 이루려는 것이다. 도요타 진영에는 1,600만 대 규모의 우군이라는 플랫폼(기반)을 갖고 있다. 이것 자체가 강력한 경쟁력인 것이다.

🏃 자동 운전의 기술적 경쟁력

실증 실험을 반복하고 있는 웨이모나 우버가 크게 앞서 있는 반면에, 자동차 산업계는 자동 운전 기술에서 뒤처져 있다는 우려의 목소리를 자주 듣곤 한다. 그러나 떡은 떡집에서 만드는 법. 양산차라고 하는 기존의 기반을 갖고 있다는 것이 자동 운전 기술에 있어서의 전투를 유리하게 끌고 갈 수 있는 것이다. AI와 반도체만으로는 자동차가 달릴 수 없다.

자동 운전 자동차는 인지, 판단, 행동 3가지 프로세스의 연계가 필요하다. 그러기 위해서는 센서, ECU 등과 같은 하드웨어, 센서와 센서의 융합, 하드와 소프트, 소프트와 소프트를 연계시키는 복잡한 개발과 양산 기술이 필요하다. 기능 안전이나 고도의 보완 같이 단순히는 표면화되지 않아도 안심감이나 신뢰성을 향상시키는 데 있어서 필수적인 비기능 요건이라는 것도 있다. 이런 복잡한 구조를 정리한 다음 설계·양산하는 단계에서는 제조 능력을 가진 자동차 산업의 강점이 발휘된다. 웨이모나 우버는 자동차 메이커와 협력하지 않으면 자동차를 제조하지 못 한다. 파괴자 쪽은 인지에 강하고 판단에 강한 식으로 한정 영역의 경쟁력을 갖고 있기는 하지만, 3가지 프로세스의 통합 제어를 완성할 수 있는 것은 자동차 산업이다.

기능을 제한하고 주행 구역을 한정하는 MaaS 영역의 차량은 턴키 방식의 자동 운전 키트로 해서, 언젠가는 베이스 차량을 수탁 제조 서비스EMS로 제공받는 시대가 올지도 모른다. 그러나 그런 형태의 자동차 산업, 판매는 전체 그림에서 보면 소규모에 불과하다. 생산 활동의 주체를 이루는 것은 POV이기 때문에, 이 세계에서는 자동차 메이커의 독무대가 될 수밖에 없을 것이다.

다만 AI 기술에서 우버가 한 걸음이나 두 걸음이 앞서 있을 가능성이 높다. 사업화에 앞서 있고, 정확도 뛰어난 지도 데이터를 만들어내 자동 운전 시험을 반복한 지역을 바탕으로 계속 지역을 넓혀갈 수 있다는 점에서는 역시나 유리한 위치에 있다. 데이터 축적과 분석, 학습이 서로 상승 효과를 일으키면서 자동 운전 기술은 향상된다. 참고가 되는 것이 캘리포니아주에서 시작하고 있는 실증 실험에 관한 보고이다. 캘리포니아주는 주조례에 기초해 실증 실험 데이터와 사고 관련 데이터, 자동 운전 모드를 해제했을 때의 보고를 의무화함으로써 보고 내용을 공개하고 있다.[10]

도표5-6, 5-7은 2015년부터 2017년 동안 이루어진 도로 실험 주행 거리와 해제했을 때의 1회당 주행 거리를 나타낸 것이다. 자동 운전 자동차의 도로 실험 주행 거리에서는 웨이모가 발군이다. 135만 마일(216만 km)이나 되는데, 2위인 GM(GM크루즈)이 14만 마일(22만km)이기 때문에 약 10배나 되는 셈이다.

[10] "Autonomous Vehicle Disengagement Report 2017" https://www.dmv.ca.gov/portal/dmv/detail/vr/autonomous/disengagement_report_2017, California state

도요타자동차는 2016년 파리 모터쇼에서 완전 자동 운전을 실현하기 위해서는 시뮬레이션까지 포함해 88억 마일(142억km)의 주행 실험이 필요하다는 견해를 피력했다. 그렇다면 웨이모는 이 기준의 반환점이 더 되는 50억 마일을 2018년 5월에 이미 넘어섰다. 하루 당 300마일을 시뮬레이션하고 있으므로 빠르면 3년 정도에 88억 마일에 도달할 가능성이 있다. 다만 시뮬레이션은 그저 시뮬레이션일 뿐이다. 실제 주행 실험 경험치를 높여 나가려면 아직도 상당한 시간이 필요하다.

¤도표5-6 • 캘리포니아주에서 진행된 자동 운전 실증 실험 주행 거리 (2015~2017년 누계)

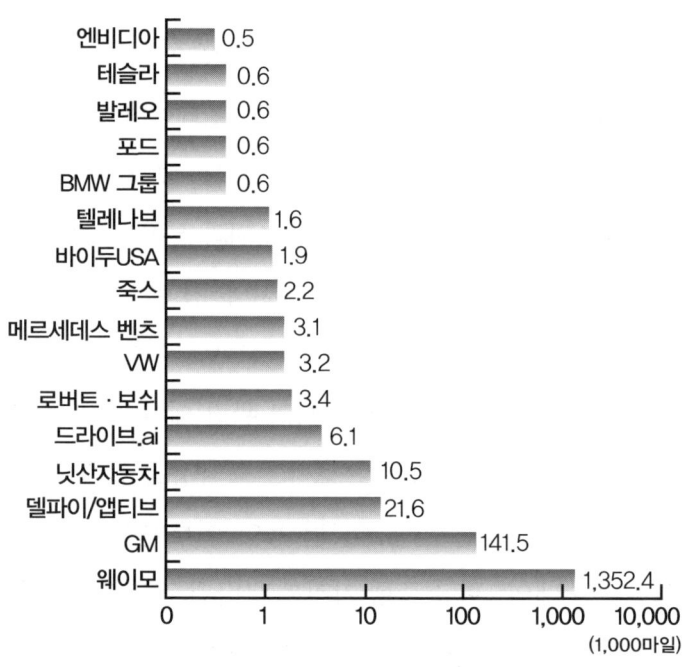

출처 : 캘리포이아주 교통국 데이터를 바탕으로 나카니시 자동차 산업 리서치가 작성

자동 운전 모드 해제 데이터는 자동 운전 중에 운전석에 있는 **안전 드라이버**Safety Driver로 불리는 운전자가 수동 운전으로 전환한 숫자를 나타낸 것이다. 자동 운전 자동차의 도로 실험 전체 주행 거리를 자동 운전 모드 해제 회수로 나누어 해제 1회당 주행 거리를 구할 수 있다. 여기서도 웨이모의 성적이 단연 선두이다. 운전 조건 차이나 모드 해제 조건은 각사마다 다르기 때문에 엄밀한 의미에서 자동 운전 기술의 수준 차이를 정확하게 나타내는 것은 아니지만 하나의 참고 데이터로는 삼을 수 있다.

¤도표5-7 • 해제 상태(Disengagement) 1회 당 자동 운전 평균 주행 거리

회사	거리 (1,000마일)
로버트 · 보쉬	1
메르세데스 벤츠	1
발레오	3
테슬라	3
엔비디아	5
텔레나브	30
델파이 / 앱티브	32
바이두USA	45
드라이브.ai	66
VW	67
닛산자동차	69
죽스	160
포드	197
GM	495
BMW그룹	638
웨이모	3,138

*참고 : Disengagement=자동 운전 시스템이 판단을 내리지 못하게 되어 운전자에게 운전을 건네는 상태. 총주행 거리를 Disengagement회수로 나눈 평균값을 나타낸다.
출처 : 캘리포이아주 교통국 데이터를 바탕으로 나카니시 자동차 산업 리서치가 작성

3 How Safe is Safe Enough?
– 사회적 수용에 대한 과제

🏃 테슬라와 도요타의 안전에 대한 인식 차이

일론 머스크가 **오포파일럿 모드가 실제로 사고를 줄이고 있는데도 불구하고 소수의 사고에 구애받는 것은 이상한 일이다.**며 트위터에 올린 것은 IT 기업의 안전에 대한 인식이 자동차 메이커와 다르다는 것을 여실히 보여주고 있다. 테슬라의 홈페이지에는 2016년 7월에 머스크가 발표한 **마스터플랜 파트2**가 게재되어 있다.⓫ 그 안에 테슬라가 자동 운전 기술을 전향적으로 도입하고 있는 이유를 다음과 같이 설명하고 있다.

테슬라가 지금 왜 시기를 더 기다리지 않고 부분적 자동 운전을 사회에 적용하려고 하는지 설명하겠다. 가장 중요한 이유는 이것을 올바로 사용했을 경우, 사람이 운전하는 것보다 상당한 안전성이 향상되기 때문이다. 그 때문에 우리는 단순히 미디어의 논조나 법적 책임을 두려워한 나머지 실행을 늦추는 것은 도덕적으로 허용되지 않는다고 생각한다.

⓫「마스터플랜 파트2」 https://www.tesla.com/jp/blog/masterplanpartdeux, 테슬라

덧붙이자면 이것은 2016년 5월의 플로리다에서의 사망 사고 뒤의 머스크의 의견이다. 그는 테슬라의 현재의 완전 자동 운전에 관한 안전성이 일반적인 인간의 운전보다 2배 이상 안전하다고 주장한다. 또한 **마스터플랜 파트2** 안에서 완전 자동 운전이 인간이 운전하는 매뉴얼 운전보다 10배 안전해지는 것을 지향하고 있다고 밝히고 있다. 어떤 기준으로 2배 이상 안전하다는 것인지는 솔직히 잘 모르겠지만, 머스크가 생각하는 완전 자동 운전의 안전성이란 인간의 매뉴얼 운전 사고율과의 비교를 기준으로 하고 있는 것 같다. 결국 사고가 줄어들면 그것이 안전한 것이고 사회적 정의이기 때문에 보급에 힘쓰는 것이고, 10배 안전해졌으면 기술은 완성에 가깝다는 주장으로 들린다.

도요타자동차는 2017년에 자동 운전 백서를 공개하면서, 자사의 자동 운전 기술에 대한 접근 방식과 안전에 대한 인식을 밝힌 바 있다.[12] 미래에는 운전자를 대신해 시스템이 운전 능력을 갖추는 시대가 오겠지만, 도요타는 자동차와 운전자가 파트너로서 서로 협력해 안전성을 높일 수 있는 **모빌리티 팀메이트 콘셉트**의 중요성을 강조하고 있다.

자동 운전 기술은 자동차와 사람과의 관계를 더욱 긴밀히 해 나갈 가능성이 있다고 생각합니다. 그렇다면 좀 더 구체적으로 들어가 사람과 자동차와의 관계성이란 것은 어떤 것일까요? 안전성에 관해 말하자면, 운전 기술은 개인마다 차이가 있고, 또 같은 개인이라도 나이나 경험에 따라 능숙하거나 혹은 서툴기도 할 수 있을 겁니다. 일상적인 건강 상태, 피로 정도 또는 기분

[12] 「자동 운전 백서」 https://global.toyota/jp/detail/18782117, 도요타자동차

에 따라서도 운전 기술에 차이가 날 수 있는 것이죠. 도요타의 자동 운전 기술은 이런 개개인의 변화나 상태를 자동차가 감지한 다음, 안전 운전을 지원하는 것을 지향하고 있습니다.

시스템과 인간 운전자가 팀을 맺으면 더욱 안전해지기 때문에 사회에 대한 공헌을 보다 확대해 나갈 수 있다는 것이다.

자동 운전 사회의 과제

많은 사람이 자동차 메이커와 IT 기업의 안전에 대한 접근 방식이 다르다고 느끼고 있다. 테슬라나 웨이모 모두 사고가 줄어든다면 그것이 사회 정의이고, 그 기술이 인간보다 안전하다는 생각이 강한 것 같다. 자동차 사고의 90% 이상은 인간의 실수로 일어난다. AI와 고도의 시스템이 관여하는 자동 운전 기술이 인간의 실수로 일어났던 사고를 줄일 수 있다는 것은 틀림없을 것이다.

하지만 반대로 이번에는 기존에 일어나지 않았던 시스템이 주도권을 갖는 데서 생기는 사고 발생 리스크도 생각하지 않으면 안 된다. 우리는 아직 테슬라나 우버의 사망 사고 같이 시스템이 관여했기 때문에 일어나는 사고가 어떤 것인지, 어느 정도의 빈도로 일어나는지조차 모른다. 기계가 사람을 죽음에 이르게 만드는 것에 대해 사회는 어느 선까지 받아들일지, 아직 그런 합의는 이루어지지 않은 것이다.

절대로 안전해서 사고를 일으키지 않는 레벨4 자동차를 만드는 일이 현 단계의 기술로는 아직 멀었다는 것이 이 책의 인식이다. **할 수 있다**는 반론이 있다면, 그것은 정의나 운용 조건이 다른 토대의 논의를 혼동한 결과일 것이다. 중요한 것은 **할 수 있다, 안 된다**는 종교적 논쟁이 아니라, 기계가 일으키는 사고에 대한 사회적 합의를 어떻게 높여 나가느냐이다.

미국자동차협회AAA가 2018년 4월에 실시한 조사에 따르면, 자동차 메이커나 IT 기업이 개발 중인 레벨4의 **고도의 자동 운전 자동차**에 대해 미국 운전자 73%가 **무서워서 안 탈 것**이라고 생각하는 것으로 밝혀졌다. 2017년 말 시점의 조사 결과인 63%와 비교하면 고도의 자동 운전 자동차에 대한 불신감이 단기간에 크게 높아진 것이다. 이것은 우버의 사망 사고를 포함해 미국에서 자동 운전 자동차 사고가 잇달아 발생한 데 따른 것으로 보인다. **얼마만큼 안전해야 충분히 안전한 것일까?** "How Safe is Safe Enough?"는 중요한 화두가 아닐 수 없다.

🏃 자동 운전 자동차에 요구되는 품질 인증 제도

자동 운전을 보급하기 위해서는 기술 수준을 높이는 일뿐만 아니라 보완 강화와 배상 책임 등의 사회적 과제 해결, 윤리 문제 등 수많은 과제를 해결해야 한다. 미디어에는 완전 자동 운전 시대가 왔다는 보도가 넘쳐나고 있지만, 보급을 확대하기 위한 과제가 산적해 있다는 것 또한 현실이다.

자동 운전 기술에는 OTA를 통한 소프트웨어의 업데이트 등 자동차의 커넥티드 기술이 중요하다. 때문에 앞으로는 사이버 보안 향상이 과제이다. 자동 운전 자동차가 사이버 테러에 노출되는 사태는 매우 비참한 결과를 초래한다. 미국 국방성조차도 사이버 테러의 위험 부담을 없애지 못한다면 해커가 침입하지 못하는 시스템 따위는 없을지도 모른다.

  사회적인 과제로는 완전 자동 운전 자동차와 매뉴얼 운전 자동차가 사회에 같이 섞여 있는 새로운 교통 문제의 대응, 사고가 났을 때의 배상 책임 문제가 있다. 윤리적인 과제로는 **트롤리 문제**Trolley Problem로 대변되는 윤리학적 과제이다. 트롤리 딜레마라고도 하는 이 문제는, 노선을 달리고 있는 트롤리(광차)가 제어 불능이 되었을 때, 운전자는 전방에서 작업 중인 5명과 그대로 사고가 나도록 놔두어야 할지, 노선 전환 장치를 바꿔서 그 앞에서 혼자 작업하던 사람과 사고를 내야 할지, 어떤 쪽을 선택해야 하는가에 대한 사고 실험이다. 자동 운전의 경우는 승객과 보행자의 목숨 가운데 어느 쪽을 우선해야 하느냐로 귀결된다. 자동 운전 기술을 본격적으로 사회에 적용하기 위해서는 사회가 이 대답을 찾아내야 한다.

  절대로 사고를 일으키지 않는 자동차를 설계하는 일이 불가능하다면, 무엇을 갖고 안전하다고 정의할 것인가. 자동 운전이 일으키는 사고 가운데 어떤 사고라야 용납할 수 있느냐는 사회적 합의를 형성해야 한다. 이 자동 운전 자동차는 안전하다는 사회적 증명, 즉 기준이 필요하다.

  현재 자동 운전 자동차의 품질에 관한 인증 제도 확립이 중요한 과제로 떠오르고 있다. 사고 분석을 미래의 더 높은 안전성 향상과 연계시킴으로써, 완전 제조자 책임의 한도를 정하는 인증 제도이다. 오퍼레이션 부분에 있어서도 정비 불량에 의한 사고를 미연에 방지하는 메인터넌스의 운용 기준도 필요하다. 이런 기준이 확실히 정비되면 100%는 아니더라도, 완전 자동 운전 자동차의 운용 지역을 단계적으로 확대시키는 작업이 착실하게 진행될 것이다.

자동 운전 기술의 표준화 작업은 이제 막 시작되었기 때문에 세계적으로 통용되는 기준이 만들어질 때까지는 시간이 더 걸릴 것이다. 각국의 대응도 다 달라서 협조적인 상황이 아니다. 유럽에서는 독일 경제 에너지부에 의해 **페가수스 프로젝트**Pegasus Research Project가 설립되어 아우디와 BMW, 다임러 등 독일 3대 메이커와 산학관 17개 단체로 구성된 프로젝트 팀이 자동 운전 안전성 평가에 대한 정의에 착수했다. 안전 인증 프로세스를 실현해 독일이 자동 운전 분야에서 주도권을 잡겠다는 목적임은 두 말할 필요도 없다.

한편, 미국에서는 2017년 10월에 하원에서 연방법 **차량의 진화에 따른 생명의 안전 확보와 앞으로의 도입 및 조사에 관한 법률**SELF DRIVE Act이 가결되었다. 각 주마다 자동 운전 자동차와 관련된 규제를 독자적으로 법제화해 왔지만, 미국 통일 규칙으로 연방법 요건의 제정 검토에 들어간 것이다. 안전성 기준에 관해서는 운수장관이 동법 시행 후 2년 이내에 안전성평가 최종 규칙을 발효한다고 되어 있다. 안전성이 증명되면 연방의 안전 기준에 합치되지 않는 자동차라 할지라도 25,000대까지는 도로 실험을 가능하게 함으로써, **연방 자동차 안전기준**FMVSS을 자동 운전 시대에 맞는 형태로 개정할 방향이다.

중국은 국제 조약에 대한 강제성이 없어서 자동 운전 운용이 느슨해질 가능성이 높다. 베이징이나 상하이에서만 인정했던 도로 주행 실험이 2018년부터 어떤 도시에서든 가능해졌다. 지금까지 국영 기업으로 한정했던 도로 실험을 외국 메이커에게도 개방해, 2018년 7월에는 다임러가 자동 운전 자동차의 도로 실험을 시작한 바 있다.

[제6장]
차량공유와 서비스

Connected Autonomous Shared & Service Electric

1 공유 경제가 제공할 가치

🏃 자동차 산업에 밀려오는 쉐어링 파도

공유 경제Sharing Economy라는 개념은 폭넓은 경제 행위를 포함하고 있지만, 이 책에서는 개인 및 기업이 보유한 자산을 인터넷 상의 정보를 활용해 서비스로서 공유하고 거기서 수익을 얻을 수 있는 구조로 정의하겠다. 경제적인 이득에 머물지 않고 타인이나 문화와의 교류가 가능하고 환경 부담도 줄일 수 있다. 스마트폰을 경유해 네크워크와 쉽게 연결되기 때문에 급속도로 확대되고 있는 활동이다. PwC의 조사에 따르면 2013년에 150억 달러(약 16조 5천억 원)였던 공유 경제 산업이 2020년에는 3,350억 달러(약 368조 5천억 원)로 커진다고 한다.

자동차 산업에도 예전부터 공유 경제가 존재했다. 대표적인 것이 미국의 카풀, 유럽의 블라블라카BlaBlaCar, 일본의 노테코notteco 등이다. 카풀은 통근 목적으로 1대의 자동차를 공유하는 것으로, 다인승 차량 전용 차선HOV Lane을 달릴 수 있기 때문에 시간과 연료비를 절약할 수 있다. 블라블라카는 파업으로 공공 교통 기관이 기능하지 못하게 되었을 때 만들어진 도시 사이를 공유해서 이동한다. 현대판 히치하이크로서 유럽에서 정착되어 있다.

자동차가 IoT 단말기로 바뀌게 되면 자동차 산업에 카 쉐어링(이하 카 쉐어)과 라이드 쉐어링(이하 라이드 쉐어)이라고 하는 2개의 공유 경제의 파도가 밀려오게 된다. 이 서비스는 스마트폰의 정보 플랫폼을 경유해 매우 편리하기 때문에 큰 보급기를 맞고 있다. 라이드 쉐어는 자동운전 기술과 융합되면서 **로봇 택시**라 불리는 무인 이동 서비스로 진화하려고 한다. 아직 안전성과 인가 관련 문제가 많이 남아 있기는 하지만, 향후 10년 안에 로봇 택시 사업은 폭발적인 확대가 기대되고 있다.

카 쉐어와 라이드 쉐어의 차이

카 쉐어란 사업자가 보유하고 있는 차량을 가입 고객들에게 대출해 주는 구조로서 이것은 **차량 공유**를 의미한다. 일본에서는 Times24, 유럽에서는 다임러의 Car to Go가 대표적이다. 차량 공유에는 원래 장소 Station로 돌아오는, 왕복을 전제로 하는 **스테이션 타입**과 편도 이용이 가능한 **프리 플롯**Free Float **타입**이 있다. 일본은 노상 주차가 규제를 받고 있어서 스테이션 타입이 위주이지만 유럽에서는 프리 플롯 타입이 많다.

라이드 쉐어란 운전수가 있는 자동차에 탑승 희망자를 동승시키는 서비스로서 **이동의 공유**라 할 수 있다. 라이드 쉐어는 비영리 목적의 이동 공유와 영리 목적의 이동 공유(=배차 서비스)로 분류된다. 비영리 목적의 이동 공유로는 카풀이나 블라블라카가 해당한다. 여기서는 가솔린 비용 등과 같이 얼마의 이동 비용을 내기도 하지만, 운전자가 기본적으로 영리 목적이 아니기 때문에 규제도 제한적이다.

자동 운전 기술과 접목되면서 가까운 미래에 로봇 택시로 진화해 큰 MaaS 시장을 만들어 나갈 것으로 예상되는 것이 영리 목적의 이동 공유 Ride Share이다. 대표적인 사업자로는 우버나 리프트가 있다. 스마트폰을 이용해 사업주의 플랫폼 상에서 운전자와 승객을 영리 목적으로 중개한다.

이 사업을 비영리 목적의 이동 공유와 구별하기 위해 세계적으로는 대체로 라이드 헤일링(Ride Hailing, = 배차 서비스)이라고 부르지만, 일본에서는 이동 공유라고 부르는 경우가 많다. 2010년에 우버가 영리 목적의 라이드 쉐어 플랫폼을 만들어내 많은 개인 운전자가 자신들의 자동차로 배차 서비스를 하는 흰색 번호판 택시 사업이 등장했다.

골머리를 앓았던 캘리포니아주 정부는 2013년에 우버 등을 교통 네트워크 기업Transportation Network Company이라는 새로운 업태로 관리하기 시작하면서 보험 가입, 운전자 신원 조사, 차량 검사 등의 규제를 실시해 합법적인 배차 서비스로 법적 정리를 끝냈다. TNC라고 하는 명칭은 미국에서는 일반적이지만 일본에서조차 TNC로 표현할 이유는 없다. 이미 일반화되어 있기 때문에 이 책에서는 영리 목적의 라이드 쉐어를 배차 서비스 타입의 라이드 쉐어 또는 간단히 라이드 쉐어(이동의 공유)라고 부르기로 하겠다. 물론 엄밀히 말하면 영리와 비영리의 라이드 쉐어를 구분해서 생각해야 한다.

배차 타입 라이드 쉐어는 이 책의 독자들 중에도 이용한 경험이 있을 것이다. 신문 등에서도 많이 보도되었기 때문에 상세한 설명은 생략하겠다. 출장 등으로 샌프란시스코 국제 공항에 도착하면 착륙 직후에 스마트폰으로 우버 어플을 이용해 예약하면 라이드 쉐어 전용 픽업 포인트(이용자의 승차 위치)에서 자신에게 배차된 자동차를 손쉽게 탈 수 있다. 택시를 타기 위해 줄서서 기다릴 필요도 없고, 차량도 택시보다 청결하고 쾌적하다. 샌프란시스코 공항에서 시내의 리츠칼튼 호텔까지 우버X로 가면 34달러 정도다. 거리로 따지면 약 14마일(약 22.5km)로서, 택시로 가면 대략 1마일 당 3달러 이상이 드는 곳을 우버로 가면 2달러 조금 넘는 돈으로 이동할 수 있는 것이다. 지불은 미리 등록한 신용카드로 자동으로 정산되고, 전자메일로 상세한 명세서가 바로 오기 때문에 출장 정산도 간편하다.

기존 택시보다 싸고 쾌적하다는 평판 때문에 미국에서는 순식간에 라이드 쉐어 보급이 확산되었다. 자동차를 이용하지 않으면 살아갈 수 없는 곳이 미국 사회이다. 예전에는 학생들조차 고물 중고차라도 몰지 않으면 생활이 곤란했지만 지금은 자동차를 소유할 필요가 없다. 슈퍼마켓으로 물건을 사러 갈 때도 손쉽게 우버나 리프트를 이용하면 충분하기 때문이다.

미국에서는 출장을 가서 렌터카를 이용하는 경우가 일반적이었지만 이동 거리만 맞으면 우버나 리프트를 이용하는 경우가 늘고 있다. 달리 말하면 배차 서비스 타입의 라이드 쉐어가 택시의 변화뿐만 아니라 POV(개인 소유차)나 렌터카를 대체하기 시작하고 있다는 것이다. 다만 이용 1회당 지불 금액 5~20달러에, 이동 거리 2~10마일 정도의 잠깐씩만 이용하는 빈도가 대부분이다.

일본에서는 자가용차를 이용한 라이드 쉐어가 위법이고 배차 서비스 업자도 한정적인 규모에 머물러 있기 때문에 친숙도가 덜 하지만, 세계적으로 배차 서비스 타입의 라이드 쉐어는 확산 추세이다. 이와 동시에 우버 타입의 라이드 쉐어가 나라에 따라서는 사회적 갈등으로 옮겨 가면서 규제 당국이나 택시 회사와 알력을 야기하고 있는 것도 사실이다.

각국마다 배차 서비스 타입의 라이드 쉐어에 대한 법적 환경 정비를 진행하고 있어서 자가용차를 **흰색 번호판 택시**로 배차하는 라이드 쉐어는 규제가 강화되는 방향에 있다. 선진국에서는 자가용차의 라이드 쉐어(우버에서는 이것을 **우버X**라고 부른다)를 금지시키는 경우가 늘고 있다. 그래서 택시나 콜택시 등과 같이 영업 허가를 가진 직업 운전자에게 배차하는 서비스로 옮겨 가고 있다.[13]

아시아에서는 우버 외에 중국의 디디추싱滴滴出行, 싱가포르의 그랩Grab, 인도의 올라OLA, 인도네시아의 고젝GoJek 등과 같은 사업자들이 각각 지역 특성에 맞춰서 운용하고 있다. 택시 인프라가 아직 충분히 갖춰지지 않은 상황이 라이드 쉐어의 성장을 가속화시키고 있는 것이다. 바로 **개구리 점프**Leapfrog **현상**이 일어나고 있어서 신흥국에서의 보급이 빠른 편이다. 소프트뱅크 그룹의 집계에 따르면 우버와 디디추싱, 그랩, 올라 4곳이 세계 쉐어의 90%를 차지하는 거대한 존재로 떠올라, 4사 합계 2018년도 2사 분기 총수익이 100조 원 규모로 커졌다고 한다.

이런 라이드 쉐어 회사는 이미 단순한 배차 어플 정도를 제공하는 기업이 아니라 테크놀로지 기업으로 성장했다. 차량과 사용자 데이터를

---

[13] "운수 분야에 있어서 개인의 재무·서비스 중개 사업과 관련된 국제적 동향·문제점 등에 관한 조사 연구"
http://www.mlit.go.jp/pri/houkoku/gaiyou/pdf/kkk148.pdf, 국토교통성

수집한 다음, AI를 이용한 실시간 수요 예측과 차량 관리, 수급 상황을 통해 거기에 맞춰 가격을 변동시키는 다이내믹 플라잉Dynamic Flying을 시행하는 것이다.

라이드 쉐어 사업을 단순 분류로만 하면 **개인이 차량을 소유**한 뒤 영리 목적으로 영업하는 우버 타입 라이드 쉐어와, 택시 사업 등과 같이 **법인이 차량을 소유**하고 영리 목적으로 영업하는 그랩 타입 라이드 쉐어로 나눌 수 있다. 디디추싱은 이 양쪽을 겸비하고 있다. 일본에서는 택시 업계의 기득권 보호 차원과 흰색 번호판 택시와 똑같다고 여겨지는 개인 자가용 배차는 위법으로 간주되면서 금지되고 있지만, 직업 운전자에 의한 택시나 콜택시를 어플 상에서 이용자와 연결시켜서 배차하는 서비스는 확대 추세이다. 유럽에서는 다임러가 운영하는 택시 배차 어플인 마이택시mytaxi가 급성장하고 있다.

¤도표6-1 • 주요 라이드 쉐어 4사의 수익 총액

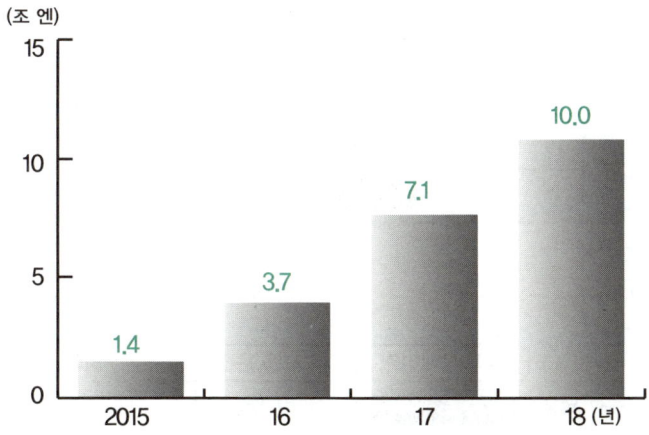

*참고 : 우버, 디디추싱, 그랩, 올라 주요 4사 합계. 각 연도 모두 제2사 분기의 연환율 계산값
출처 : 각사 재무 자료에 기초한 소프트뱅크의 집계를 바탕으로 나카니시 자동차 리서치가 작성

¤도표6-2 • 라이드 쉐어를 둘러싼 자본·업무 제휴 관계도

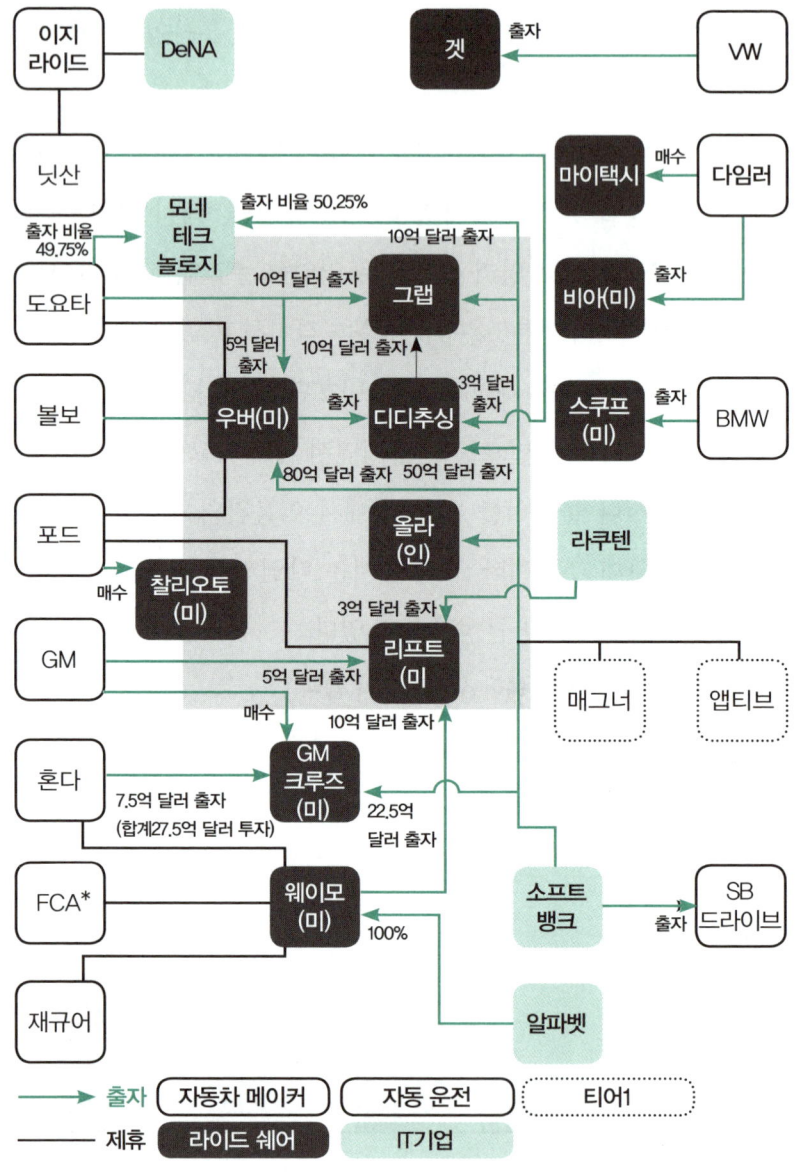

*FCA : 피아트 크라이슬러 오토모빌즈

출처 : 회사 정보, 2차 정보를 바탕으로 나카니시 자동차 산업 리서치가 작성

멀티 모달 MaaS

앞서 언급했던 멀티 모달 MaaS에 대해 주목이 집중되고 있다. 이 기술에는 엄청난 가능성이 담겨 있어서, 미래의 스마트시티 등과 같이 도시 설계까지 시야에 넣고 있는 차세대 이동 시스템으로의 발전이 기대되기 때문이다. UN의 최신 데이터에 따르면 2018년의 세계 인구 가운데 55%에 해당하는 42억 명이 도시와 그 주변에 살고 있다. 앞으로도 인도, 중국을 중심으로 도시권 인구는 계속적으로 증가되어, 2050년까지 추가로 25억 명이 더 증가할 것으로 예측되고 있다. 도시의 과밀화가 불러오는 사회적 과제는 자동 운전과 전동화만으로는 해결하지 못한다. 도시 공간을 재설계하는 스마트 시티화가 필수인 것이다.

기존의 교통 시스템과 로봇 택시가 아무런 연계 없이 섞이게 됨으로써 도시 교통이 혼돈스러운 세상을 만드는 것은 상상하기 어렵지 않다. 공항의 우버 픽업 포인트가 혼잡한 상황을 보면, 로봇 택시로 진화한다 하더라도 모든 이동을 대체하는 사회가 쉽게 오지는 않을 것으로 생각된다. 도로는 로봇 택시의 승하차로 혼잡해져 새로운 형태의 정체, 혼란, 사고 등 사회 문제를 해결하기는커녕 새로운 과제를 만들어낼 것이다.

인간을 사회의 중심에 두고 누구나가 자유롭게 안전·안심·쾌적하게 이동할 수 있는 도시 교통과 교통 시스템을 추구하지 않으면 근본적인 문제 해결로 이어지지 않는다. AI, 교통 빅 데이터 등을 통합해 기존의 지하철과 버스, 비행기, 택시 등의 교통수단과 공유하고, 로봇 택시 등의 교통수단을 연계시켜 최적의 이동을 계획하는 것이 멀티 모달

MaaS이다. 더 나아가면 자동차는 사회적 장치가 되고, 사회 인프라가 MaaS를 기반으로 해서 구축되는 초스마트시티가 될 궁극적인 미래의 모습이 눈앞에 보인다.

멀티 모달 MaaS는 스위스나 핀란드에서 선행적으로 실시되고 있다. 스위스는 차량 공유의 발상지로서, 인구 당 보급률이 약 1.31%로 세계에서 가장 높다. 일본의 보급률은 0.37%까지 올라가 독일의 0.33% 등 유럽 선진국과 비슷한 수준이다.[14] 스위스의 차량 공유 Car Share 사업은 철도나 차세대 노면 전차 LRT Light Rail Transit 와 연계되어 있어서 차량 공유 회원은 IC 카드 하나로 전차부터 카 쉐어까지 할인 요금으로 환승할 수 있다.

이것을 더 근대적으로 발전시킨 것이 핀란드의 교통 정책과 **비전 2050**에 기초한 헬싱키의 도시 정책이다. 스칸디나비아 반도의 동쪽 끝에 위치한 핀란드는 숲과 호수의 나라로 불릴 만큼 33.8km²의 국토 가운데 74%는 삼림이, 10%는 호수가 차지하고 있다. 핀란드는 이 아름다운 국토를 유지하기 위해 미래의 모빌리티 서비스와 도시 설계에 있어서 세계적 리더십을 가지려 한다.

핀란드에서는 각 부처들이 유기적으로 협조해 가며 법률 개정을 통해 교통 관련 법률을 단일화하는 한편, 교통 사업자에게는 오픈 데이터와 오픈 API를 의무화해 MaaS 사업자가 데이터 수집·가공·제공을 쉽게 할 수 있도록 디지털 플랫폼을 구축하고 있다. 이 플랫폼으로 사람과 사물을 대상으로 MaaS 서비스를 제공하고 있다. 윔 Whim 은 매스 글로벌 MaaS Global 이 운영하는 어플로서, 2016년 6월부터 운영되기 시작해 핀란드의 윔 어플로 손쉽게 출발지에서 목적지까지 최적의 이동

[14] 「우리나라의 카 쉐어링 차량 대수와 회원 수 추이」, http://www.ecomo.or.jp/environment/carshare/carshare_graph2016.3.html, 공익재단법인 교통이콜로지 모빌리티재단

수단을 제공받을 수 있다.

윔에서는 3개의 운임 체계로 구성된 서브스크립션 제도를 도입하고 있다. 그 중 하나인 **윔 무제한**은 월정액 499유로를 내면 공공 교통 기관 환승 무제한, 택시(5km 이내) 승차 무제한, 렌터카, 차량 공유 사용이 무제한이다. 헬싱키, 암스테르담, 안트베르펜, 웨스트미들랜즈 등에서 서비스를 제공하고 있다. 2017년에는 덴소와 도요타 파이낸셜 서비스가 매스 글로벌에 출자하기도 했다.

자동차 메이커가 주도하는 멀티 모달 MaaS로는 다임러의 **무벨** moovel이 있다. 윔과 마찬가지로 공공 교통 기관이나 택시, 차량 공유, 렌터 사이클 등을 융합시켜 도시 교통을 연속적으로 이용할 수 있는 서비스를 제공한다. 독일 국내, 암스테르담, 바르셀로나, 헬싱키 등 유럽 7개 도시 외에, 미국의 보스톤, 포틀랜드, 오스틴 그리고 호주의 시드니에서 서비스 중이다.

¤도표6-3 • 헬싱키의 윔 요금 체계

	요금 체계		
	Whim To Go	Whim Urban	Whim Unlimited
월 지불액	무료	49유로	499유로
지역 공공 교통 기관	페이퍼 라이드 ①	무제한 ②	무제한 ②
택시(5km 이내)	페이퍼 라이드 ①	10유로/1회	무제한
렌터카	페이퍼 라이드 ①	49유로/1일	무제한
렌탈 자전거	대상 외	무제한(30분)	무제한

*참고 : ① 페이퍼 라이드는 이용할 때마다 소정의 금액을 지불한다. ② 싱글 티켓(통상적인 표)

출처 : 매스 글로벌 자료를 바탕으로 나카니시 자동차 산업 리서키가 작성

🏃 사이버 공간(가상 공간)과 피지컬 공간(현실 공간)의 융합

이런 멀티 모달 MaaS가 궁극적인 이상이기는 하지만 기술적 난이도는 상당히 높다. 이것을 현실화하기 위해서는 사이버 공간과 실제로 이동하는 피지컬 공간을 이어주는 고도의 기술이 필요하다. 모빌리티 수요자로는 사람과 사물이 있고, 공급자로는 POV와 로봇 택시, 차량 공유, 택시 등의 개별 이동 수단과 LRT와 철도, 항공, 선박 등과 같은 공공 교통 기관 2가지 타입이 있다.

복합적인 양자를 융합시켜 예약부터 결제, 양방향 평가를 클라우드 상에서 시행하는 디지털적인 연계가 필요하다. 운행 데이터, 이동 데이터, 거래 데이터를 수집하고 이것을 분석·예측하는 데이터 애널리틱스 기술, 쾌적한 사용자 체험을 제공할 수 있는 어플 개발도 필요하다. 또한 역, 픽업 포인트, 주차장, 충전소, 도로 교통 시스템 등과 같은 인프라를 갖춘 도시 설계도 필요하다.

예상되는 경쟁 규정은 사이버 공간의 네트워크와 피지컬 공간에 있는 실제 제조업이나 시행자를 통합·제어하는 힘이다. 우선은 사이버 공간 쪽에 있는 디지털, 커넥티드 등과 같은 IoT 기술이 필수이다. 이것은 도요타나 다임러가 추진하는 모빌리티 서비스 플랫폼MSPF 전략의 기반 기술이 뒷받침할 것이다. 한편 이용자가 활용하는 실제 세계에서는 지능화, 자동화, 전동화 같은 자동차의 기능 진화를 떠받치는 전자 통합 제어 기술을 빼놓을 수 없다. 멀티 모달 MaaS를 실현해 나가려면 교외에서 잠깐 로봇 택시를 달려보겠다는 정도의 단순한 대처가 아니라 사이버 공간과

¤도표6-4 • 멀티 모달 MaaS를 떠받치는 사이버 공간과 피지컬 공간의 연계

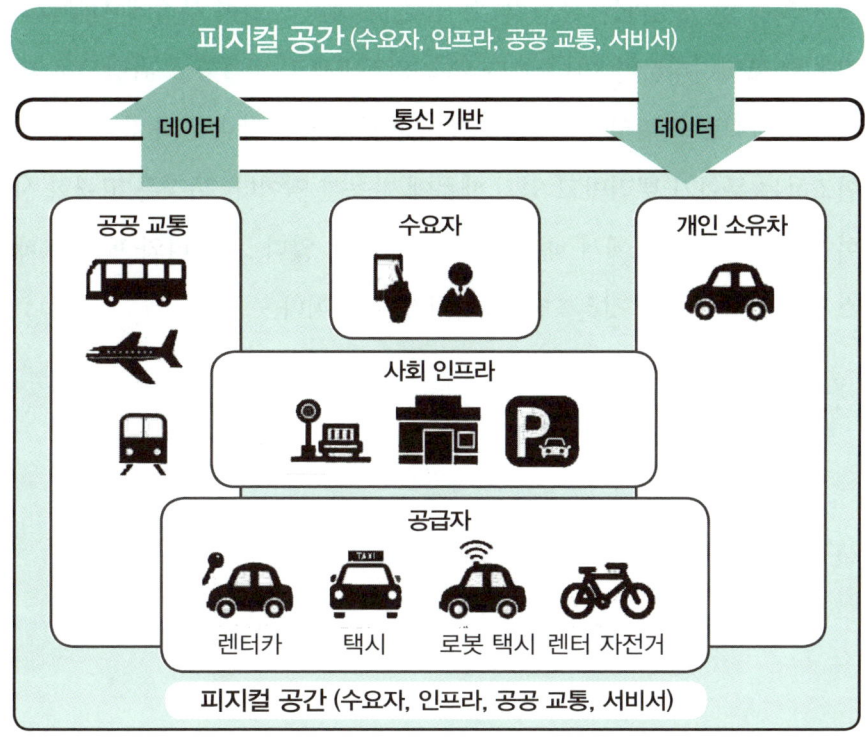

출처 : 나카니시 자동차 산업 리서치

피지컬 공간을 망라하는 상당한 대규모 시스템 개발이 요구되는 것이다.

MaaS 시행자로서 구글이나 우버 등의 IT 기업이 참여할 가능성이 있다. IT 기업에게는 네트워크를 구축해 데이터를 수집하는 능력은 있지만, 실제 세계와의 연계는 아직 한정적이다. 웨이모가 전 세계를 달리기 시작해 실제 세계의 데이터를 수집하기까지는 아직 시간이 더 필요하다. 신속하게 IoT 기술을 구축할 수 있다면 실제 세계의 데이터를 갖고 있는 자동차 산업이 이 영역에서 경쟁력을 구축할 기회가 있을 것 같다.

핀란드가 MaaS에 대한 대처에서 앞서나가는 배경에는 일본과 같은 고령 사회를 맞고 있다는 점을 들 수 있다. 일상적인 인력 부족에 시달리고 있어서 모빌리티뿐만 아니라 다양한 산업에서 디지털화를 바탕으로 한 스마트 사회로의 혁신에 나서고 있는 것이다. 정부 각 부처가 유기적으로 협조하는 문화가 뿌리박고 있기 때문에 가능한 일이다. 똑같은 고령화 사회인 일본이 핀란드에서 배워야 할 것이 적지 않다. 도요타와 덴소가 매스 글로벌에 출자한 것은 그런 목적이 있을 것이다.

2 라이드 쉐어 2.0의 세계

🏃 소프트뱅크와 제휴로 새롭게 도약하는 우버

누구나 어디든지 갈 수 있고, 신뢰할 수 있는 이동 수단을 제공하겠다는 것이 우버의 비전이다. 우버 테크놀로지는 트래비스 캘러닉과 개릿 캠프 두 사람이 공유 경제를 주업으로 삼아 2009년에 설립한 테크놀로지 기업이다. 배차 서비스·라이드 쉐어를 핵심 사업으로 정해 스마트폰 어플을 터치하기만 하면 자동차로 이동할 수 있는 플랫폼을 전 세계에서 선보이고 있다. 기업 가치 1200억 달러(약 134조 원)로 추측되는 세계 최대의 유니콘 기업이다.[15]

그런데 지금 우버 경영이 큰 전환점을 마주하고 있다. 우버는 창업자인 캘러닉의 불도저식 방만한 경영 방침이 기업 문화에 있었다. 그러다가 성추행, 데이터 유출 은폐, 지적 재산 부정 취득 등과 같은 연쇄적인 스캔들과 사회적 물의를 일으키면서 결국 2017년에는 캘러닉이 CEO에서 물러나게 된다.

---

[15] 「미국 우버, 상장 시 주가 총액은 130조원 미국 금융관이 전망」,「닛케이신문 전자판」
https://www.nikkei.com/article/DGXLASFL16HSO_W8A011C1000000/

후임은 대형 온라인 여행 회사 익스페디아의 CEO였던 49살의 다라 코스로샤히가 특별히 선택되었다. 코스로샤히는 이란 혁명 전야인 9살 때 미국에 난민으로 이주해 살아온 인물이다. 브라운대학 졸업 후, 투자 은행 애널리스트를 경험한 뒤에는 대형 인터넷 IAC 그룹으로 옮겨서 시애틀 소재의 익스페디아 CEO를 9년 동안 역임한 테크놀로지 기업 경영자였다.

과거와 단절하기 위해 코스로샤히는 공공성을 중시한 기업 문화로의 개혁, 기업 관리 방식 강화, 경영 흑자를 지향하며 2019년도의 주식 공개를 준비하고 있다. 2018년에 소프트뱅크 그룹으로부터 77억 달러(약 8조 5천억 원), 출자 비율 15%를 받아들인 것은 중대한 전환점이 되었다. 소프트뱅크로부터 이사 2명을 받아들여 관리 방식 개혁을 추진 중이다.

우버가 이 출자를 받아들인 최대 이유는, 소프트뱅크가 갖고 있는 **단체 전략**에 기초한 모빌리티나 테크놀로지 회사와의 시너지에 대한 기대가 있는 것으로 보인다. 인도의 올라, 중국의 디디추싱, 싱가포르의 그랩 등, 소프트뱅크는 이 분야의 유력 기업들과 폭넓게 자본 제휴를 맺고 있다. 소프트뱅크의 자본력과 네트워크를 활용해 우버는 재생을 가속화할 생각이다.

아시아에서의 전력 전환도 크게 진행시켜 오고 있다. 디디추싱과의 소모전으로 침체해 있었던 중국 시장에서 빠져 나와 경쟁사인 디디추싱에 20%를 출자하는 전략으로 전환한 것이다. 동남아시아에서는 경합하던 그랩으로 업무를 넘기면서 완전히 철수했다.

🏃 택시 배차 서비스로 일본에 재상륙

새롭게 변신한 우버는 일본 시장에 본격적으로 재상륙하기 위해 택시 배차 서비스 전략으로 전환하고 있다. 외국인 관광객을 유치할 인바운드 대책을 원하는 아와지섬淡路島에서는 2018년부터 130대에 대해 **우버 배차 어플** 도입 실증 실험을 시작하는 첫 걸음을 내딛기도 했다. 전국 24만 대의 택시 대수로만 보면 아와지섬은 작은 존재에 불과하지만, 일본의 택시 행정에 돌풍을 일으킬 가능성이 있다. 이런 견실한 접근 방식은 소프트뱅크와의 자본 관계가 뒷받침되었다고 할 수 있다. 나아가 2018년 8월에는 아이치현의 후지택시 그룹(규모 약 300대)에도 배차 어플을 제공하고 있다.

일본 내에서는 택시 배차 어플이 도입기를 맞고 있다. 최대 택시 회사인 제일교통산업 그룹(후쿠오카, 규모 8,500대)은 우버의 배차 어플 도입이나 디디추싱과 배차 어플 개발에 나서고 있다. 소니는 **모두의 택시**를 설립해 배차 서비스 플랫폼을 구축한다. 그린캡, 국제자동차, 고토부키교통, 야마토자동차교통, 체커캡, 히가시도자동차, 히노마루자동차 택시 7개사(약 1만대)가 참여한다. 도요타자동차와 업계 2위인 일본교통은 배차 어플 Japan Taxi (옛 전국택시)를 시행 중이다. 현재는 일본 택시 가운데 약 3대에 1대 꼴인 7만대 수준이다.

전 세계적으로 자가용차를 통한 운송 서비스, 즉 **흰색 번호판 택시**를 인정하지 않는 나라는 아직도 많다. 따라서 이 점이 논점이라고는 생각되지 않는다. 우버 같은 라이드 쉐어 회사가 제공하는 루트 검색이나 매칭 기능, 수급을 제어하는 다이내믹 플라잉을 가능하게 하는 플랫폼과 고도의 알고리즘은 뛰어난 편리성을 만들어낼 수 있다. 그러나 일본 국내 사용자는 이런 편리성을 누리지 못하고 있다.

우버만이 선택지라고는 생각하지 않지만, 일본의 택시 제도가 이미 갈라파고스화하고 있다는 점은 문제이다. 고도의 매칭, 운임의 사전 확정이나 합승을 포함한 적절한 개선을 요구하는 사람들이 많이 있다. 세계에서는 올라나 그랩 같은 혁신적인 스타트업이 만들어지고 있는데 왜 일본에는 그런 변화가 태동하지 않는지 고민해 봐야 할 대목이다.

🏃 도요타가 우버와의 협업을 통해 로봇 택시에 진출

우버는 ATG Advanced Technology Group를 펜실바니아주 피츠버그에 설립해 자동 운전 기술의 확립을 추구해 왔다. 웨이모나 GM 그룹이 펼치고 있는 로봇 택시 사업에 대항하기 위해서는 자신들도 자동 운전 기술을 확립하는 것이 급선무라고 판단했기 때문이다. 하지만 우버의 자동 운전 기술 개발은 트러블의 연속이었다. 우버는 ATG가 위치하고 있는 피츠버그나 캘리포니아주에서 로봇 택시의 도로 실증 실험을 실시하고 있었는데, 캘리포니아주의 규정 허가를 얻지 못한 상태에서 도로 실험을 하는 바람에 캘리포니아주에서는 도로 실험이 금지된 과거가 있다.

또한 경쟁사 웨이모에 한 발 뒤처지면서 웨이모로부터 자동 운전 기술 도용으로 소송을 당했고, AI 인재가 유출되는 상황도 브레이크가 걸리지 않아 상당한 조바심이 있었을 것으로 추측된다. 이런 배경 하에서 새로운 도로 실험 장소로 선택한 것이 애리조나주 템피였지만, 2018년 3월 도로 실험 중에 사망 사고를 일으키게 된다. 이것은 우버에게 있어서 치명적인 사고였다. 결과적으로 우버는 애리조나주에서도 도로 실험을 금지 당했다.

이때 자동 운전 기술 개발 통로가 막혀 버린 우버에게 손을 내민 것이 도요타이다. 2018년 8월 29일, 도요타는 5억 달러를 추가로 출자해 **도요타 시에나**를 베이스로 삼아 양사의 자동화 기술을 탑재한 라이드 쉐어 전용 차량을 공동으로 개발하겠다고 발표했다. 우버의 자동 운전 키트와 도요타의 가디언(고도 안전 운전 지원) 시스템을 이중으로 탑재한 이 차량은 2021년에 우버의 라이드 쉐어 네트워크에 도입한다. 우버의 로봇 택시를 일본의 **안심·안전** 브랜드가 지원하는 형식이다. 이로써 땅에 떨어진 우버의 안전성에 대한 신뢰 회복과 자동 운전 기술 개발을 가속화시키는 것이 가능해진 것이다.

도요타에게 있어서도 매우 의미가 큰 전략적 제휴이다. 경쟁 메이커가 자동 운전 생산 규모를 담보할 수 있는 연합 전선을 만들어 가는 과정에서 도요타는 로봇 택시 개발에서 약간 뒤처져 있었다. 라이드 쉐어의 노하우를 배우는 것은 물론, 우버와 제휴하면 자동 운전 자동차의 생산규모 확대를 확보할 수 있을 것이다.

2021년이라는 시작 시점도 다른 경쟁사와 비교해 결코 늦은 것은 아니다. 이 제휴를 통해 MSPF에 상시 접속하는 우버의 로봇 택시 주행 데이터를 흡수할 수 있다. 나아가 국내외 택시 업계에 이 로봇 택시 기술을 제공할 수도 있다. 도요타는 로봇 택시 운영에서 우버와 손잡는 것도 검토하는 한편, 제3자를 포함한 운영 회사에 대해서도 검토할 방향이다.

도요타는 MaaS용 로봇 택시 제조와 운영에 뛰어들겠다는 의사를 보여 왔다. 그러면서 로봇 택시를 "AutonoMaaS"로 부르고 있다. 이것은 자동 운전 자동차Autonomous Vehicle와 모빌리티 서비스MaaSMobolity as a Service를 합친 것으로, 자동 운전 자동차를 이용한 모빌리티 서비스를 가리키는, 도요타가 만든 단어이다.

도요타의 자동 운전 MaaS에 대한 전략은 새로운 단계에 접어들은 것으로 보인다. 2016년에 커넥티드 전략을 세상에 발표하고 나서 2년이

¤도표6-5 • 도요타자동차와 우버가 공동 개발하는 라이드 쉐어 전용 차량

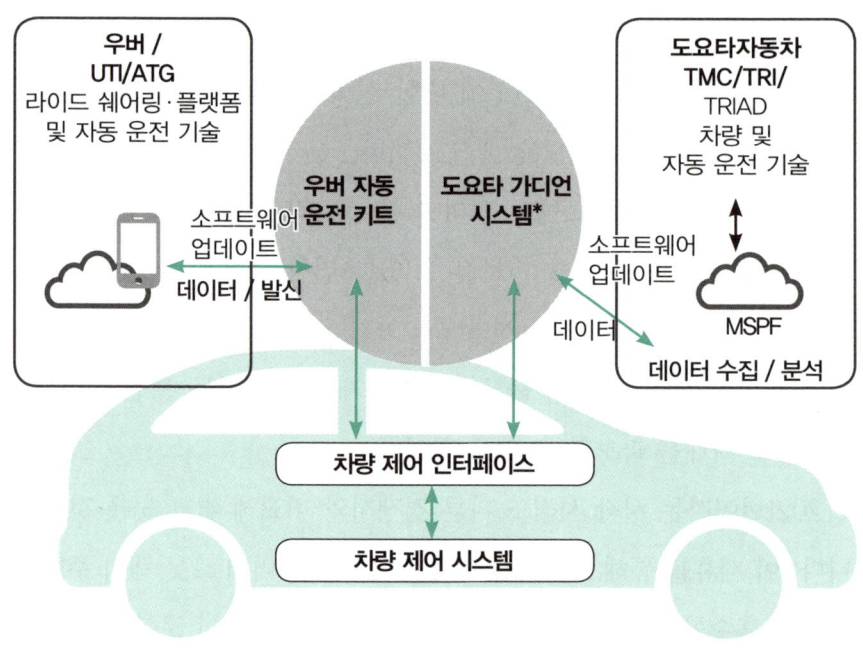

출처 : 도요타자동차 자료에 나카니시 자동차 산업 리서치가 일부 추가

지났고, 그 동안 세계의 로봇 택시 기술은 당초 예상을 뛰어넘는 발전을 이루었다. 도요타의 커넥티드 전략은 더 강하게 자동 운전 자동차와 연결되었으며, 그것이 AutonoMaaS 전략으로 가속화해 왔다고 할 수 있을 것이다.

GM크루즈가 지향하는 라이드 쉐어 2.0의 세계

도요타가 우버와 로봇 택시 협업을 하도록 움직이게 한 요인은 GM크루즈가 로봇 택시 사업에서 속도를 내는 것을 직접 지켜본 때문으로 보인다. GM크루즈는 2016년에 GM이 실리콘밸리에서 자동 운전 기술을 개발하고 있던 크루즈 오토메이션을 5억 8,100만 달러(약 6390억 원)에 매수하면서 만든 회사이다. 크루즈 오토메이션은 약 40명의 엔지니어가 자동 운전 키트를 개발하던 개리지 벤처이다. 이 규모가 GM크루즈로 바뀌면서 불과 3년도 걸리지 않아 자동 운전 개발 관련 엔지니어가 2,100명으로 늘어나고, GM의 자동 운전 기술이 모아지면서 무인 라이드 쉐어 서비스를 시작할 수 있는 상태까지 이르게 한 속도감은 놀라기에 충분했던 것이다.

GM크루즈의 CEO인 카일 보그(번역자 주 : 2019년 1월부로 카일 보그는 CTO로 발령, 새로운 CEO로는 GM 총괄 사장인 댄 암만이 취임)에 의하면 현재의 라이드 쉐어를 **버전 1.0**이라고 했을 때 미국의 전체 이동 거리 3조 마일 중 점유율은 0.1%밖에 안 된다고 한다. 운전 기사 인건비가 비싸서 1마일 당 평균 이동 가격이 라이드 쉐어는 2.5달러,

택시는 3달러 이상이나 든다. 현재 상태에서는 운전자에게 1.75달러를 지불하고 1달러의 가격 인하 등과 같은 경비를 빼면 라이드 쉐어 사업은 1마일 당 0.25달러의 손해를 보는 셈이다.

이 1마일 당 평균 이동 가격을 자동 운전 기술을 도입해 1.5달러로 낮출 수 있다면 손해는 안 나게 수지를 맞출 수 있다. 나아가 3분의 1인 1달러까지 낮추면 라이드 쉐어가 전체 이동 거리에서 차지하는 점유율을 20%까지 끌어올려서 시장 규모가 800조 원으로 확대된다고 한다. 이것이 자동 운전 기술이 만들어내는 라이드 쉐어 2.0의 세계이다.

그 열쇠를 쥐고 있는 것이 자동 운전 자동차의 신뢰성과 비용 인하이

¤도표6-6 • GM이 그리는 라이드 쉐어 2.0의 세계

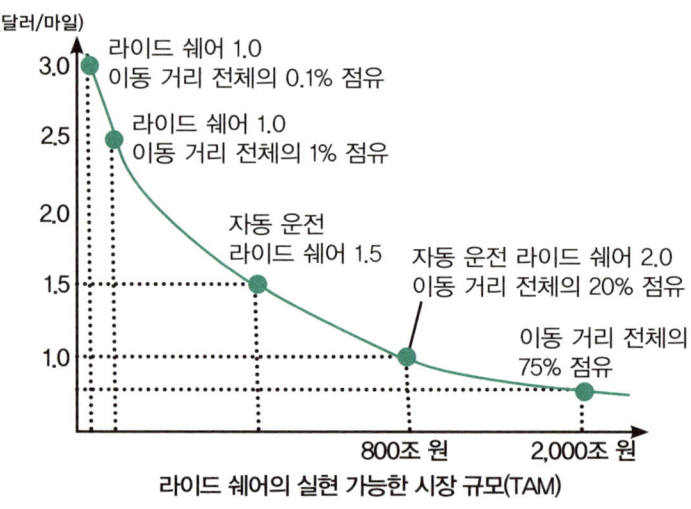

출처 : 회사 자료를 바탕으로 나카니시 자동차 산업 리서치가 작성

⑯ "CHANGING THE WORLD WITH AV"
https://investor.gm.com/static-files/6eb181e4-612e-488d-b73c-2d632e3a0949, General Motors

다. 하드웨어에서는 제5장에서 언급한 라이더LiDAR라고 하는 센서 가격이다. 현재는 대략 2만 달러(약 2,200만 원) 정도 한다. 이것을 차세대에서 1만 달러(약 1,100만 원) 이하로 낮추고, 더 나아가서는 300달러(약 330,000원)까지 낮추려고 한다. GM은 이 목적을 위해 라이더 개발 관련 스타트업인 스트로브Strobe 매수를 끝낸 상태이다.[16]

여기서 한 가지, GM크루즈의 전망은 낙관적인 전제를 두고 있는 것처럼 보인다. **크루즈AV**의 차량 가동률이 50%로 매우 높은 편이고, 배터리 판매가가 100달러/kWh 수준에 불과하다. 이것은 2030년이 되더라도 도달할 수 있을까 하는 의문점이 있다. 가장 납득할 수 없는 대목은 차량 수명이 현재의 차량보다 3배나 연장된다는 대목이다. 치밀한 정비로 차량 수명을 늘릴 수 있다는 주장은 이해할 수 있지만, 가동률 50%를 유지하려면 항공기 정도의 차체 제어나 정비 체제가 필요하다. 그런 비용만 해도 상당할 것이다.

🏃 로봇 택시 사업은 적어도 2025년 무렵까지는 적자

GM은 GM크루즈의 역할을 로봇 택시 사업으로서의 직접적인 수익성을 높이는 것뿐만 아니라, 모빌리티 서비스를 확대시키는 플랫폼 확립에 있다고 자리매김하고 있다. 예를 들면 GM 본사는 자동 운전 키트의 공급, 로봇 택시 차량의 개발·판매에서 수익을 올리겠다는 방향성을 명확하게 제시하고 있다. 나아가 GM크루즈가 지향할 4가지 사업 영역을 다음과 같이 규정하고 있다. ① 무인 배차 라이드 쉐어(로봇 택시), ② 차 안에서 사용자 체험을 수익화Monetize, ③ 데이터 사업, ④ 물류 사업. 사용자 체험의 수익화나 데이터 사업은 가능성이 클 것 같다.

미국연방자동차안전기준FMVSS은 핸들이나 브레이크 페달이 없는 차량 제조를 인정하지 않고 있지만, GM크루즈는 미국 도로교통안전국 NHTSA으로부터 연간 2,500대의 예외 생산 인가를 받았다. 2019년 내에 샌프란시스코부터 사업을 시작할 전망이다.

당분간 GM크루즈의 영업 개시 구역은 매우 한정적이다. 고정확도의 지도 데이터 정비를 끝내고 주행 시험을 반복적으로 해온 인지 지역 에서만 주행하는 것이다. 또한 탑승 지역과 목적지도 한정된 범위에서만 선택하는 형태로 이루어진다. 주행 속도는 시속 24마일(약 38km)로 비교적 저속에서 운용한다.

현 단계에서 로봇 택시의 수익성이나 사업성을 전망하기는 쉽지 않다. 가동률, 메인터넌스 비용, 내구성 등 실증 실험 결과에 관한 정보가 충분하지 않기 때문이다. 보험 제도부터 각 지역의 인허가를 포함해 법적 정비의 진척 상태도 아직 파악되지 않고 있다. 도표6-7은 이런 제약 상황에서 나름대로 시뮬레이션한 결과이다.

차량 단가는 25만 달러부터 시작해 매년 10%의 가격을 인하할 수 있다고 잡은 것이다. 차량 사용 기간 4년에 정액법에 따른 감가상각, 잔가 가치는 제로로 잡았다. 시작할 때의 서비스 단가는 1마일 당 2달러로 하고, 매년 5%씩 하락한다고 가정했다. 이런 조건에서는 2030년에 차량 단가 6천만 원, 로봇 택시 이용 서비스 단가 1마일 당 1달러에 근접할 것이라는 시나리오를 염두에 두고 있다. 라이드 쉐어 2.0 세계에 접근해 가는 것이다. 여기에 가동률 변수를 넣고 약세, 보합, 강세 3가지 시나리오별 사업 모델로 계산했다.

¤도표6-7 • 로봇 택시 사업의 수익성 분석

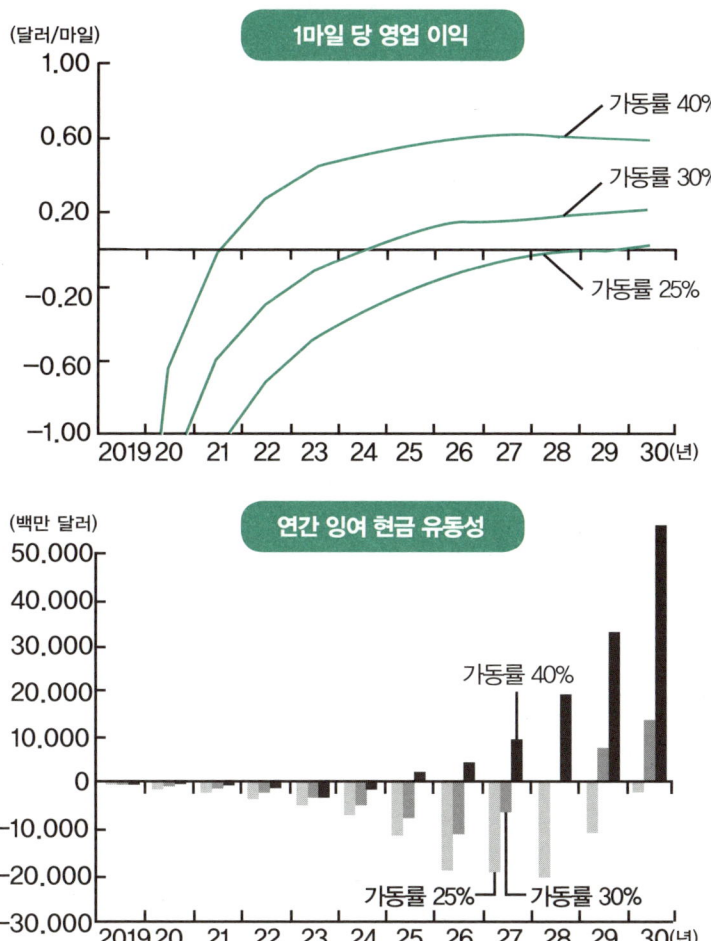

*참고 : 2030년까지 10만 대의 가동 대수, 1마일=2달러가 연율 5%로 하락, 차량 가격 20만 달러가 연율 10%로 하락, 수명 4년, 잔가 가치 제로를 전제.

출처 : 나카니시 자동차 산업 리서치

강세 시나리오대로 진전되면 이 사업의 폭발적인 기업 가치에 놀라지 않을 수 없다. 기본적으로 장치 산업이기 때문에 로봇 택시 대수가 늘어나고 가동률이 유지되기만 하면 나름 이익이 남을 것이다. 하지만 어떤 시나리오에서도 무인 배차 라이드 쉐어, 로봇 택시 단독으로는 2025년까지 적자가 될 공산이 크다. 현금 유동성은 장기간에 걸쳐 적자를 볼 수밖에 없어서 상당한 재무 기반을 갖고 있지 않으면 이 사업을 계속하기는 어려울 수 있다.

또한 1번의 사고가 로드맵 전체의 시간 안배를 바꿔 버릴 위험 부담도 있다. 하드웨어와 소프트웨어의 개발과 생산 측면에서의 이익, 사용자 체험의 수익화, 데이터 사업, 물류 사업까지 시너지 등을 포함해 종합적으로 사업성을 평가하는 것이 중요하다.

3 완전 자동 운전의 핵심 싸움터는 MaaS

🏃 눈앞까지 다가온 라스트 원 마일 교통의 사회적 적용

MaaS 영역의 자동 운전 자동차는 세계적으로 2020년 전후부터 확산되어 나갈 것이다. 비용만 무시할 수 있다면 센서가 많은 자동차를 설계해 사업을 시작하는 것은 가능하다. 고가의 시스템 가격은 인건비 절감으로 상쇄할 수 있고, 운행 구역이나 운행 속도를 제한하면 안전성도 담보할 수 있다.

다만 운행을 허가할 도시가 일거에 확대될지 여부는 의견이 갈리는 것 같다. 자동 운전 자동차가 아직 실증 실험 단계가 끝났다고 생각되지 않아 승인받은 도로 실험을 당당히 확대해 나가기가 쉽지 않기 때문이다. 2018년 1월의 북미 국제 자동차 쇼에서 미국 교통부장관 일레인 차오는, 자동 운전 기술의 개발과 채택을 저해하고 있는 연방 규칙 개정에 적극적으로 대처하겠다는 자세를 보이기는 했지만, **안전이 제일**이라는 것도 인정한다면서 규칙 개정이 몇 년에 걸쳐 이루어질 가능성이 있다는 점도 시사했다.

과소지에서의 무인 운행 버스, 공공 교통 기관으로서의 라스트 원 마일(이하 라스트마일) 교통 제공, 택배 피자 같은 물류에서의 일정한 경로 배송 등은 중기적으로 유망한 자동 운전 MaaS의 사용 사례가 될 것이다. 다만 무인 배차 라이드 쉐어에서 **어디든 갈 수 있고, 언제든지 갈 수 있는 서비스**가 실현되기까지는 아직 먼 이야기이다.

라스트마일 교통의 사회적 적용이 눈앞까지 다가와 있을 만큼 여러 사회 문제를 해결할 가능성이 있다는 사실을 인식할 필요가 있다. 이것은 집 등과 같이 최종 종착지로부터 가장 가까운 장소에서의 몇 km(라스트마일)를 무인 자동 운전 자동차가 주행하는 민간사업의 교통 시스템이다.

독일 콘티넨탈은 2017년 프랑크푸르트 모터쇼에서 도시권 무인 운전 모빌리티인 **큐브**(CUbE, Continental Urban mobility Experience, 유럽 명칭)를 발표해, 이미 프랑크푸르트의 동사同社 실험 거점에서 실증 실험을 시작했다. 이것은 미국의 앱티브Aptiv, 독일의 보쉬, 콘티넨탈 등과 같은 유력 티어1이 차량 제조 사업을 지향하고 있다는 것을 보여 주는 중요 사례 가운데 하나이다. 티어1이 POV를 제조·판매하는 날이 쉽게 오지는 않을지라도 MaaS 차량의 제조 판매는 티어1의 신규 사업 영역이 될 가능성이 높다.

프랑스의 이지마일Easymile은 자동 운전 셔틀 버스 개발 회사로서, 현재 12인승 자동 운전 버스「EZ10」을 만들어 실증 실험 중이다. EZ10은 주행 속도가 시속 20km, 최고 속도가 40km 정도에 약 14시간을 계속해서 주행할 수 있다고 한다. 콘테넨탈, 일본의 DeNA, 파나소닉이 자본을 제휴하고 있으며, 2020년까지는 로봇 셔틀로서 사용될 가능성이 높다. 또한 미국 콜로라도주 덴버에서 파나소닉이 추진 중인 스마트시티 계획의 일환으로 도로 실험 추진이 검토되고 있다.

마찬가지로 프랑스의 나비야NAVIYA는 15인승 자동 운전 버스 **나비야 알마**NAVIYA ARMA를 개발·제조했으며, 이 버스는 사전에 설정한 경로를 자동으로 주행한다. 2017년부터는 스위스 발레주의 시온에서 공공교통으로 도입한 바 있다. 나아가 미국, 일본, 호주 등에서도 시험 주행이 실시되고 있다.

사회 문제 해결의 중요한 역할

일본에서도 라스트마일 자동 주행이 실행 단계에 접어들고 있다. 경제산업성, 국토교통성은 2016년부터 라스트마일을 운행하는 단말 교통 시스템의 사회적 적용을 실증 실험해 왔다. 국가 정책으로 추진해 자동 운전 기술의 사회 적용에 있어서 세계를 선도함으로써 기술과 사업화 양쪽에서 세계 최첨단을 지향하겠다는 계획이다. 일본의 로드맵은 거의 유럽과 똑같은 수준으로 진척시킬 생각이다. 구체적으로 승용차 영역에서는 2025년까지 고속도로에서 레벨3, 일반 도로라도 자동차 전용도로 같이 직진 운전 위주인 도로에서는 레벨2를 실현하고, 2025년 무렵에는 좌우 회전을 가능하게 하는 환경을 확대해 나갈 계획이다.

MaaS 운용은 사회적 요구가 강한 지역이나 경제성이 좋은 지역을 선정해 2020년에 레벨4의 무인 교통 시스템 실시를 지향한다. 점차 적으로는 레벨4 도입이 가능한 지역을 확대시킬 계획이다. ⑰

본질적으로 자동 운전 기술이 가장 요구되는 곳이 공공 교통이 빈약한 지방이라는 사실은 틀림없을 것이다. 하지만 그런 요구에 대해 고가의 센서와 반도체 덩어리인 로봇 택시를 운용하는 것이 쉽지만은 않다.

자동 운전 기술을 이용한 모빌리티 시스템에는 거대한 개발 투자 부담 과 선행되는 적자를 감당할 수 있는 구조가 필요하다. 소프트웨어와 하드 웨어 기술의 확립 및 많은 신흥 기업을 아우르는 에코시스템을 확립해 나가지 않으면 안 된다.

공공 교통으로서의 사회 기반 구축도 박차를 가할 필요가 있다. 과소화가 진행되어 공공 교통 서비스를 누릴 수 없는 지역은 비용을 낮춘 교통 서비스를 제공하는 유연성도 중요하다. 운전자가 없는 자동 운전용 차량에 얽매이지 말고 레벨3으로 운용하면 가격 부담을 낮추면서도 서둘러 실용화할 수 있다.

일본은 세계에서 가장 빨리 저출생·고령화가 진행된 사회라 과소화 문제도 심각하다. 지방에서 사는 고령자나 공공 교통 이용 취약자에 대한 사회 문제를 해결할 수단으로서의 중요한 역할이 자동 운전 MaaS에 있다. 누구나가 이동에 대한 자유를 향유할 수 있는 행복한 지역 사회를 제공하는 것은 자동차 산업의 사명이다. 일본은 실패를 두려워하지 않는 신념으로 사회를 발전시키는 개혁을 명확하게 밝힐 의식 개혁이 필요하다.

⑰ 「관민 ITS 구상·로드맵 2018」 https://www.kantei.go.jp/jp/singi/it2/dai74/siryou2-2.pdf, 내각관방 IT 종합전략실

🏃 MaaS와 POV는 양립하면서 이동 요구를 충족시킬 수 있다.

MaaS와 서비스에 관해 깊이 있게 살펴보았지만, MaaS에는 자동차 산업에 있어서 고도의 사이버 공간과 현실적이고 실제적인 이동 공간 2가지 세계를 결부시키는 기술이 필요하다는 것을 다시 한 번 인식할 필요가 있다. 네트워크와 현실적인 제조업을 융합시키려면 ① 디지털, 커넥티드 등과 같은 IoT 기술, ② 지능화·자동화·전동화 같이 자동차의 진화를 뒷받침하는 대규모 통합 제어 기술 2가지 기술이 중요한 열쇠를 쥐고 있다. 이것이야말로 CASE 혁명에 요구되는 차세대 물건 제조로서, 이는 제8장에서 자세히 살펴보겠다.

앞에서도 설명했듯이 MaaS에는 이용자와 서비서 사이에 빅 데이터를 처리하는 스마트 센서와 MSPF이 필요하다. 구글이나 애플에 대항할 수 있는 네트워크를 구축해 데이터를 수집하려는 전략은 중요한 포석이다. 리얼한 세계의 데이터를 가진 자동차 산업은 MSPF을 확보하면 MaaS 영역에서 경쟁력을 구축할 수 있는 기회가 있다. 그러나 그것을 실현하려면 대규모 차세대 스마트센터를 구축하지 않으면 안 된다. 이런 통신부터 데이터 센터까지의 투자는 천문학적 금액이 될 여지가 많다.

한편으로 이것도 이미 설명한 것이지만, 잔가 가치의 피드백을 기대할 수 없는 MaaS 차량의 제품 구성이 상승한다는 것은 제조의 부가 가치를 낮추는 압력으로 작용한다는 것을 뜻한다. 전통적 물건 제조의 개혁을 통해 CASE 혁명 와중이더라도 이익을 남길 수 있는 물건 제조를 찾아내야 하는 것은 기본 중의 기본이다. 더불어서 자동차 메이커는

MSPF를 확립해 스스로 오퍼레이터까지 겸비함으로써 서비스 사업에서 수익을 낼 수 있도록 체질을 개선하지 않으면 투자 경쟁에서 IT 기업에게 뒤처질 위험 부담이 있다.

¤도표6-8 • 도요타의 차기 스마트 센터 구상

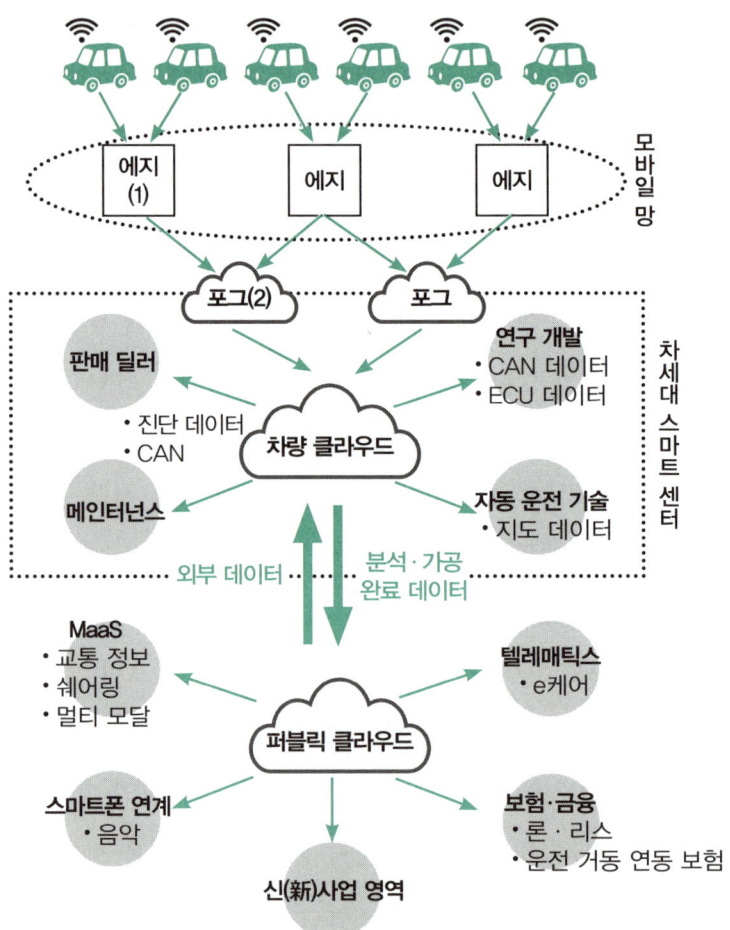

*참고 : (1) 실시간을 중시, 단말기 근처에서 서버를 분산 배치해 컴퓨팅을 실시하는 것.
(2) 데이터가 클라우드에 가기 전에 분산 배치한 컴퓨팅 환경.
출처 : 회사 자료, 2차 정보를 바탕으로 나카니시 자동차 산업 리서치가 작성

[제7장]
완전 전동화

Connected Autonomous Shared & Service Electric

1 VW게이트로 난관에 봉착한 유럽

🏃 VW 부활의 신호탄

디젤게이트 발각 이후 2년이 지난 2017년 9월의 프랑크푸르트. VW 그룹은 예년처럼 모터쇼에서 그룹 나이트를 개최했다. 게이트 이후에는 세간의 주목을 받지 않도록 세심하게 주의하면서 개최해 왔지만, 미국 연방정부와 염원하던 화해를 이루고 나서는 그 동안의 굴욕을 씻어낼 부활의 신호탄을 쏘아 올릴 시기를 맞은 것이다.

자동차 산업의 변혁은 멈출 수 없는 대세가 되었습니다. 우리는 이 변혁을 주도해 나갈 것입니다.

당시의 CEO였던 뮬러는 목소리를 높여 선언하면서 **로드맵E**라고 명명한, VW 그룹의 전동화 전략을 발표했던 것이다. **로드맵E**의 골자는 다음 5가지이다.

① MEB(대량 판매 차량)와 PEA(고급차) 2가지의 EV 전용 플랫폼을 개발한다.
② 2025년에 200만~300만 대의 EV 판매를 목표로 하며, 그 가운데 VW 브랜드는 100만 대. 그룹 전체의 25%를 EV로 전환시킨다.
③ 2025년까지 30 종류의 EV 모델을 시장에 투입한다. 2030년까지 전체 300개 모델에 EV 모델을 설정한다.
④ 구매할 전지는 2025년에 150기가Wh/년. 2030년을 목표로 200억 유로(약 26조 원)를 전동화에 투자한다.
⑤ 서플라이어에 대한 구매 계약을 500억 유로로 올려 과거 최대의 구매 정책을 추진한다.

연간 150기가Wh는 테슬라가 네바다주에 건설한 기가 팩토리급 공장 4군데와 맞먹는 규모이다. 500억 유로(약 65조 원)의 구매 정책은 상당히 놀랄만한 금액으로, 차량 탑재 전지의 생산에 필요한 희토류 조달부터 리사이클까지는 물론이고 광범위한 서플라이 체인한테도 영향을 끼칠 것이다. 막대한 투자 확대가 지구 환경에 새로운 부담을 불러오지는 않을까 우려스러울 정도로 VW 그룹의 계획은 너무 스케일이 크다.

이런 조류(=EV화)에 올라타지 못 하면 도태될 것이고, 반대로 잘 편승하면 또 다른 기회가 될 겁니다. 여러분들의 시주가 필요합니다(=투자 설비를 해 주십시오).라는 말은 어떤 신흥 종교의 포교같이 들렸다.

🏃 다임러는 반대의 전략을 이야기하다.

같은 시기에 다임러는 EV에 대해 경종을 울리고 있었다. 다임러는 슈투트가르트로 세계적 기관 투자가와 애널리스트를 초청해서는 하루 동안 전략 설명회를 개최했다. 그곳에서 디터 제체 CEO는 미래의 수익성에 대한 경고의 말을 던진다.

전동차의 수익성은 내연 기관(가솔린이나 디젤 등) 탑재 차량의 반 밑으로 떨어질 것이다. 2025년까지 50만 대의 EV나 플러그 인 하이브리드 등과 같은 전기 모빌리티를 판매하게 되면 다임러 영업 이익률은 2% 이상 악화될 것이다.

현장에 있던 기관 투자가들은 그럴 개연성이 높다.고 놀라지 않으면서 받아들였다. 메르세데스라고 하는 프리미엄 브랜드를 갖고 있는 다임러조차 그 정도로 부담이 있다면 대중 차량 위주의 자동차 메이커가 수익 측면에서 비참해질 것임은 상상하기 어렵지 않다.

다임러는 VW의 외침을 마치 공허한 메아리 같이 들리게 하려는 듯이 모터쇼에서 정반대의 전략을 들고 나왔다. 다임러는 디젤 엔진에 30억 유로(약 3조 9천억 원)를 투자해 앞으로도 깨끗하고 고효율의 엔진을 육성하겠다는 방침을 발표한다. 하이브리드 연료 전지 자동차 GLC FCELL의 생산 모델 발표회를 일부러 EV 열기가 뜨거운 프랑크푸르트에서 발표한 것은 다임러의 의지일 것이다.

제체 CEO는 한 가지 파워트레인에 의존하는 것은 환경 부담이 커서 바람직하지 않다. 우리는 전동차, 엔진 차 그리고 연료 전지차 3가지를 기둥으로 삼아 유망한 파워트레인으로 세워 나갈 것이라고 주장했던 것이다.

다임러는 전동화 대책에 대해 균형을 갖고 추진할 계획이다. 2022년까지 EV, 플러그 인 하이브리드, 48볼트 마일드 하이브리드를 포함해 50가지 모델 이상에 전동 파워트레인을 도입하고, 그 가운데 10가지 차종은 EV로 만드는 것이다. 소형 승용차 브랜드인 **스마트**는 2020년까지 전체 모델을 EV로 대체해 도시형 커뮤터Commuter 시장 수요를 공략해 나갈 계획이다.

일본 보도에서는 VW의 외침이 중심이었지만, 독일 3대 메이커의 환경 기술에 대한 기본 방침은 상당한 차이를 보인다. EV 혁명의 기수로서 중국 파트너와 함께 과격한 게임체인지를 추진하려고 하는 VW에 반해 다임러는 질서 있는 단계적 변혁을 제안하고 있다. BMW는 자신들이야말로 EV의 리더라고 말하면서도, 수익성을 중시하면서 브랜드 가치 창조와 전동화 전략의 상승 효과를 모색해 독주 체제를 지향하는 것처럼 보인다.

유럽 자동차 산업에는 진지하게 EV에 대처하지 않으면 안 되는 3가지 이유가 있다.

첫 번째는 VW의 디젤게이트에서 시작된, 배기가스에 의한 대기 오염 환경 문제가 사회적, 정치적으로 심각한 문제로 바뀌고 있다는 점이다. 유럽 자동차 산업은 문제의 장본인으로서 여론과 정부, 환경 단체, 주주 등이 납득할 수 있는 해결책 로드맵을 제시할 의무가 있다.

두 번째는 파리협정COP21의 주최 지역으로서, 온실 효과 가스GHG 절감을 실현할 모범적인 행동이 요구되기 때문에 정책을 추진할 채무를 지고 있다는 점이다.

세 번째는 자동차 산업 자체의 기대도 있다는 점이다. 2021년의 기업 평균 연비CAFE 95g/km는 디젤을 조금도 팔 수 없게 되면서 목표 달성에 있어서 노란불이 들어온 상태이다. 단기적으로 EV 보급을 촉진시켜서 조금이라도 CAFE에 대한 대응을 유리하게 끌고 나가려는 재무적 속사정을 엿볼 수 있다.

🏃 VW게이트의 진위는 어디에 있었나.

2015년은 역사에 VW의 배기가스 게이트와 파리협정COP21 체결이라는 2가지 획기적 사건이 있었던 해로 기록될 것이다. 유럽 산업의 기본 전략에는 세계에서 가장 엄격한 환경 규제를 실시해 선진 기술을 확립함으로써 세계적인 경쟁력을 구축하려는 목적이 있다. 그러나 현실을 보면 완전히 스스로 자기 무덤을 파버린 결과가 되었다. 유럽의 자동차 산업은 세계 제일의 엄격한 환경 규제 속에서 자기 자신의 족쇄를 채우게 된 것이다.

그렇다 하더라도 왜 그렇게 위험 부담을 안으면서까지 VW는 부정한 짓을 저질렀던 것일까. 이에 대해 이해하려면 먼저 기술적인 측면을 살펴볼 필요가 있다. 디젤 엔진의 **연소 시스템**에는 터보차저, 커먼레일 연료 분사 시스템, 배기 재순환EGR 등과 같은 장치들이 있다. 간단히 말하면, 연소실로 공기를 보낸 다음 고압으로 미세한 연료를 분사하고, 이후 연소를 거쳐 생성된 배기가스 일부를 연소실로 재순환시킴으로써 연소 온도를 낮추는 것이다. 이렇게 해서 연비와 출력, 배기가스의 질소산화물(NOx)과 미세 물질(PM)의 균형을 맞춘다.

배기가스의 **후처리 공정**에는 일반적인 삼원 촉매 외에, NOx를 무해화하기 위한 NOx 환원촉매와 PM을 걸러 주는 DPF Diesel Particulate Filter 2가지가 필요하다. 환원 촉매에는 LNT(흡장형 질소산화물 환원 촉매)와 SCR(선택적 촉매 환원 탈초 장치) 2가지 선택지가 있다. SCR은 요소를 뿌려서 NOx를 환원시키는 방식으로, 효과는 크지만 가격과 중량, 공간, 연비 성능에 대한 영향 등의 제약이 크다. 탱크에 정기적으로 요소를 보충해야 하기 때문에 사용자 편리성이나 유지 비용 측면에서도 문제가 있었다. 고급 대형 자동차에나 적합한 방식이다.

VW는 NOx 환원 촉매로 LNT를 선택했다. 세계에서 가장 엄격한 미국의 배기가스 규제 **Tier2Bin5(티어 투 빈 파이브)**를 가볍고 싼 LNT로 해결하는 방식에 도전한 것이다. 그러나 그 야망은 이루지 못하고, 위법하다는 것을 인식한 상태에서 임의 조작 장치를 사용했다는 것은 서장에서 언급한 바 있다.

어떻게 VW만이 그 정도까지 성능을 낼 수 있었는지 오랫동안 수수께끼였던 것이 순식간에 풀렸다. 사건 발각 직후 마쯔다의 한 기술 담당 임원이 한 말이다.

VW에는 어리석은 승산이 있었을 것이다. 임의 조작 장치가 발각될 리 없다고 안이하게 생각했던 것으로 보인다. 2000년대에는 통상적으로 주행 중인 차량의 배기가스를 정확하게 측정할 수 있는 기술이 존재하지 않았다. 호리바掘場 제작소 등과 같은 검사 메이커가 제공하는 차량 탑재 방식 배기가스 측정 시스템PEMS이 도로 주행 중인 배기가스를 더 정확하게 측정할 수 있게 된 것은 비교적 최근에 들어와서이다.

¤도표7-1 • 전동 차량 유형과 특성

	시스템 명칭 (표기)	12V 마일드 하이브리드 (MHEV)	48V 마일드 하이브리드 (MHEV)
시스템	모터	●	●
	인버터	●	●
	배터리	●	●
	연료 탱크	●	●
	내연 기관(엔진)	●	●
	충전기		
	스택		
하이브리드 기능	아이들링 스톱	●	●
	에너지 회생	●	●
	모터 어시스트	●	●
	모터 주행		
	연비 개선 효과 (가솔린 엔진 대비)	5%	10~15%
특성	항속 거리 (가솔린과 비교)	+	+
	CO_2 배출량	+	++
	특징	자동차 전장품의 표준 전압인 12V를 그대로 사용하는 간이형 하이브리드.	전장 시스템 전압을 「48V」로 높인 마일드 하이브리드.
	시장성	소형차, 신흥국을 중심으로 보급이 예상됨	유럽, 중국에서의 판매 확대가 예상됨.
	비용	기존의 12V전원을 사용함으로써 저가의 하이브리드화가 가능.	기존 엔진에 추가 탑재가 쉬워서, 폭넓은 시스템 특성의 설정이 가능.
	추가 비용 (가솔린 차 대비)	50~80만 원	100만~250만 원

출처 : 나카니시 자동차 산업 리서치

스트롱 하이브리드 (HEV)	플러그 인 하이브리드 (PHEV)	전기자동차 (EV)	연료 전지 자동차 (FCEV)
●	●	●	●
●	●	●	●
●	●	●	●
●	●		
●	●		
	●	●	
			●
●	●	–	–
●	●	–	–
●	●	–	–
●	●	–	–
25%	–	–	–
++	++	–	+
++	+++	++++	++++
고전압으로 모터를 구동함으로써 연비 성능, 주행 성능, 비용적 균형이 뛰어나지만 제어 기술이 어렵다.	전기자동차와 하이브리드 자동차의 장점을 겸비한 차로서, 단거리는 가솔린을 사용하지 않는다.	전기만으로 주행해 CO_2를 배출하지 않지만, 항속 거리와 충전 시간이 약점.	항속 거리가 상대적으로 길고, 수소 충전시간이 짧다.
일본, 미국에서 성장이 예상되고, 그 이외 지역에서는 보급이 지체.	유럽, 중국에서의 판매 성장이 예상되는 한편, 대중차에서는 가격 경쟁력이 과제임.	ZEV/NEV 규제, CAFE 규제 대응으로 유럽과 중국에서의 판매 성장이 예상됨.	수소스테이션의 구축, 수소연료의 안정적 공급이 필수이기 때문에 보급까지 시간이 필요.
하이브리드화 비용이 약 300만 원 이상 필요. 상대적으로 가격이 비싸고, 고도의 제어 기술이 필요.	상대적으로 대량의 전지와 엔진 양쪽을 필요로 하기 때문에 가격이 비싸다.	전지 가격은 하락하고 있지만, 가솔린 차 가격에 접근하려면 아직 상당한 시간이 필요.	가격이 매우 비싸고, 수소의 제조, 수송, 저장 비용과 기술적 과제가 많다.
250만~350만 원	약 1천만 원	1천만 원 이상	5천만 원 이상

2 환경 문제라는 시련에 마주선 자동차 산업

🏃 COP21과 WelltoWheel(유정부터 바퀴까지)의 중요성

세계의 환경 문제 인식을 보면 ① 대기 오염을 줄이기 위한 **배기가스 문제**, ② 지구온난화를 막기 위한, 이산화탄소CO_2를 중심으로 하는 지구 규모의 **온실효과 가스**GHG **배출 문제**, ③ 고갈되어 가는 화석 연료를 대체할 **차세대 에너지 문제** 3가지로 요약할 수 있다.

배기가스 문제에는 **유로(Euro)6** 같이 NOx 등과 같은 유해 물질을 일정 수준 이하로 정화하도록 의무화한 규제가 있다. GHG 배출 제한은 2015년의 파리협정COP21에서 정한 **산업혁명 이전에 비해 기온 상승을 2도 미만으로 유지함으로써 세계의 온실 효과 가스 배출량이 더 이상 증가되지 않도록 한다.**는 미래를 위한 지구 차원의 약속이다. 이 약속을 실현하기 위해 자동차에서 배출되는 CO_2 억제 연비 규제 일환으로, 배출 총량을 평균으로 산정해 기업 평균 연비CAFE로 규제하는 것이 일반적이다.

차세대 에너지 자동차의 보급은 CAFECorporate Average Fuel Economy

를 달성하는 과정에서 단계적으로 진행되는 것과, 미국 캘리포니아주의 제로 이미션 자동차ZEV나 중국의 신에너지 자동차NEV 규제처럼 일정 비율을 강제적으로 적용해 ZEV로 바꿔 나가게 하는 2가지 접근 방식이 동시에 진행된다. ZEV나 NEV에는 EV와 플러그 인 하이브리드, 연료 전지 자동차는 포함되지만, 일본이 강세를 보이는 하이브리드는 빠져 있다.

이런 규제 질서를 파괴한 것이 VW게이트이다. 디젤 엔진이 고난에 빠진 것은 물론이고, 배기가스 규제 시험이 강화되거나 **실제 도로 주행 시험**RDE으로 불리는 시험이 도입되는 등, 한 시대를 풍미한 과급 다운사이징 가솔린 엔진의 경쟁력까지 감쇄시켜 버렸다. 가솔린 엔진은 배기량을 올리는 업사이징이 필요한 상황이다. 자동차의 대형화와 엔진의 대형화는 결국 차량 중량의 증대를 초래하는 등, 일련의 상황이 CAFE 대응을 어렵게 하는 악순환으로 밀어 넣고 있다.

이것을 타개하려면 동력원으로 전기에 대한 의존도를 높이는 방법밖에 탈출구가 없는 것이다. 하지만 EV는 스스로 발전發電하는 것이 아니라, 발전소 등에서 만들어진 전기를 차량에 탑재한 2차 전지에 충전한 다음 주행한다. 이를 위한 GHG 배출량은 전기를 일으키는 3가지(화석 연료, 원자력, 재생 가능 에너지) 1차 에너지의 이용 구성, 즉 3가지 에너지를 어떻게 조합Energy Mix해서 쓰느냐에 따라 크게 달라진다.

EV의 GHG 배출량은 **CO_2 배출 계수**(1kWh 당 CO_2 배출량)와 EV의 **전기 소비 효율**(1km 주행에 필요한 전력, Wh/km)의 총합계로 구한다. 예를 들면, 닛산 리브의 전비가 19.4kWh/100km(194Wh/km,

참고:WLTP 사이클, 16인치 기준)라고 했을 때, 일본(배출계수 540g/kWh)에서 달리면 1km 당 CO_2 배출량이 104g, 석탄 화력 발전 비율이 높은 중국(657g/kWh)에서는 127g이 된다. 원자력 발전 의존도가 78%인 프랑스(46g/kWh)에서는 89g에 그친다.

이것이 1차 에너지까지 거슬러 올라가는 **웰 투 휠**(WelltoWheel, 이하 WtW)이라고 하는 개념이다. 유정油井, Well에서 에너지를 뽑아 낸 이후 바퀴Wheel를 통해 자동차가 실제로 주행할 때까지, CO_2를 얼마만큼 발생시키는지 파악하는 지표이다. EV가 지구 환경에 친화적인지 어떤지는 에너지 믹스 여부에 달려 있다. 유럽에서는 EV가 중요한 해결책이라 하더라도 배출 계수가 높은 일본이나 중국, 인도에서는 환경 문제를 해결하는 데 있어서 완전무결한 출구 전략은 아닌 것이다. WtW에 기초해 내연기관의 성능 향상, 플러그 인 하이브리드, 연료전지 자동차 등의 기술을 균형적으로 보급시키자는 주장은 그래서 합리성이 높다고 할 수 있다.

두 갈래로 나뉘는 세계의 환경 규제 방향

유럽위원회(EC)가 2018년 10월에 공표한 2021년 이후의 연비 규제 제안서에 따르면, 승용차에 대한 2021년의 CAFE 규제값에서 CO_2 배출 규제값은 95g/km, 2025년의 중간 잠정 목표는 2021년도 목표값 대비 15% 삭감(약 80g/km), 2030년의 최종 목표는 30% 삭감(약 68g/km)으로 나타나 있다.

이 장기 연비 규제는 더 강력한 35~40%의 삭감을 요구하는 유럽 의

회와 20% 정도로 낮추자는 자동차 산업 사이에서 팽팽하게 교섭되어 왔다. 아마도 유럽위원회의 제안에 가까운 선에서 결론 날 가능성이 높다. 이 미래의 규제에 맞추기 위해서는 EV나 플러그 인 하이브리드 같은 전기 모빌리티를 확대시켜 나가지 않으면 안 된다.

유럽위원회의 안案에는 제로 이미션(EV, 연료 전지 자동차), 로우 이미션(CO_2 배출량 50g/km 이하의 플러그 인 하이브리드 등) 보급 촉진을 목적으로 한 인센티브 제도의 설치가 추진되고 있다. 로우 이미션 비율을 달성하는 자동차 메이커에게는 규제 완화를 승인한다는 방안도 담겨 있다. 유럽에서 판매 확대가 기대되는 플러그 인 하이브리드를 보급시킬 수 있는 길이 열린 것이다.

¤도표7-2 • 세계의 기업 평균 연비(CAFE) 규제 전망

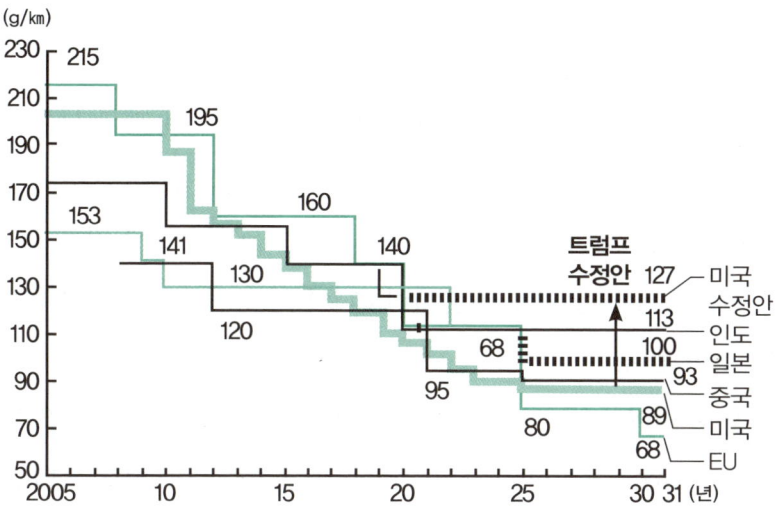

*참고 : 일본의 2025년 기준은 나카니시 자동차 산업 리서치의 추정치
출처 : ICCT 등 각종 자료를 바탕으로 나카니시 자동차 산업 리서치가 작성

중국판 CAFE에서는 종래의 160g/km를 2020년에 116g/km로 개선해 나갈 계획이다. 인도에서는 2022년에 113g/km라는 강력한 규제를 시작한다.

그러나 유럽의 움직임과 완전히 반대로 가는 것이 트럼프 정권이 추진하는 연비 규제 완화이다. 2018년 8월, 오바마 정권 하에서 정해진 미국의 연비 규제책(2025년형 자동차까지 50마일/갤론, 즉 약 21km/리터 이상이 되도록, 매년 단계적으로 CAFE를 낮춘다.)을 대폭 수정해 2021년형 자동차 이후는 127g/km로 그대로 둔다는 완화책을 발표했다. 미국은 2020년을 기점으로 연비 규제를 완화하겠다는 세계와 완전히 반대되는 방향으로 가고 있는 것이다.

후퇴할 위험 부담이 있는 미국 ZEV 규제

트럼프 정권은 2018년도 세제를 개정하면서 EV에 대한 보조금 폐지를 시도하는 등, 보기만 해도 환경 규제에는 전혀 관심이 없다. 트럼프 정권은 캘리포니아주의 **제로 에미션 자동차**ZEV **규제**도 폐지를 요구하고 있다. ZEV 규제를 옹호하는 캘리포니아주, 뉴욕주와 격렬하게 대립할 가능성이 높다.

캘리포니아주의 ZEV 규제란 캘리포니아주를 중심으로 오리곤주, 동부 8개 주를 포함한 전국의 10개주가 참여해 2018년도 모델부터 시행하고 있는 규제를 말한다. ZEV 규제는 배기가스, GHG 자체를 배출하지 않는 ZEV를 일정 비율 이상 판매할 것을 요구하는 것이다. 2018

년 모델부터 생산·판매 대수의 4.5%, 2020년에는 9.5%, 2025년에는 22%의 ZEV 크레딧(CO_2 배출 총량)을 준수할 필요가 있다. 달성하지 못하는 메이커는 벌금을 지불하든지, 초과 달성한 메이커로부터 크레딧을 구입해야 한다.

미국의 ZEV 규제에 대한 기준은 쉬운 것이 아니다. 미국의 운전자는 장거리 운전이 많은 등의 이유로 큰 자동차를 선호한다. 고가의 판매 장려금까지 지급해 가면서 힘들게 ZEV를 팔고 있는 것이 현재 상태이다. 시장에서 크레딧을 구입하는 것도 가능하지만 거대 자동차 메이커로서 규제에 미달해서는 이미지를 깎아 먹을 수 있다.

현재 상태의 10개 주 외에 ZEV법을 채택하는 주州가 더 많아지면 자동차 메이커 입장에서는 심각한 타격을 받을 수도 있지만, 그런 움직임을 보이는 주州가 아직은 없다. 미국 ZEV법의 목적은 스모그가 없는 청명한 하늘을 만들자는 것으로, 많은 주들이 깨끗한 공기의 혜택을 보고 있다. 10개 주 정도에 그친다고 한다면 2025년에 미국 전체에서 판매해야 하는 ZEV 대수가 20만 대 정도이기 때문에, 전체 대수에서 따지면 얼마 안 되는 비율에 그칠 것으로 보인다. 회사로 보면 분명한 장애물임이 틀림없지만 결코 넘지 못할 수준은 아니다.

국토가 넓고, 평균 주행 거리가 긴 미국의 운전 환경을 감안하면 애초부터 EV는 적합하지 않다. 충전 인프라 보급에도 시간과 비용이 필요하다. 거기에 연방 정부의 명확한 정책마저 결여된 상황이라면 미국의 EV 시장 확대는 세계의 다른 시장보다 뒤처질 가능성이 높다고 봐야 할 것이다.

3 EV 보급 예측 - 2030년에 8%

🏃 내연 기관(엔진)의 종말은 사실일까

2016년도 이야기이다. 네덜란드에서는 2025년까지, 독일에서는 2030년까지 엔진을 사용하는 신차 판매 금지 법안이 의회를 통과했다. 계속해서 EV라는 시대의 파도는 순식간에 세계를 휩쓸고 지나간다. 영국과 프랑스에서는 2040년을 시한으로, 인도가 2030년, 인도네시아가 2040년까지 엔진을 사용하는 신차 판매를 금지한다는 정책 검토가 시작된 것이다.

EV를 밀고 나가는 요인은 크게 3가지로서 ① 대기 오염 문제, ② 산업 정책, ③ 에너지 정책을 들 수 있다. 유럽의 대기 오염 문제는 심각한 정치·사회 문제라는 것을 이해해야 한다. 신흥국은 산업과 에너지 정책 두 가지 측면이 배경에 있을 것이다. 중국의 **자동차 강국** 정책과 그 지배를 두려워하는 신흥국의 산업 정책, 석유 수입 의존으로부터 벗어나려는 움직임을 이해할 필요가 있다.

이 **내연 기관(엔진)의 종말**에 관한 뉴스가 일본에서도 자주 보도되고 있다. 그러나 현시점에서 ZEV/NEV 사용만 인정한다는 법안을 정식으로 검토하는 나라는 네덜란드뿐이지, 다른 나라의 정책 유연성을 전달하는 보도는 찾아보기 힘들다. 독일의 메르켈 정권은 디젤을 사수하겠다는 자세를 명확히 드러내고 있다. 영국, 프랑스에서는 원래의 정책 논의가 정치적인 인기영합으로 흐르고 있다. 노르웨이도 마일도 하이브리드 이상의 전동차라면 허가하겠다는 입장이어서 크게 완화된 안이 검토되고 있다. 대기 오염 문제를 해결하기 위해 주요 도시에서 엔진 차량에 대한 사용을 규제하고 나올 가능성은 있어 보인다. 하지만 그것이 영국이나 프랑스 전국, 유럽 전역으로 확대될 것이란 견해는 현실적이지 않다.

인도의 모디 정권이 2030년까지 EV 100%로 이행하는 정책 검토에 들어갔다는 뉴스는, 전동화에 소극적이었던 일본 자동차 메이커에게 찬물을 끼얹은 효과가 있었다. 뉴스의 배경에는 전동화에 대한 투자에 적극 나서 달라는 정권 차원의 목적이 있었을 것이다.

2017년 11월, 스즈키와 도요타는 인도 시장용 EV 투입에 관한 협력 관계 구축을 진행하겠다는 계약을 체결했다. 2018년에 들어오자 인도의 가도카리 도로교통상은 **EV 보급을 위한 행동 계획을 준비하고 있지 책은 필요 없다**고 돌연 유연한 자세로 돌아섰다. 스즈키와 도요타로 하여금 전동화 투자에 나서게 해 양사의 강력한 약속을 받아냈기 때문이다. 모디 정권은 석유 의존에서 탈피하는 에너지 안전 확보 정책을 강력히 내세우고 있다. 그 이상으로 EV를 추진하는 중국의 NEV 전략을 위협으로 간주해, EV에서도 **메이크 인 인디아**를 실현하겠다는 모디 정권의 조바심이 있었던 것은 아닐까.

4번째 EV 붐의 도래

전 세계 유수한 싱크 탱크가 EV 보급을 상당히 낙관적으로 전망하고 있다. 블룸버그NEF는 2017년 11만 대에 그쳤던 EV 판매 대수가 2030년에는 3,000만 대에 이르러 전 세계 신차 판매 대수 가운데 28%를 차지하고, 2045년에는 55%까지 올라갈 것으로 전망하고 있다. 컨설팅 회사에서는 보스톤 컨설팅이 2030년의 EV 비율을 14%의 강세로 예측하는 데 반해, 딜로이트 토마츠 컨설팅은 7%로 신중하게 전망하고 있다.

지역이나 정의의 차이가 있기 때문에 일괄적으로 말할 수는 없지만, 상당히 탄탄한 EV 보급 예측이 다수이다. 딜로이트의 현실적인 예측을 제외하면 이들 강세 의견은 사업을 위한 각자의 전망으로 보는 것도 가능할 것이다. 이런 사업은 위기적인 예측을 제시하고, 변화를 요구하는 클라이언트에 대해 매수와 전략 구축, 자금 조달을 거듭으로써 활황을 타는 것이다.

예전부터 EV 붐은 10년에 한 번 꼴로 찾아왔다가 조용히 사라져 가곤 했다. 1970년대, 대기 오염 문제가 계기가 되어 제1차 EV 개발 붐이 시작되었다. 1990년에는 캘리포니아주에서 ZEV법이 제정되면서 제2차 붐이 찾아왔다. GM의 **EV1**이 인기를 끌었지만 EV는 갑자기 시장에서 사라진다. 다큐멘터리 영화 **누가 전기 자동차를 죽였나?**에서는 기득권을 지키려고 하는 정치나 산업이 EV 보급을 극력 저지하는 무대 뒷이야기가 흥미롭게 펼쳐지고 있다.

제3차 붐은 2009년에 오바마 정권에서 추진했던 **그린 뉴 디젤**이 계기가 되었다. 2010년에 닛산 **리브**가 등장하면서 EV 붐은 최고조에 이르렀지만 셸 혁명과 함께 점차 수그러들었다. 그러면서 전지 A123 시스템즈나 배터리 교환 방식 EV인 베터 플레이를 포함해 많은 EV 벤처가 경영 파산을 맞기도 한다.

현재가 4번째 붐이다. 이번에는 확실히 외부 환경이 다르다고 느껴진다. 과거의 붐은 미국이 진원지였지만, 잘 생각해보면 미국 시장은 EV에 적합하지 않아 지속성을 기대하기가 쉽지 않다. 이번 붐은 EV와 친화성이 높은 유럽과 중국이 진원지이다. 유럽에는 일관성이 강한 장기연비규제 로드맵이 있고, 중국은 NEV 규제를 깔고 있다. 두 지역은 지속적으로 EV 수요를 견인할 조건이 갖춰져 있다. 중국은 거대한 EV 시장을 형성하는 데 그치지 않고 원재료 조달, 전지 제조, 전지 재활용, EV 제조·판매라고 하는 에코시스템 구축이 가능하다. 자본 시장의 변동 등에도 쉽게 좌우되지 않는다. 이번 붐은 결코 무시할 상황이 아닌 것이다.

🏃 EV의 가격 경쟁력 분석

EV가 정말로 생활 속 일부가 될지 어떨지는 EV에 가격 경쟁력이 생기고, 충전 인프라까지 포함해 편리성을 확보하느냐 여부에 달려 있다. EV의 가격 분석에 낙관론이 있는 것은 사실이다. 많은 분석이 2025년 무렵에는 EV와 가솔린 자동차의 가격이 비슷해지거나 역전될 것이라고 보고 있다. 블룸버그NEF 조사에서는 EV 가격이 2024년에는 가솔린 자동차에 근접했다가, 2029년에는 모든 세그먼트에서 가솔린 자동차와 똑같아질 것으로 분석하고 있다. 미국의 샌포드 번스타인은 2026년에 가솔린 엔진 가격이 EV의 시스템 가격을 웃돌 가능성이 높다고 지적하고 있다.

그러나 이 책에서는 가솔린 자동차와 EV 차량 가격이 역전되어 EV 수요가 폭발적으로 확대될 것이라는 낙관적 시나리오는 상정하지 않겠다. EV를 포함해 전동화라는 파도에 대응하는 일은 중요하다고 생각한다. 그렇기는 하지만 동요를 불러일으킬 만큼 EV 시프트를 부채질하는 일부 미디어나 싱크탱크의 행동을 쉽게 납득하기 어려운 것 또한 사실이다.

전지 가격의 하락은 충분히 기대할 수 있다. 그러나 현실적으로 상정할 수 있는 리튬이온 전지의 음극·양극 재료 질량 당 에너지 밀도(질량 당 에너지 밀도로, Wh/kg으로 표시)에 있어서의 진화 속도에서는 EV가 가솔린 자동차를 웃도는 가격 퍼포먼스를 만들어 내기가 쉽지 않다. 현재의 리튬이온 전지 질량 에너지 밀도가 300Wh/kg에서 한계라

¤도표7-3 • NEDO 자동차용 2차 전지 로드맵

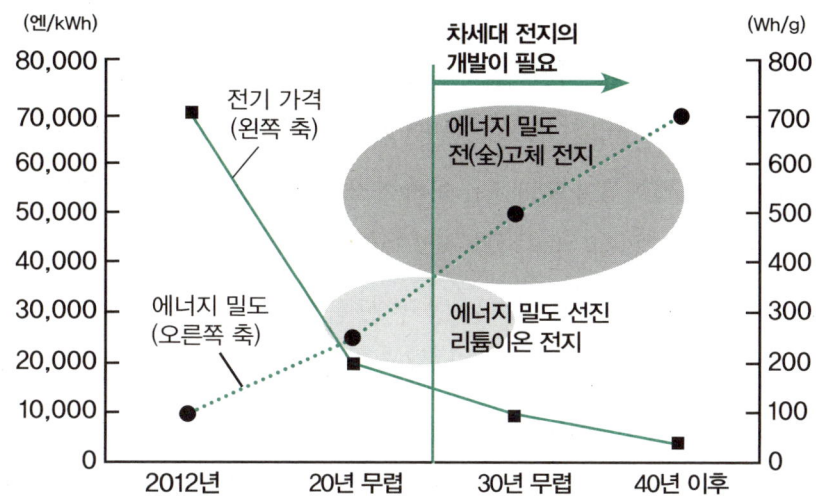

출처 : NEDO 2차 전지 기술 개발 로드맵 2013의 데이터를 바탕으로 나카니시 자동차 산업 리서치가 작성

고 한다면, 항송 거리를 확보하려면 아무래도 대량의 배터리를 탑재하지 않을 수 없다. EV 판매 대수 성정이 가속화되면 수급 균형으로 인해 전지의 원재료 가격 상승을 일으킴으로써, 전기 가격이 결과적으로 기대하는 만큼 떨어지지 않아 EV의 가격 경쟁력은 감쇄한다. 차세대 전기가 나오지 않으면 EV가 본류가 되기는 어려울 것이다.[18]

지금부터는 닛산 리브를 예로 들어 살펴보겠다. 신형 리브의 최저 가격은 3,220만 원으로 약 1,100만 원(1kWh 당 27만 원, 40kWh)짜리 전지를 탑재하고 있다. 정부와 지방의 보조금 600만 원을 빼더라도 리브의 최저 가격은 2,620만 원이다. 덧붙이자면 프리우스(전지 탑재량 0.7kWh) 가격은 보조금이 없이도 2,420만 원이면 된다.

[18] 「NEDO 2차 전지 기술 개발 로드맵 2013」, https://www.nedo.go.jp/content/100535728.pdf, 국가연구개발법인 신에너지 산업 기술 종합개발기구(NEDO)

2030년에 리브의 전지 가격이 1kWh 당 10만 원까지 떨어진다는 낙관적 가정 하에서는 리브 가격이 2,540만 원으로 낮아지지만, 그래도 아직 프리우스보다 비싸다. 프리우스가 가솔린 자동차보다도 200만~300만 원 정도 비싸다고 치면, EV가 가솔린 자동차보다 싸지기 위해서는 전지 가격이 8만 원/kWh 이하까지 떨어져야 한다는 계산이다.

이 전지라는 것이 가격의 70%가 원재료 가격이다. 현시점에서 기대할 수 있는 질량 에너지 밀도는 양극재, 음극재, 전해액, 세퍼레이터 같은 주요 기구의 원재료 가격만 하더라도 10만 원 이하로는 상당히 어렵다는 의견이 많다.[19] 심지어 대량의 전력을 필요로 하는 가공비, 설비비, 인건비, 패키지, 배터리 매니지먼트, 냉각 장치 가격이 들어간다. 당연히 전지 메이커의 이익도 필요하다. 당분간 10만 원 이하는 매우 어려운 작업이라고 하지 않을 수 없다.

재료비의 시장 가격 변동은 전지 가격 인하에 있어서 최대 리스크 요인이 될 것이다. 재료비의 시장 가격은 수급 균형에 따라 바뀐다. 가령 2030년에 EV 생산 대수가 2,000만 대라고 했을 때 필요한 전지량은 1,000기가Wh가 되어, 세계에 테슬라의 기가 팩토리급 공장을 30개 이상 건설해야 한다는 결론이 나온다. 필요한 만큼 코발트, 리튬을 공급하는 것도 쉽지 않기 때문에 수급 관계가 무너지게 되면 가격은 급등할 것이다.

---

[19] 「EV가 싸지지 않는 「진짜 이유」를 알리자」 「Newspicks」 https://newspicks.com/news/2810320/body/

🏃 지역별로 크게 바뀌는 파워트레인 믹스

다임러의 디터 제체 CEO도 말했듯이 한 가지 동력원에만 너무 의존하는 것은 문제가 있다. 자원을 유효하게 활용하면서 최대한의 효과를 만들어내는 자동차 동력원 구성을 찾지 않으면 그다지 현실적인 논의가 이루어지지 않는다. 이런 EV나 하이브리드 등의 동력원 구성을 파워트레인 믹스라고 부른다.

전지에서 사용되는 자원의 원재료 단위는 EV를 100으로 쳤을 때, 플러그 인 하이브리드가 10이 되고 하이브리드가 1이 된다. 효율이 낮은 전지를 이용하는 EV에서 원재료를 낭비하는 것은 합리적이지 않다. 자원 소비를 최소한으로 낮춤으로써 CO_2 총배출량을 최적화할 수 있도록, 예를 들면 EV 10%, 플러그 인 하이브리드 20%, 하이브리드 70% 같은 식으로 파워트레인 믹스를 구성하는 것이 결과적으로 지구 환경에 친화적이고 CO_2 절감에 대한 지속적인 해결책이 될 수 있다.

ZEV, NEV, CAFE 같이 구체적인 규제를 충족시킬 **최소한의 규제를** 실현하면서 각 자동차 메이커마다 최상의 파워트레인 믹스를 추구해 나갈 것이다. 그런 상태에서 MaaS 영역의 EV 보급을 고려해야지만 현실적인 2030년의 전동화 예측이 성립된다.

이 책에서는 2030년 주요 시장의 CAFE, ZEV/NEV 규제를 추정하고, 그 규제를 소화할 수 있는 파워트레인 믹스를 검증했다. 유럽 CAFE의 2030년 규제 최종 목표는 68g/km, 일본의 연비 목표는 75g/km, 중국 CAFC 74g/km, 미국 CAFE 110g/km, 중국의 요구 NEV

¤도표7-41 · 2030년의 지역별 파워트레인 구성 예측

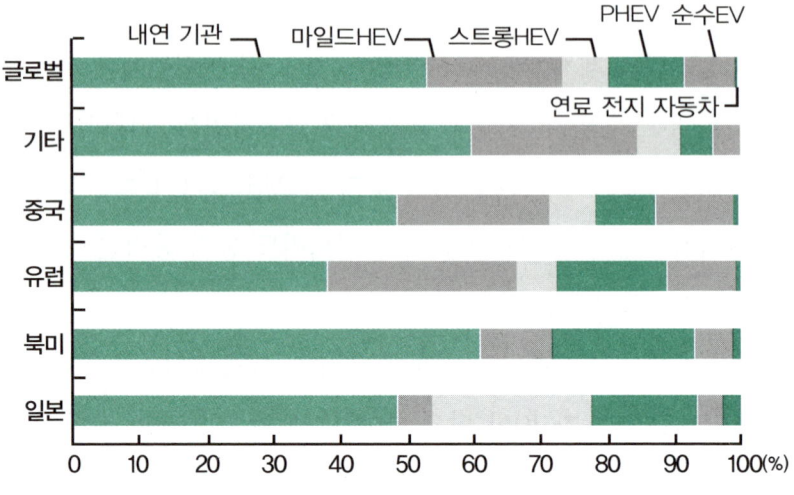

출처 : 나카니시 자동차 산업 리서치

비율은 34%, 미국 10개 주의 요구 ZEV 비율은 32%라고 전제한다. MaaS 차량의 약 반을 EV로, 나머지는 다양한 파워트레인으로 분산한다고 가정하고 다음과 같이 예측했다.

먼저 2030년의 유럽·미국·중·일본 같은 주요 시장에서 EV가 점유하는 구성비는 7.8%가 된다. 연료 전지 자동차 0.4%와 합산한 제로 이미션 자동차의 구성비는 8.2%이다. 가장 유망한 것은 하이브리드로서 전체의 38.4%를 차지한다. 플러그 인 하이브리드는 19.6%, 스트롱 하이브리드가 7.1%, 마일드 하이브리드가 20.8%이다. 전동차 구성이 46.8%, 엔진만 사용하는 차량 비율은 53.4%가 된다.

여기서의 예측은 앞서 소개한 각종 기관의 예상을 크게 밑도는 것이다. 그렇다고 EV 비율 8%가 결코 비관적인 수치라고 생각하지 않는다. 오히려 원재료의 공급 제약에 영향을 받지 않는다는 점을 전제로 하고

있기 때문에, 현실적인 조건하에서는 예상을 더 밑돌 리스크가 있을지도 모른다.

이래서는 큰 문제를 남기게 된다. COP21에서의 온난화 상승을 2도 미만으로 낮추겠다는 약속을 정말로 현실화하려면 GHG 배출량을 2050년까지 현재보다 80% 이상 줄일 필요가 있다. 그러기 위해서는 2050년까지 주행 중에 CO_2를 배출하지 않는 ZEV 비율이 60% 이상 필요한 것으로 계산된다. 2030년까지 EV 비율이 8%에 머문다고 한다면 2도 미만으로 낮추는 시나리오가 얼마나 힘든 목표인지 재인식해야 할 것이다.[20]

EV 보급을 본격적으로 가속화하려면 전全고체 전지로 불리는, 높은 질량 에너지 밀도를 가진 차세대 고출력 배터리가 필수일 것이다. 2030년 이후에나 양산 보급될 가능성이 있다고 이야기되지만, 이것은 무슨 일이 있더라도 지구 환경을 위해서 조기 실현을 달성해야만 한다.

🏃 다음 10년도 복잡성과의 싸움이 될 것

차세대 배터리에 대한 목표가 설 때까지 최적의 파워트레인 믹스를 모색하는 한편으로, 동시에 엔진의 효율 개선을 추진해 나가는 것이 자동차 산업의 현실인 것이다. 2030년 단계에서도 엔진을 이용하는 자동차 비율이 계속해서 90%로 상당히 높다. EV 시대가 도래했다고 외친다 한들 문제가 해결되는 것은 아니다. 엔진 효율을 살려가면서 하이브리드화하는 기술 육성은 앞으로도 계속해서 중요시 될 것이다.

[20] "Tracking Clean Energy Progress 2017" https://webstore.iea.org/tracking-clean-energy-progress-2017, IEA

세계 지역 간 파워트레인 믹스의 구성비 차이가 크다는 점도 머리를 아프게 하는 대목이다. 단순히 EV라고 말하지만 유럽과 일본은 소형 커뮤터, 중국은 저가 EV, 미국은 항속 거리가 길어야 하는 등, 크기나 가격도 상당히 다르게 진행될 것이다. 기존의 엔진 쇄신과 새롭게 증식할 복잡한 전동화 양측 면까지 동시에 충족시켜야 한다는 것은 개발과 평가, 검사에 대한 부담이 급격히 확대된다는 것을 의미한다.

　이런 상황이라면 자동차 메이커의 체력 승부가 장기화될 것은 틀림없어 보인다. 이에 대한 부담을 줄이기 위해서는 파워트레인의 기종 수를 정리하는 것은 물론이고, 거기에 기업 간 연대를 맺어 파워트레인을 보안할 필요성이 더 높아질 것이다. 이미 지적했듯이 AI가 이동의 자유를 가져올 기술 혁신이라면, 전동화는 그 자유를 진짜 의미에서 지속 가능한 것으로 만드는 자동차 산업에 있어서는 궁극의 기술 혁신이다. 하지만 이 전동화에는 여러 가지 장애물이 있어서 상당한 기술적 돌파구가 없으면 쉽사리 손에 넣기는 힘들다. 전동화는 다음 10년을 여는 자동차가 극복해야 할 중대한 과제로서, 차분히 마주하면서 대응해 나가지 않으면 안 된다.

4 중국의 신에너지 자동차(NEV) 전략의 진상

🏃 NEV 전략의 배경

중국의 NEV 정책은 2001년부터 시작된 **3종 4횡**이라고 하는 신에너지 자동차(NEV) 개발부터 시작된다. 2012년부터 NEV를 산업 정책으로 추진해 왔지만 그 과정은 고전의 연속이었다. 전환점은 2015년의 **중국 제조 2025**로서, 산업 정책 색깔을 더 강하게 물들인 것이다. 넉넉한 보조금, 자동차 구입세 면제, NEV 전용 번호판의 우선 할당 등이 실시되면서 NEV 시장은 확대되기 시작했다.

2015년에 33만 대에 불과했던 NEV 시장은 2017년에 77만 대로 2배 이상이 증가한다. IHS 마킷에 따르면 전 세계 NEV 시장(137만 대)에서 차지하는 중국의 판매 대수 점유율이 57%에 이르렀다. 2018년에 105만 대로 성장하고, 2020년에는 180만 대까지 확대될 가능성이 높을 것이다. NEV 판매 국가 계획 대수는 2020년 200만 대, 2025년에 700만 대, 2030년에 1900만 대를 목표로 하는 원대한 계획을 세운 바 있다.

NEV 시장이 순조롭게 확대되고는 있지만 **관제 수요**에 의해 뒷받침되고 있는 것은 틀림없다. 2017년의 NEV 판매 대수 가운데 13%는 보조금이 들어간 EV 버스, 19%는 배송용 소형 버스 등과 같은 상용차이다. NEV 수요의 40%는 A00, A0 클래스로 불리는 소형 EV로서, 지방에서의 모빌리티 서비스를 제공하는 법인 수요가 대부분이다. 그밖에 15%가 A, B세그먼트로 개인 보유와 택시 수요, 13%가 플러그 인 하이브리드로 개인 보유가 주체이다.

¤도표7-5 ・ NEV 수요 구성

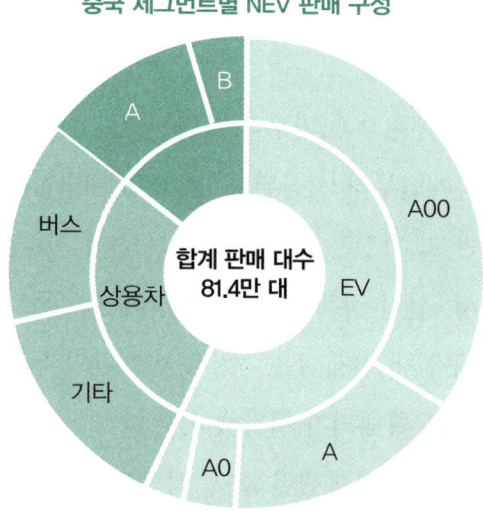

*참고 A00 : 경차 크기, A0 : 혼다 피트 크기, A : 도요타 카롤라 크기, B : 도요타 캠리 크기, C : 도요타 크라운 크기
출처 : China Passenger Car Association의 데이터를 바탕으로 나카니시 자동차 산업 리서치가 작성

　이들 개인 보유 승용차의 수요 대부분은 도시권을 중심으로 하는 NEV 전용 번호판을 우선적으로 할당받기 위한 수요이다. 베이징에서는 번호판 추첨에 당첨될 확률이 0.05%밖에 안 될 정도로 희박해서,

부유층들이 EV 구매를 통해 활로를 찾는 것이다. 반면에 일반 소비자 가운데 NEV를 정말로 평가해서 구매하는 비율은 아직 한정적이다. NEV는 주행 거리가 짧고 부족한 충전 설비 등, 사용 측면에서의 불편함이 구입을 주저하게 하는 것이 실태이다.

2020년이 심판의 날

지금부터는 꽤나 복잡한 구조를 하고 있는 중국의 환경 규제에 대해 살펴보겠다. 먼저 더블 크레딧 제도라는 것이 있다. 연비 규제인 CAFC(중국판 ACFE)와 NEV를 통일해서 관리하는 더블 크레딧 제도가 2018년부터 시행되었다. 이 더블 크레딧 제도의 목적은 2가지이다.

첫 번째는 CAFC 대응을 추진하는 데 있어서 EV 등과 같은 NEV에 생산 인센티브를 주려는 것이다. 더 나아가 NEV 생산 대수에 맞춰 정부가 부여한 NEV 크레딧 매매를 장려해 NEV 공급력 강화를 겨냥하고 있다. 간단하게 말하면, 보조금에 의존하는 수요 중심의 정책을 크레딧을 바탕으로 한 공급 중심의 정책으로 전환하겠다는 목적이다. 생산 대수를 높여 상품 가격을 낮추는 한편, NEV 상품 성능을 끌어올림으로써 결과적으로 가격 하락과 수요 환기로 이어지는 선순환을 끌어내겠다는 것이다.

이 때문에 NEV 이전에 CAFC에 대해 먼저 이해할 필요가 있다. 구조는 일반적인 연비 규제와 별 차이가 없다. 기업 평균 연비 목표를 2015년의 5.9L/100km(160g/km)에서 2020년 5.0L/100km(116g/km)

까지 낮추고, 2025년까지는 4.0L/100km(93g/km)로 개선해 나가는 것이다.

연비 목표를 초과하면 CAFC 크레딧을 획득하게 되고, 미달된 메이커는 마이너스 크레딧이 발생한다. CAFC 크레딧이 부족한 메이커는 같은 그룹의 회사로부터 CAFC 크레딧을 양도받든가, 다른 완성차 메이커로부터 NEV 크레딧을 구매하는 식으로 대처해야 한다. 같은 그룹의 관련 회사끼리는 CAFC 크레딧을 양도할 수 있지만 매매 대상은 아니다.

조금 복잡한 게임 규칙을 읽는 느낌이 들지 모르겠지만, 요지는 CAFC 크레딧이 부족할 때는 NEV 크레딧을 구입해서 충당하면 되고, 그 반대는 안 된다는 것이 포인트이다. CAFC 규제를 강화하면 NEV 생산에 대한 동기 부여가 높아지는 구조이다.

NEV 규제는 당초 계획보다 1년이 늦어진 2019년부터 요구 크레딧 10%에서 시작된다. 그리고 2020년에는 12%로 이미 정해져 있고, 2021년 이후는 향후 발표할 예정이기는 하지만 연평균 2%씩 높아질 공산이 크다.

예를 들어 100만 대를 생산하는 자동차 메이커의 경우, 2020년의 요구 크레딧이 12%이므로 12만 크레딧이 필요하게 된다. 상당히 복잡한 크레딧 조정 계수 이야기는 차치하고라도, 1대 당 획득 크레딧은 EV가 2~5크레딧, 플러그 인 하이브리드는 2크레딧이다. EV만 생산하게 되면 2.4만 대(12만 크레딧÷5), 플러그 인 하이브리드만 생산한다면 6만 대(12만 크레딧÷2) 생산이 필요하다. EV와 플러그 인 하이브리드를 반씩 생산하면 4만 대의 NEV를 생산함으로써 요구 크레딧을 충족시킬 수 있다.

¤도표 7-6 • CAFC와 NEV의 2가지 규제

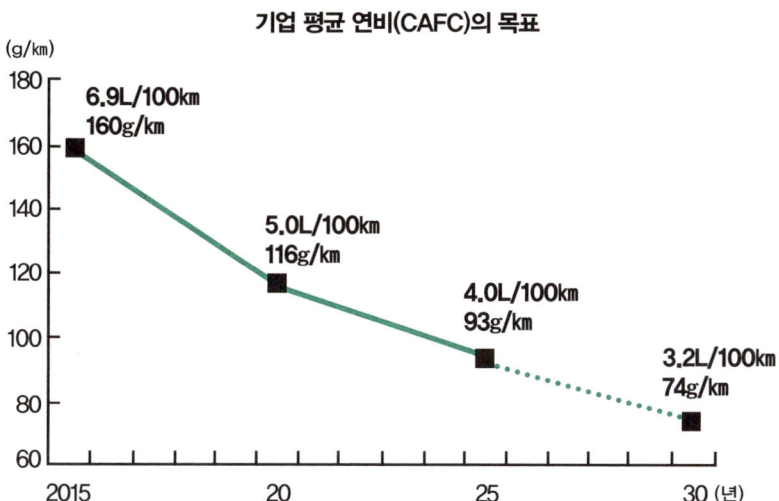

기업 평균 연비(CAFC)의 목표

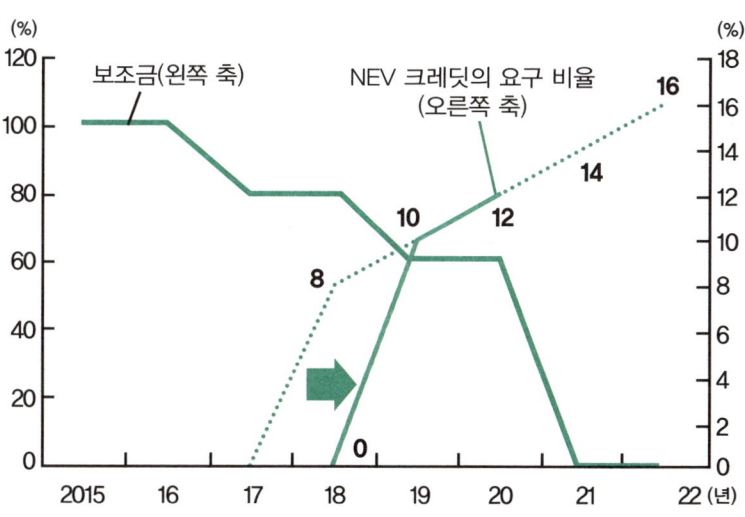

NEV 크레딧의 요구 비율과 보조금 삭감 계획

*참고 : 보조금은 2015년=100으로 해서 지수로 표시.

출처 : 공업정보화부(工信部)의 데이터를 바탕으로 나카니시 자동차 산업 리서치가 작성

NEV 크레딧은 자사에서 다 사용하지 못할 경우 시장을 통해 타사에 매각할 수가 있다. 규제 상으로는 그룹 내에서 양도가 안 되게 되어 있지만, 실질적으로는 그룹의 기업 내에서 통용할 수 있다. 이것은 각 그룹에서 활용할 가능성이 높다. 덧붙이자면 2019년부터 NEV 규제가 시작되기는 하지만, 2019년에 한해서 크레딧 미달성에 대한 페널티는 부과되지 않고 2019년과 2020년을 합계해서 만회할 수 있다.

여기서 독자들의 주의를 환기시키고 싶은 것은, 크레딧이 만들어지는 것은 **생산 대수**이지 **판매 대수**가 아니라는 점이다. 여기에는 많은 오해가 있다. 크레딧이 생산 대수에 부여되기는 하지만, 생산했다고 해서 반드시 전부 판매할 수 있느냐는 별도의 문제이기 때문에 실제 생산과 판매 타이밍이 반드시 일치하지는 않을 것이다. NEV의 수요는 렌터카나 택시 등의 법인 모빌리티 서비스용이 많기 때문에 팔고 남은 재고를 이런 법인 수요로 밀어낼 수도 있다.

실제로 많은 중국 기업이 2020년의 NEV 요구 크레딧을 특별히 시련이라고 인식하지 않는다. 상하이자동차를 예로 들자면, 연간 200만 대의 생산 판매 대수에 대해 12% NEV 요구 크레딧을 곱하면 24만 크레딧이 필요하게 된다. 1대 당 4크레딧을 전제로 하면 5만 대가 넘는 NEV 생산 대수가 필요하다. 상하이자동차가 중국 전역에 1,500여 곳의 판매점을 보유하고 있으므로, 5만 대의 NEV라고 해야 1곳 당 매달 3대만 팔면 달성할 수 있는 수치이다. 크레딧은 남아돌 가능성이 높아서 그룹 합병 회사인 GM이나 VW에게 융통될 것으로 보인다.

¤도표 7-7 • 더블 크레딧의 구조

	CAFC 크레딧	NEV 크레딧
대상	공급 대수 2,000대 이상인 메이커	공급 대수 3만 대 이상인 메이커
해소 기준	각 연도의 기준 초과 2019년 5.5L/km 2020년 5.0L/km	생산 대수에 대한 비율 2019년 10% 2020년 12%
그룹 내 양도	가능	불가능
시장에서의 거래	불가능	가능
연차 이월	3년, 디스카운트 있음	1년, 디스카운트 없음
보전 규칙	NEV 크레딧은 CAFC 크레딧의 부족분을 보전할 수 있다.	

*참고 : CAFC 크레딧=(기업 평균 목표값-기업 평균 실제값)×대수
출처 : 공업정보화부(工信部)의 데이터를 바탕으로 나카니시 자동차 산업 리서치가 작성

🏃 전동화 관련 부품의 집중

전 세계 전동화 흐름을 논의할 때 최대 시장인 중국의 NEV 시장 동향은 무시할 수 없다. 중국이 국가 산업 전략으로 추진하는 NEV 정책은 유럽이 해결하려는 환경 문제 정책과 이해가 일치한다. 유럽 자동차 메이커와 서플라이어는 중국 시장을 마치 이익을 만들어내는 머신처럼 공들여 왔는데, 이때 손잡은 중국과 유럽의 정책을 이용해 스스로의 전동화 전략을 성공시킴으로써 다시 한 번 이익을 도모하고 있다.

다임러의 EQC, EQA, VW의 ID, ID CROZA, 아우디의 etron, BMW의 i5 등과 같이 대형 배터리를 탑재한 글로벌 EV 전용 플랫폼 베이스의 신형 EV를 2019년부터 2020년에 걸쳐 중국 시장에 투입한다. 이런 세계 전략 상품에 대한 초기 투자를 중국 시장에서의 판매 확대를 통해 조기

에 회수함으로써, 전 세계 EV 경쟁 속에서 우위에 서려고 하는 유럽 진영의 목적은 분명해 보인다.

차량 탑재 전지 시장에서는 닝더스다이寧德時代 신에너지 과학기술 유한공사CATL라고 하는 시진핑 국가주석이 주도한 거대 전지 메이커가 탄생했다. 2017년도에 CATL이 출하한 물량은 12기가Wh나 되어, 같은 중국 BYD의 10기가Wh, 파나소닉의 9기가Wh를 뒤로 하고 최대가 되었다. CATL의 2017년도 평균 전지 생산 비용은 910元(원, 약 15만 원)/kWh로, 고성능 배터리의 생산 구성비가 높은데도 불구하고 라이벌인 BYD의 1,000원(元)/kWh보다 10% 정도가 낮다. 자동화 비율, 인건비 효율, 높은 수율 덕분으로 보인다.

CATL의 특징은 푸젠성福健省 닝더시寧德市라는 입지이다. 1980년대에 시진핑이 머물렀던, 광대한 차 밭의 빈곤 지역이었지만 계획적으로 세계 최고의 전지 공장 도시로 육성되어 왔다. 원래는 일본 TDK의 자회사 ATL이었지만, 차량 탑재 배터리 사업이 정부 의향에 의해 빠져나오면서 현대를 의미하는 Contemporary의 C를 붙여 2011년에 중국 자본의 CATL로 다시 태어났다. 전체 사원 13,000명이 근무하는 기업 도시, 거대 부지에 자리 잡은 연구 개발 시설에는 3,400명의 연구 개발 인원이 근무하면서 도시 전체에서 고품질에 저가의 전지를 개발, 생산하는 에코시스템을 형성하고 있다.[21]

주목할 만한 점은 CATL이 2021년까지 독일 튀링겐주에 12기가Wh의 생산 능력을 갖춘 새로운 공장을 건설하기로 결정했다는 것이다.

[21] 「최강의 EV 전지 메이커. 『중국 CATL의 모든 것』」 『Newspicks』 https://newspicks.com/news/3055847/body/

BMW, VW, 다임러, PSA, 재규어, 랜드로버에 공급할 것으로 보인다. 유럽 자동차 산업이 나아가려는 EV 전략에는 전지 공급 능력을 확보하는 것이 필수인 상황으로 큰 공급원을 확보하게 된 것이다.

보쉬, 콘티넨탈, 발레오 등의 유럽 서플라이어 전략에도 주목해야 할 점이 있다. 이액슬eAxle, 48볼트 마일드 하이브리드 등, 앞으로 유럽 시장에서 확대가 예상되는 신기술을 중국 NEV 시장의 성장과 연계시킴으로써 개발 비용 회수나 규모적인 이점의 확립을 실현하려고 한다는 점이다. 이액슬은 모터, 인버터, 감속기를 유닛으로 만든 전동화에 대한 일괄 공급 제품이다.

이액슬에서는 보쉬와 일본전산이 주목해야 할 기업이다. 양산 개발과 현지 공급 체제 구축에서 크게 앞서 나가고 있다. 이액슬과 CATL의 전지를 조합하면 가격 경쟁력이 뛰어난 EV를 비교적 쉽게 만들어 낼 수 있다. 특히 모빌리티 서비스용 저출력 수준의 EV 시장에서 강점이 있다.

보쉬의 이액슬은 출력 50~300kW, 토크 1,000~6,000Nm의 확장성이 있으며, 무게는 약 90kg으로 가벼운 편이다. 현재 구동용 모터를 생산하기 위한 새 공장을 건설 중으로 2019년부터 출하할 계획이다. 2018년의 베이징 모터쇼에 전시된 일본전산의 대항 상품은 최대 출력 150kW에 토크는 3,900Nm, 무게는 83kg으로 보쉬보다 약 10%가 가볍다. 일본전산은 3,000억 원을 투자해 GM이나 VW 등이 모여 있는 상하이 근교인 저장성浙江省 핑후平湖에 구동용 모터 생산을 위한 공장을 건설 중이다. 구동용 모터의 세계 점유율 50%를 목표로 하는 한편,

2025년도까지 구동용 모터 매출 1조원 이상을 계획하고 있다. 이액슬의 가격은 일단 150만~200만 원 정도에 시장에 투입되었다가, 2025년 무렵에는 100만 원까지 떨어질 가능성이 높다.

전동화 관련 컴포넌트 시장은 세계적 서플라이어들의 표적이다. 보쉬, 콘티넨탈, 셰플러, ZFTRW 등의 독일 진영에 발레오와 보그워너 등까지 포함, 세계적인 티어1 강호들이 뛰어들어 전동화 부품의 공급체제를 구축하고 있다. 히다치 오토모빌 시스템즈, 파나소닉, 덴소 등과 같은 일본 티어1도 전동화 관련 사업을 확대할 방침이다. 중국은 전동화 관련 부품의 거대 생산지로서 세계적으로 존재감을 늘려 나갈 것이다. 그런 거대한 조류에 제대로 편승하면 큰 성장을 구가하는 것도 꿈만은 아니다.

5 야망과 현실의 간극 – EV의 리스크 시나리오

🏃 EV의 5가지 난관

EV를 보급하는 데 있어서 다음의 5가지 문제가 걸린다. ① 인프라 정비 문제, ② 원재료의 수급 균형, ③ 전지 가격, ④ 불안정한 중고차 가격, ⑤ 전지의 세대 교체. 이들 저해 요인은 예전부터 언급되어 온 것들로, 지금까지 해온 논의의 반복에 지나지 않는다. 그렇다고 이 저해 요인을 뒤집을 만한 설득력 있는 반론도 들려오지 않는다. 당분간 EV가 보급되기까지는 상당한 어려움이 예상된다는 점을 밝히면서 이 장을 마무리하겠다.

인프라 정비 문제에는 발전·송전 인프라와 충전 인프라 2가지 측면이 있다. 유럽 대륙에서는 국경을 넘나들 수 있어서 비교적 전력 융통이 쉽지만 영국이나 미국, 일본에서는 전력 부족 문제가 심각한 편이다. 통상적으로 사용자가 야간에 충전한다는 전제라도 100만 대의 EV

를 충전하려면 대형 화력발전소 1곳과 맞먹는 몇 백만 kW의 전력이 필요하다. 나아가 50kWh짜리 급속 충전기를 이용해 이 100만 대를 충전한다고 가정하면, 발전·송전 인프라를 그런 최대 전력 수요에 맞춰 설계하기는 매우 어려울 것이다.

전지의 원재료 수급 균형은 2020년에도 심각한 문제로 부상할 리스크가 있다. 전지 재료 가운데 가장 조달이 불안정한 자원은 코발트로 알려져 있다. 채굴할 수 있는 지역이 편중되어 있고, 거기에 코발트의 과반은 내정이 불안한 콩고민주공화국에서 채굴된다. 유니세프에 따르면 4만 명의 아동이 코발트 채굴 노동에 종사하고 있다고 전해지며, 열악한 노동 환경은 인권문제로까지 거론되어 왔다.

코발트의 세계 매장량은 710만 톤 정도이다. 가령 2030년에 1,000만 대의 EV가 생산된다고 가정하면 원재료 단위 계산으로 17만 톤의 코발트 채굴이 필요하다. 2017년에는 11만 톤이 채굴되었는데, 대폭적인 공급량 확대가 없으면 수급 균형이 무너질 가능성이 높다. 채굴이 쉬운 광산은 개발이 끝났기 때문에, 더 깊게 파내려 가려면 그 난이도도 높아질 수밖에 없다. 가령 채굴이 원활히 된다 하더라도 40년 정도면 고갈되고 만다. 수급 균형으로만 보면 리튬은 더 심각하다. 2025년까지 수요가 공급을 대폭 상회할 가능성이 높다.

전지 가격에 대해서는 이미 언급했으므로 여기서는 생략하겠다.

EV의 중고차 가격도 어려운 문제이다. 전지 성능은 사용 빈도나 충방전 등에 따라 노화 정도가 크게 달라진다. EV는 가솔린 자동차 이상으로 중고차의 가격 변동이 클 것으로 예상된다. EV는 개인 소유차

POV보다도 모빌리티 서비스MaaS와 친화성이 높다고 생각하는 배경에는 불안정한 중고차 가격 문제가 있다. 중고 배터리를 추적하는 기술 Traceability, 평가 시스템, 재활용 기술 등도 아직껏 정비되지 않고 있기 때문에, 중고 전지가 급격히 증가되면서 발생할 사회 문제에 대한 대책도 필요하다.

전지의 세대 교체 기대가 높은 것은 EV의 조기 보급을 방해하는 큰 리스크이다. 전지 기술은 10~20년에 한 번 꼴로 크게 도약한다. 국립연구개발법인 신에너지 산업기술 종합개발기구NEDO의 자료에 따르면 리튬이온 전지는 2020년에 질량 에너지 밀도가 250Wh/kg에 이르고, 2030년 이후에 보급기를 맞을 전全고체 전지는 400Wh/kg에 이른다. 미래의 공기 전지는 1,000Wh/kg까지 내다본다. 공기 전지야 그렇다 치고 전全고체 전지는 실현될 날이 점점 다가오고 있다. 10년 정도에 차세대로 옮겨 갈 가능성이 있으면, 전지 메이커는 어느 시점 이후로는 추가 투자를 줄여나가기 시작할 가능성이 있다. 남아돌아가는 전지를 공급받을 수 있을 거라고는 생각하기 어렵다.

유럽에서 하이브리드가 팔리는 이유

디젤에 대한 역풍이 강한 유럽 시장에서 상당히 판매 호조를 보이는 것이 도요타의 하이브리드이다. 2017년에 유럽에서 판매된 하이브리드는 40만 대에 이르며, 판매 대수 가운데 하이브리드가 차지하는 비율이 43%나 된다. 디젤 이탈로 인한 공백을 분명하게 도요타 하이브리드가 채우고 있다. 이런 배경에는 디젤을 제외하면 저연비에 따른 자동차세 경감 이득을 누리기 위해서는 하이브리드를 선택하지 않으면 안 된다는 점과, 디젤의 잔가 가치(=중고차 가격) 하락에 힘입어 리스 지불을 통한 하이브리드의 가격 경쟁력이 크게 향상되었기 때문이다.

도시 내 진입 규제나 신규 구입 제도가 진행되면 디젤의 중고 가격 하락은 더 심해질 것으로 예상된다. 도요타에게 있어서 유럽의 하이브리드는 가장 매력적인 가격 설정이 가능한 시장이다. 그것은 가솔린보다 약 200만 원이나 비싸게 가격을 설정했던 디젤이 있었기 때문이다. 도요타에게는 수익성이 높은 하이브리드 시장이 확대되고 있다. 경쟁사의 실수도 있었지만 하이브리드는 유럽 시장에 정착했고, 도요타의 전략은 크게 결실을 맺고 있다. 디젤에서 EV로의 전환을 서두르고 싶어 하는 유럽 자동차 메이커에 대해, 도요타의 하이브리드 경쟁력이 커지고 있는 흥미로운 현상이 일어나고 있는 것이다.

🏃‍ 디젤은 사라지지 않을지도 모른다.

독일의 메르켈 수상은 프랑크푸르트 모터쇼에서 디젤차의 개량과 EV에 대한 투자를 동시에 추진하는 **양동 작전** 의사를 표명한 바 있다. 또한 디젤의 진입을 금지하려는 도시에 대한 대책 차원으로 주행 금지를 피하기 위한 배기가스 삭감 예산 10억 유로(1조 3천억 원)를 준비하는 등, 디젤 방어에 적극적이다. 독일의 고용 정책을 감안하면 디젤의 부활을 겨냥한 정책은 항상 염두에 두어야 할 시나리오이다.

디젤에는 미래가 있습니다. 우리는 오늘 디젤 기술이 끝났다는 논의에 종지부를 찍어야 한다고 생각합니다.

2018년 4월 놀랄만한 보고가 들려왔다. 보쉬의 볼크마르 데너 CEO는 연차 보고 기자 회견에서 획기적인 차세대 디젤 기술을 발표했다. 이 기술이 상용화되면 디젤은 다시 살아날지도 모른다. 1km 주행 당 NOx 배출량을 13mg까지 삭감할 수 있는 기술이다. 이것은 현행 Euro 6d의 배출량을 168mg의 10분의 1까지 낮추는 획기적인 수치이다. 여기서 끝나지 않고 보쉬는 AI를 활용해 배기가스(당연히 CO_2를 제거한다.)를 완전히 정화할 수 있는 내연 기관 개발 목표도 같이 발표했다.[22]

가까운 시기에 디젤의 반격이 시작될 겁니다. 2018년의 빈 모터 심포지움은 완전히 디젤의 축제 같았습니다. 작년에는 EV가 그랬지만 드디어 독일 3사의 속내가 드러난 것이죠.

국제 모터 저널리스트인 시미즈 가즈오는 디젤 부활의 가능성을 제기하고 있다.

분명히 오래된 디젤은 유럽 도시에서 주행 금지가 확대되어 그야말로 끝물 같은 이미지가 정착되어 있지만, 이것은 하나의 실험이기도 하다. 오래된 디젤차가 거리에서 사라지고, 정말로 NOx 수치가 떨어진다면 새로운 디젤차는 도시 환경을 오염시키지 않는다는 것을 증명하는 셈이 된다. 유럽의 환경 정책이 현실을 직시해 오래된 디젤차의 수매 제도, 새로운 디젤차의 판매 촉진책으로 전환하는 상황도 있을 수 없는 얘기라고 단정할 수는 없을 것이다.

[22] 「비약적인 첫 걸음:보쉬의 새로운 디젤 기술을 통해 NOx 배출량 저감 솔루션을 제안」
https://www.bosch.co.jp/press/group-1805-01/ 로버트 보쉬

[제8장]
CASE 혁명을 뒷받침하는 물건 제조 혁신

Connected　Autonomous　Shared & Service　Electric

1 하드웨어의 높은 파도와
그 뒤를 덮치는 소프트웨어 쓰나미

🏃 하드웨어라고 하는 큰 파도

지금까지 자동차 산업이 맞은 혁명적 미래에 대한 그림을 살펴보았다. CASE 혁명은 산업이 탄생한 이래 가장 거대한 혁명적 변화가 될 것이 틀림없을 것이다. 3개의 운석(IoT화, 지능화, 전동화)이 충돌해 거대한 운석 공을 만들듯이, 지구상의 자동차 가치를 파괴할만한 폭발력이 있다는 사실을 지금까지의 분석으로 명확히 밝혀졌다. 그 끝에서 자동차는 사회적 장치로 바뀌게 되고, 최종적인 목적지는 초스마트시티가 구축된 이상 세계가 펼쳐진다. 사회 전체의 가치를 변혁하는 대서사시가 아닐 수 없다.

이런 변화가 얼마 안 되는 사이에 혁명적인 과정으로 일어날지 아니면 과도기가 길어질지, 그 결과에 따라서는 기업 활동이나 시민 생활에 상당한 파급력을 불러올 상황이지만 아직껏 진행 과정은 확실하지 않다.

제4장부터 제7장까지 많은 페이지를 할애해 살펴본 CASE의 4가지 트렌드 분석과 논의에 따르면, 자동차 산업은 복잡하고 장기적인 과도기가 오랫동안 지속될 것이라는 점, 개인 소유차POV와 모빌리티 서비스MaaS 2가지 특성이 다른 상품의 진화가 양립할 것이라는 점이었다. 자동차는 스마트폰 같이 속도감 넘치는 극적 진화도, 혁명적인 산업 구조 변화도, 일반적인 공업 제품으로의 변모도 그리 쉽게 일어나지 않을 것이라는 결론이다. 물론 언젠가는 변화하겠지만.

이렇게 긴 과도기를 거친다는 의미는, 제조업으로서의 자동차 산업 입장에서는 큰 호기가 생긴다는 것을 의미한다. 2030년을 향한 CASE 혁명 가운데 부품 개수, 차량 무게, 물리적이고 이론적인 아키텍처를 포함해 자동차는 과거에 없던 다양한 복잡성을 경험하게 된다. 물건 제조를 기반으로 하는 자동차 산업의 특성이 바뀔 뿐만 아니라, 차원이 다른 복잡성에 대처하는 능력을 갖추도록 압박받게 되는 것이다.

2023년에 시장에 투입될 자동차를 상상해 보자. 커넥티드를 실현하는 통신 모듈과 V2X 차량탑재기, 새로운 멀티미디어 기기, 레벨2~3의 자동 운전을 실현할 레이저 밀리파 레이더, 카메라 등의 센서 종류나 운전자 상태를 모니터링 하는 HMI 기기, 80g/km CO_2 배출량을 실현할 수 있는 모터나 인버터, 엔진 제어 기기 그리고 이것들을 제어하는 전자 제어 유닛ECU 등, 하드웨어를 잔뜩 장착한 자동차가 될 것이다.

레벨2에서는 5~6개의 센서가 필요하지만, 레벨3에서는 15~20개로 증가한다. MaaS용 GM크루즈는 40개나 사용하고 있다. 반도체, ECU, 와이어 하네스 같은 전자 부품도 센서 개수에 비례해 증가한다. 더 고약한 것은 시스템이 고장나더라도 항상 안전하게 제어할 수 있는 자동 원상 복구FailSafe에 대한 이중 투자가 필요하다는 점이다. 모터는 배에 가깝게 그리고 보조 배터리까지 필요하다. 결국 부품 개수가 너무 많이 증가하면서 자동차는 더 무거워지는, 하드웨어의 높은 파도에 휘말리게 되는 것이다.

🏃 소프트웨어 쓰나미

제1장에서 설명했지만 현대의 자동차는 하드웨어만으로는 달리지 못한다. 조작 시스템 부품(액추에이터)을 제어하는 전자 제어 유닛ECU 소프트웨어가 갖춰져야 비로소 기능을 발휘한다. 거기에는 **달리고, 돌고, 서는** 제어가 복잡하게 얽혀 있다. 자동차는 몇십 개나 되는 시스템을 탑재하고 있으면서도 이런 복잡성을 내포한 채로 CASE 혁명의 과도기로 들어가야 한다.

ECU의 심장부에 있는 소프트웨어는 폭발적인 확대가 예상된다. 자동차 ECU에 짜넣는 소프트웨어의 총 단계(Step) 수는 현재의 몇 천만 스텝에서 20020년에는 1억 스텝을 가볍게 넘길 것이다. 또한 2025년까지 몇 억 스텝으로 확대될 것이다. 즉 자동차 산업은 하드웨어의 큰 파도를 넘은 뒤에는 소프트웨어 쓰나미를 맞닥뜨리게 되는 것이다.

가까운 미래의 자동차는 제어 영역Domain이 연계되는 새로운 소프트웨어 제어 능력이 필요하다. 지금까지 ECU를 기능으로 통괄해 대개 5~6개의 도메인으로 통합 제어가 정리되어 왔지만, CASE 혁명 하에서는 이 도메인 사이를 잇는 복잡한 제어가 필요하다. 커넥티드나 오버 디 에어OTA를 통해서 받은 데이터와 여러 개의 차량 센서 정보를 바탕으로 선진 운전 지원 시스템ADAS나 자동 운전 소프트웨어가 자동차의 제어 명령을 내보낸다. 그것을 다시 차체 제어, 파워트레인 제어, HMI 제어 등과 연계시킨 명령을 내보내야 한다.

하드웨어와 소프트웨어를 분산 방식으로 제어해 온, 현재의 도메인으로 묶은 전자 플랫폼의 유지는 이미 한계를 넘어선 요구인 것이다. 이 전자 플랫폼이란 다양한 전자 부품을 연계시켜 차량 전체를 효율적으로 통합 제어하는 전자 세계의 이론적 아키텍처이다. 예를 들면 집을 지을 때의 기초 같은 존재이다. 자동차 산업은 제어 아키텍처를 개선함으로써 새로운 통합 제어에 대한 진화를 모색하게 될 것으로 예상된다. 이들 통합 제어를 실현하기 위해서는 차세대 **전자 플랫폼** 구축이 필수가 될 것이다.

하드웨어의 큰 파도와 소프트웨어 쓰나미와 마주하게 되면서 자동차 구조에는 예전에 없던 대대적 변화가 일어날 것 같다. 도메인을 뛰어넘어 제어할 수 있는 새로운 **전자 플랫폼**이 만들어지고, 팽대한 하드웨어를 제어하기 위해서 소프트웨어와 소프트웨어를 연계시키는 통합 제어가 새로운 경쟁 영역이 될 것이다. 이런 거대 그림을 그리고 나서 시나리오를 정리해 설계도에 반영하고 또한 양산 기술을 확립해 나가는 식의, 자동차에서 가장 중요한 신뢰성을 확보할 수 있는 능력은 소수의 자동차 메이커와 메가 서플라이어만이 갖고 있다. 자동차가 스마트폰같이 바뀔 것이라는 등의 이야기는 당치도 않은 환상인 것이다.

2 자동차 산업의 3가지 과제

🏃 전략적 파트너와 양산 파트너

CASE 혁명 시대의 새로운 자동차 가치에 대응할 수 있는 **물건 제조** 기반을 구축하는 것은 중요한 행보이다. 그를 위해 과제를 정리한 상태에서 각각의 솔루션을 찾아내지 않으면 안 된다. 자동차 산업이 직면한 과제로는 ① 개발 진행 과정의 재구축, ② 차세대 전자 플랫폼 구축(뉴 아키텍처 전략), ③ 전통적 사업의 장기적 수익성 확보 3가지이다.

환경 규제, 안전 규제를 포함해 자동차 산업의 전통적 개발 요건은 그야말로 위기 상태에 있다. 개발 자원이 아무리 부지기수라 하더라도 부족한 상황이다. 거기에 CASE 대응이라고 하는 요소 기술과 시간축, 파트너가 다른 개발 요건 등에 동시에 대응하지 않으면 안 될 상황이다. 역경을 타파하려면 개발 공정 자체의 변혁이 필요한데, 거기에는 공정 관리를 바꿔야 하는 것과 서플라이어와의 관계성 개혁을 추구하

¤도표8-1 • CASE 시대의 「물건 제조」 기반 강화

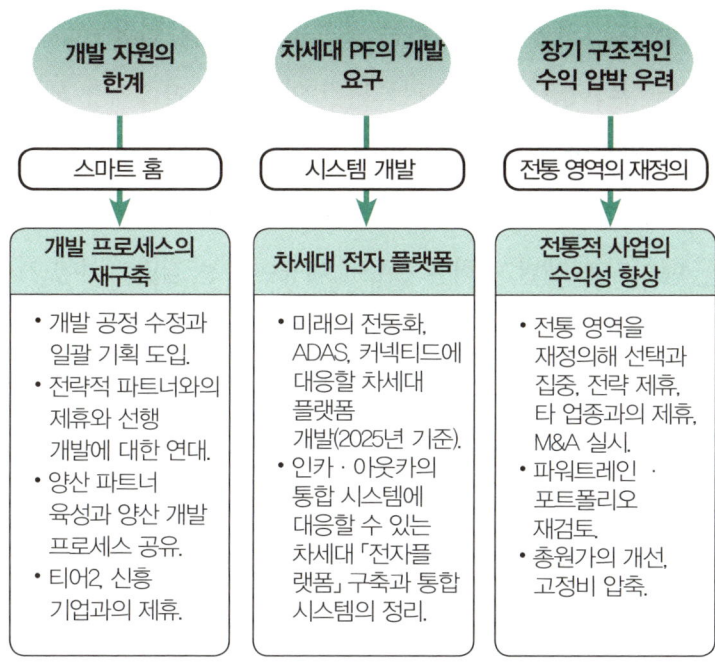

출처 : 나카니시 자동차 산업 리서치

는 2가지 개념이 있다. 서플라이어와의 관계성부터 소개하자면, 티어1의 전통적인 역할을 재정립하는 것이다.

서장에서 살펴보았듯이 전통적 자동차 산업은 자동차 메이커가 정점에 위치하고, 부품을 공급하는 1차 서플라이어인 티어1, 2차 서플라이어인 티어2, 티어3~4가 피라미드 구조를 형성한다. 때문에 중요한 역할과 뛰어난 개발 능력을 가진 티어1 활용 영역을 넓힘으로써 전략적 파트너와 양산 파트너로 끌어올리려는 움직임이 두드러진다.

전략 파트너란 차량 개발의 상류에 있는 선행 개발에 티어1을 끌어들여 개발 프로세스를 공유함으로써 연구 개발에 대한 부담을 줄이려는

목적이다. 사양 요건이 정해지지 않은 조기 단계부터 같이 공동 개발을 펼치는 것이다. 자동차 메이커는 프로듀서로서의 입장부터 전체 기획과 요건을 정의하면서, 전략 파트너가 아키텍처 설정이나 모듈의 성능 요건 등에 반영하려는 작업을 공동으로 추진한다. 공정 단축, 개발 속도 향상, 시스템 서플라이어인 티어1의 노하우 활용을 기대할 수 있다. 자동차 메이커는 개발 여력을 CASE 대응이라는 첨단·선행 기술 개발이나 강 상류의 프로젝트 구상에 나설 수 있는 것이다.

유럽 진영은 다임러와 보쉬, BMW와 콘티넨탈 같이 전략 파트너와 선행 영역 분야에 대한 공동 개발을 일찍부터 추진해 왔다.

도요타에서도 2012년 무렵을 기점으로 덴소와 아이신정밀기기 등과 같은 티어1과 함께 선행 공동 개발에 나서는 사례가 늘고 있다. 도요타 그룹에서는 덴소의 전략 파트너로서의 역할 비중이 점점 커지고 있다.

전략 파트너로서는 통합 시스템 서플라이어로 변신할 기회를 얻을 수 있다. **달리고, 돌고, 서는** 자동차의 기본 성능을 통합적으로 제어하는 개발력과 노하우를 쌓는 한편으로, 자동차 전체의 가치를 끌어낼 수 있는 티어1, **도표8-2**에 굳이 **티어0.5**라고 표기한 유력한 플레이어로 육성되고 있다. 전략 파트너는 특히 자동 운전 기술을 자동차에 적용하는 데 있어서 빼놓을 수 없는 노하우를 터득하기 시작하고 있다.

양산 파트너는 구체적인 요건과 제원에 기초한 양산 개발을 자동차 메이커와 함께 추진하는 티어1 서플라이어를 가리킨다. 개념적으로는 종래의 티어1 서플라이어와 동등하지만, 자동차 메이커가 서플라이어 역량을 끝까지 요구하기 때문에 요구하는 성능에 대해 완성도 높은 모둘 설계나 양산 기량으로 대응할 수 있는 티어1 서플라이어가 아니면 대응하지 못 한다. 단순한 부품 조종자로서의 티어1은 주문 철회나 부가 가치 저감에 휘둘려 티어1.5 같은 존재로 전락할 가능성이 높다.

¤도표8-2 • CASE 혁명의 물건 제조에 있어서 서플라이어의 역할 변화

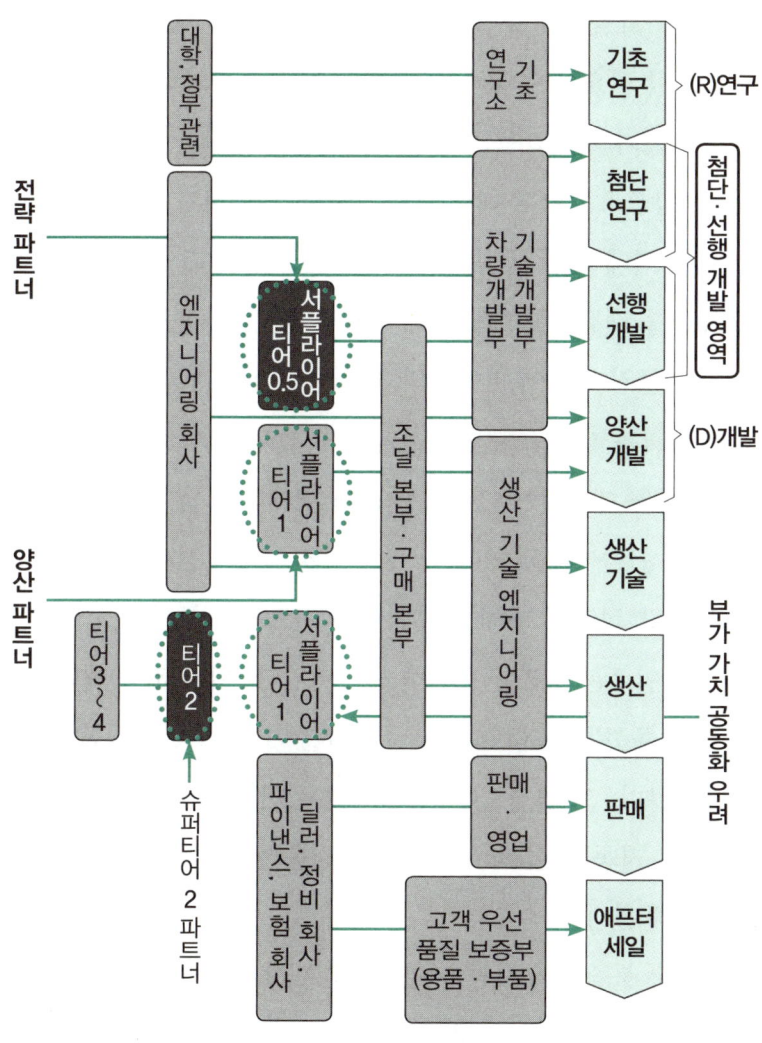

출처 : 나카니시 자동차 산업 리서치

🏃 모듈 설계와 전자 플랫폼

전략 파트너와 양산 파트너를 제대로 구분해 효과를 최대화하려면 자동차 메이커는 개발 프로세스 자체를 재검토할 필요가 있다.

프로세스를 효율화해 조금이라도 상류나 선행적 개발 과제와 관련된 시간을 확보할 필요가 있다. 일반적으로 자동차 산업의 연구 개발비 가운데 **연구 비용**과 **개발 비용**의 비율이 3:7인 구성비가 바람직하다고 여겨져 왔다. 앞으로 CASE 대응을 더 신속히 진행하기 위해서는 연구나 선행 개발 영역에 대한 공정 할당을 늘려야 한다. 그러기 위해서는 개발 프로세스를 재검토해 CASE 시대에 꼭 맞는 공정을 할당하는 것이 경쟁력 있는 물건 제조에 있어서의 첫 걸음이 될 것이다.

유럽 메이커는 개발 프로세스를 개선해 적지 않은 성과를 냈고, 거기서 얻은 여력을 대담하게 CASE 대응에 할애하고 있다. 여기서는 2가지 큰 흐름을 만들어내고 있다. 그것은 **모듈 설계**와 **전자 플랫폼**이다.

여기서 차량 설계에 대해 기본적인 포인트를 뒤돌아보겠다. 자동차는 3만 개에 이르는 부품을 조립해 만들어진다. 이때 조립 패턴을 추려내는 토대가 **플랫폼(차대)**이다. 부품과 부품이 이어지는 지점을 **인터페이스**라고 부르며, 그 연결 방식을 설계하는 개념을 **이론 설계**Architecture라고 부른다. 자동차 설계 프로세스는 전통적인 **플랫폼 설계**에서 **모듈 설계**로 진화해 왔다.

모듈 설계는 불필요한 사양을 떼어내고 필요한 기능에만 초점을 맞춰서 아키텍처를 결정한다. 먼저 플랫폼을 가변 부분(모델에 따라 구분해서 만드는 영역)과 고정 부분(차종을 불문하고 공통된 영역)으로 나눈 다음, 고정 부분 플랫폼을 내장하는 구성 부품을 포함해 조각 케이크처럼 나눔으로써 호환성이 높은 모듈 단위로 설계한다.[23]

모듈 설계에서는 VW의 MQB, 르노닛산의 CMF가 대표적으로, 단순히 말하자면 레고 블록을 조립하듯이 조합하는 식으로 1대의 자동차를 만들어 나가는 설계 프로세스이다. 모듈이 차종을 불문하고 공유되기 때문에 개발 효율 향상과 부품의 공유화가 가능하다. 모듈 설계는 하드웨어와 소프트웨어의 연계를 차체 구조에 반영하기 위해 생각해 낸 물리적 아키텍처라고도 할 수 있다.

2번째 전자 플랫폼에 대한 흐름은, ECU가 제어하는 많은 전자 제어의 연결 방식을 설계하는 개념으로, 이론적인 아키텍처이다. 유럽 메이커는 앞쪽에서 언급한 오토자AUTOSAR를 통한 표준화를 활용해 전자 제어 시스템의 아키텍처를 결정하는 전자 플랫폼을 개발해 왔다. 기본 소프트 개발에서는 벡터가 압도적이며, 2015년에 핀란드 일렉트로비드EB의 차량 탑재 사업을 6억 유로에 매수한 콘티넨탈, 적용 시스템을 개발하는 EATS를 산하에 둔 보쉬가 크게 앞서 나가고 있다.

독일 기업은 오토자를 표준화해 오면서 일본의 물건 제조 경쟁력에 대항하는 한편으로, 모듈 설계와 전자 플랫폼으로 중국 시장을 끌어들여 유럽 표준의 물건 제조를 전개해 왔다. 그런 가운데 유럽 자동차 메이커와 유럽 서플라이어가 이득을 내는 구조를 뿌리박은 것이다. 이 전략이 다음 절에서 살펴볼 차세대 전자 플랫폼 구축이나 하드웨어와 전자 플랫폼은 필요한 기능을 결정하는 대목에 어려움이 있어서, 이것이 잘

[23] 나카니시 다카키『도요타 대 VW(폭스바겐)-2020년의 패권을 잡으려는 최강 기업』일본경제신문 출판사

못되면 도로아미타불이 되고 만다. 미래의 모델들에 대해 필요한 요건을 추려내는 것을 **일괄 기획**이라고 부른다. 유럽 티어1의 전자 제어 개발 능력과 유럽 자동차 메이커의 프로듀싱 능력이 하나가 되어 뛰어난 성과를 만들어내고 있다.

🏃 전통적 사업이 이득을 남기는 강한 플랫폼이 되도록

일본 메이커는 전통적으로 양산 개발 공정 내에서 조종하는 식의 주먹구구식 접근 방식이 주류였다. 개발 후반부에 많은 공정이 집중되어 있기 때문에 개발비 효율이 나쁘고, 얌전히 대응해 주는 **만물 상담소** 같은 티어1 계열이 자기중심적인 모회사인 자동차 메이커를 떠받들어 왔다.

최근 사례이지만, 개발 공정 가장 마지막에 와서야 난리법석을 떠는 것이 혼다이다. 그러나 그런 혼다도 일괄 기획과 아키텍처의 정의, 전자 플랫폼, 모듈 설계에 대처하는 **SED2.0**을 2017년부터 채택하고는 2020년 이후의 차기 **시빅**부터 도입할 예정이다. 도요타는 일괄 기획, 모듈 설계에 대처하는 **도요타 뉴 글로벌 아키텍처(이하 TNGA)**를 2012년부터 선행적으로 도입하기도 했지만, 이 대처는 TNGA 2기로 바뀌면서 새로운 진화 단계에 들어서고 있다.

앞 공정 단계에서 개발 공정 최고치가 이루어지도록 개발 설계를 바꾸어 나가지 않으면 개발 자원의 핍박 문제는 풀리지 않는다. 거대 서플라이어나 전략 파트너의 힘을 최대화시킴으로써 자동차 메이커의 개발 효율을 높이는 일은 CASE 혁명에 대한 대응을 가속화하기 위해서 피할 수 없는 과제이다.

전통적 자동차 산업의 기본적인 수익성을 높임으로써 CASE 혁명에 대응하기 위한 자금을 확보할 수 있는 강한 사업 기반으로 전환하는 일은, CASE 혁명에서 있어서 업계 내부와 이종 업종과의 전투를 유리하게 끌고 가기 위해서는 매우 중요한 과제임을 인식해야 한다.

CASE 기반 구축에 대한 투자 부담, 수익성에 시간을 필요로 하는 커넥티드 사업이나 MaaS 사업에 대한 대처를 원활히 확대하기 위해서, 자동차 산업은 전통적 자동차 산업의 효율을 2025년까지 상당한 수준으로 끌어올리지 않으면 안 된다. 그 이후 잔가 가치가 없는 MaaS 차량이나 비용이 많이 드는 전동차, 자동 운전/ADAS 자동차의 수익성은 상당히 떨어질 것으로 예상되기 때문이다.

엔진 포트폴리오 재검토도 적극적으로 추진해 나가야 할 것이다. 제7장에서 지적했듯이 전동화의 진전은 지역 간 파워 트레인 믹스의 구성에 큰 차이를 가져온다. 기존 엔진의 쇄신과 새롭게 증식할 복잡한 전동화 양면을 동시에 충족시킨다는 것은 개발과 평가, 검사에 대한 부담이 매우 커진다는 것을 의미한다. 체력 승부가 될 것이 불가피하기 때문에 가능한 한 파워트레인 관련해서는 체력 소모를 피해야 할 것이다. 파워트레인의 기종 수를 정리하는 일은 물론이고 타사와의 제휴를 통해 파워트레인을 보완할 필요성이 더 높아질 것이다.

다임러 VW 등은 엔진 포트폴리오를 정리해 V형 엔진을 라인업에서 제외하고 있다. 르노·닛산·미쓰비시 연합은 서로 간 상호 이용을 가속화하고 있다. 티어1 서플라이어는 협업을 추진해 나감으로써 이액슬이나 하이브리드 시스템을 자동차 메이커로 확산시키는 것도 가능할 것이다. 이것이 의외로 큰 시장으로 클 잠재력이 있다는 생각이다.

3 전자 플랫폼에서 통합 제어 시스템으로

🏃 레거시 시스템과 전자 플랫폼

이미 설명했듯이 전자 제어 시스템 부품을 통해 다양한 기능을 실현하고 있는 것이 현대의 자동차이다. 센서에서 얻은 정보를 와이어 하네스가 전달하고, 두뇌에 해당하는 ECU로 보내 계산한 다음 그 결과를 액추에이터라 불리는 가동 부분에 보내서 조작하는 식의 전자 기기 덩어리라고도 할 수 있는 시스템이다.

그 결과 ECU 사이를 이어 주는 와이어 하네스가 게이트웨이를 매개로 마치 스파게티 상태처럼 된다. 반복해서 증축한 여관처럼 **본관, 신관, 별관, 특별관**이 난립한 구조를 건너 복도가 교차하는 것 같은 상태로서, 자신이 어디에 있는지를 잃어버릴 정도이다. 이런 상태를 자동차 레거시 시스템Legacy System이라고 부른다. 이것을 정리하기 위해 만든 것이 BMW와 보쉬가 주도한 오토자이다.

본격적인 시스템을 오토자로 구축하는 단계가 임박해 있다. 오토자는 차량에 탑재한 ECU용 전자 제어의 표준 사양을 정한 유럽 주도의 공적인 표준De Jure Standard이다. 2017년에는 어댑티브 오토자가 나오면서 미래의 자동 운전 제어에 대한 대응이 가시권으로 들어왔다.

현재의 ECU들은 오토자를 통해 기능을 정하는 5~6가지 도메인으로 정리해 통일되고 있다. 말하자면 오래된 여관이 6층짜리 신축 빌딩으로 바뀌는 식이다. 이런 이론 설계(=아키텍처)를 **전자 플랫폼**이라고 생각하면 된다.

자동차 메이커는 전자 플랫폼의 중요성에 대해 진작부터 이해하고 있었지만, 대처는 메이커마다 온도차가 있었다. 훌륭한 전자 플랫폼을 도입해도 사용자의 눈에 보이는 가치가 되기는 힘들다. 전자 시스템의 개발 효율화가 큰 이득이기는 하지만, 만드는 수고에 비해 장점과의 균

¤도표8-3 • 전자 플랫폼의 간소화

출처 : 나카니시 자동차 산업 리서치

형이 나빠서 메이커의 판단이 갈려 왔다. 그러나 CASE 혁명에 대응할 필요성에 압박을 받자 전자 플랫폼을 적극적으로 구축하는 한편, 더 고도로 진화시켜 나갈 수밖에 없게 된 것이다.

🏃 2020년 이후에는 차기 전자 플랫폼으로

2020년 전후의 자동차에는 도메인을 뛰어넘어 통합 제어를 가능하게 하는 전자 플랫폼을 구축하게 될 것이다. 요컨대 커넥티드와 자동운전, MaaS 시대에는 도메인을 넘어 ECU를 연계시키는 고도의 기능이 요구된다. 예를 들면 자동 운전에서 차선을 바꿀 때, 엔진 스로틀이나 모터를 제어하면서 좌우 브레이크 신호를 바꾸고, 스티어링도 동시에 조작하고, 차체 제어와 엔진이나 모터 제어를 동시에 연산하고, 신호를 내보내야 한다. 기존의 개별 도메인을 넘어서 하드웨어와 소프트의 연계를 협조적으로 제어할 수 있는 힘이 필요한 것이다.

미래의 아키텍처는 차량의 **주행, 회전, 정지** 도메인을 담당하는 언더보디Under Body 쪽을 관리하는 **인카 영역**, 커넥티드, HMI, 쾌적성 등과 같은 어퍼보디Upper Body 쪽 도메인을 관리하는 **아웃카 영역** 등 전자 플랫폼에 있어서 도메인을 통합하는 집중 제어 타입의 아키텍처로 결정되어 나갈 것이다.

유럽 메이커는 현재의 오토자 외에, 자동 운전 시대의 요구 사양이 반영된 어댑티브 오토자 표준을 만들기 위해 강력히 선도하고 있다. 강력한 기반 소프트를 지원할 수 있는 벡터, 보쉬, 콘티넨탈 등의 유럽 서

¤ 도표8-4 • 차세대 전자 플랫폼의 개념도

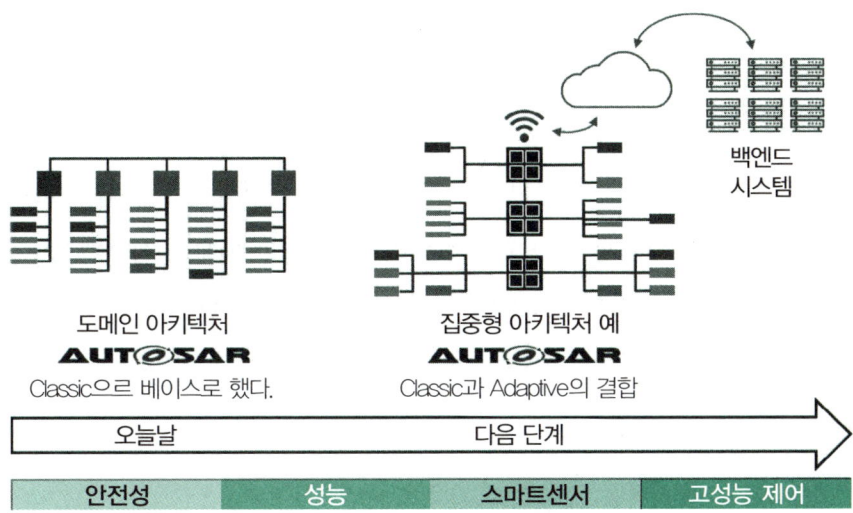

출처 : 일렉트로비트(Elektrobit) 홈페이지

플라이어가 유럽 자동차 메이커와 연계를 강화하고 있다. 전략적 협력 관계를 형성해 전자 플랫폼 정비와 소프트웨어 개발을 추진함으로써, 자동차의 디지털화와 전동화 경쟁에서 승리하려는 것이다.

전자 플랫폼 기반을 구축하게 되면 소프트웨어 개발에 대한 부담을 효율화할 수 있을 뿐만 아니라, ① 여러 자동차 메이커 사이에서 같은 플랫폼을 공유할 수 있고, ② 여러 자동차 메이커 사이에서 유닛 부품, 제어 시스템의 공통화나 유용이 가능하고, ③ 티어1의 시스템 부품을 양산하기 위한 개발 부담을 크게 줄일 수 있고, ④ 티어1 서플라이어 변경이 쉬워지는 효과도 기대할 수 있을 것이다.

도요타는 2021년 무렵에 100% 오토자화된 전자 플랫폼을 구축하고, 2025년 무렵에는 CASE에 완전히 대응할 수 있는 집중 제어 타입의 차세대 전자 플랫폼을 계획하고 있다. 덴소가 기반 소프트 기술부터 전자 플랫폼 구축까지 최대의 협력 관계를 형성하고 있다. 일본의 차량 탑재 전자 제어 시스템 표준화 컨소시엄인 자스파ASPAR와의 연계를 심화시켜 유럽 진영보다 앞선 표준화를 이끌어 낼 생각이다.

덴소의 야망은 도요타와 공동으로 개발하는 차세대 플랫폼을 도요타의 협력 회사들에게까지 확대해 적용하는 것이다. 이것을 실현할 수 있다면 그룹 전체의 개발 자원을 유효하게 활용할 수 있을 뿐만 아니라, 덴소 시스템을 판매하는 사업 기회도 비약적으로 확대해 나갈 수 있다.

모듈에서 IT 아키텍처로

CASE 혁명 속에서 조금 더 앞의 자동차 아키텍처에 관해 생각해 보자. 자동차는 POV와 MaaS 2가지 차량으로 특성이 크게 나뉜다는 사실은 앞서 설명대로이다. POV는 다양한 사용 상황에 대응해야 하기 때문에 매우 복잡한 아키텍처 구조가 계속될 것으로 예상된다. 한편 MaaS는 사용 상황이 한정적이기 때문에 각각의 사용에 최적화된 아키텍처가 설계되어 나갈 것이다.

어떤 경우이든 CASE 혁명의 자동차는 커넥티드와 자동 운전이라고 하는 2가지 시스템을 중심에 두고 재설계되면서 계속 진화해 나갈 것임을 틀림없다. 인카 영역은 자동 운전 기술을 실현할 파워트레인이나 차량 제어 기능을 통합해 나간다. 아웃카 영역은 커넥티드 기술이 불러올 AI 지원, 해킹에 대응할 수 있는 보안, 3D 맵, 다양한 V2X 신호, 스마트 데이터 센터나 모빌리티 플랫폼 기능을 포함해 나가게 된다.

POV는 매우 복잡해서 수많은 부품의 하드웨어와 소프트웨어가 계속해서 연계되어 나갈 것이다. 이 영역에서는 자동차 메이커가 티어1의 시스템 개발 능력에 크게 의존하는 상황이 계속될 것 같다. 그러나 분산 제어된 시스템이 계속해서 팽창하기만 해서는 곤란하기 때문에, 도표8-4와 같은 집중 제어 타입 아키텍처의 확립이 지향될 것이다.

똑같은 개념은 덴소 이외의 유력 티어1에서도 정보가 들린다. 콘티넨탈은 차세대 자동차의 전자 플랫폼을 하나의 차량 컴퓨팅 서버에서 제어하는 포괄적 서버 베이스 아키텍처 시스템을 제안하고 있다. 요컨대 분산형 두뇌로부터 전체를 통합적으로 제어하는 1개의 두뇌로 바꾸자는 제안이다.

자동차 부가 가치가 소프트웨어로 옮겨 가는 것이 명백한 상황에서, 자동차 메이커가 언제까지나 티어1이 주도하는 시스템 개발에 계속 의지할지는 새로운 관심사이다. MaaS나 자동 운전 기술이 대두되면서 차량 사업 전체의 부가 가치가 크게 악화되는 시나리오가 현실화될 가능성이 높다. 전체 부가 가치 가운데 하드웨어의 부가 가치는 티어2가 지배하는 영역이 커지고, 자동차 메이커와 티어1이 획득할 수 있는 부가 가치는 소프트웨어로 옮겨간다. 이 소프트웨어 부가 가치를 티어1이 지배할 수 있을지 아니면 자동차 메이커가 반격해서 빼앗아 올지, 이에 대한 새로운 경쟁 구도가 만들어질 것 같다.

이 두뇌의 지배자가 티어1일지 자동차 메이커일지, 승리자가 누가 될지는 점치기 어렵다. 티어1 입장에서는 하드웨어만의 회사로 남을 수는 없기 때문에 필사적으로 통합 제어할 수 있는 두뇌의 확립을 지향할 것이다. 한편 차량 사업의 전체 부가 가치를 방어하기 위해서 자동차 메이커도 소프트웨어의 통합 제어를 지향할 가능성이 있다.[24]

2030년 무렵에는 인카와 아웃카가 항상 서로 연계되어 있는 CASE 혁명 자동차로의 진화가 예상된다. 정보의 왕래를 지배하는 차량 탑재 OS, 자동차의 동작을 지배하는 차량 OS는 합체 또는 완전 연계되면서 전체를 통합적으로 제어하는 새로운 두뇌가 만들어질 가능성이 있다.

VW 그룹이 2018년 8월에 발표한 디지털 전략에는 **IT 아키텍처**라고 하는 새로운 비전이 제시되어 있다. 2020년부터 도입할 EV 전용 플랫폼 **MEB**는 VW의 물건 제조 개혁에 있어서 첫 걸음이 된다. MEB는 VW의 커넥티드 에코시스템을 뒷받침하는 플랫폼으로 진화함으로써,

¤도표8-5 • VW의 차세대 IT 플랫폼 개념도

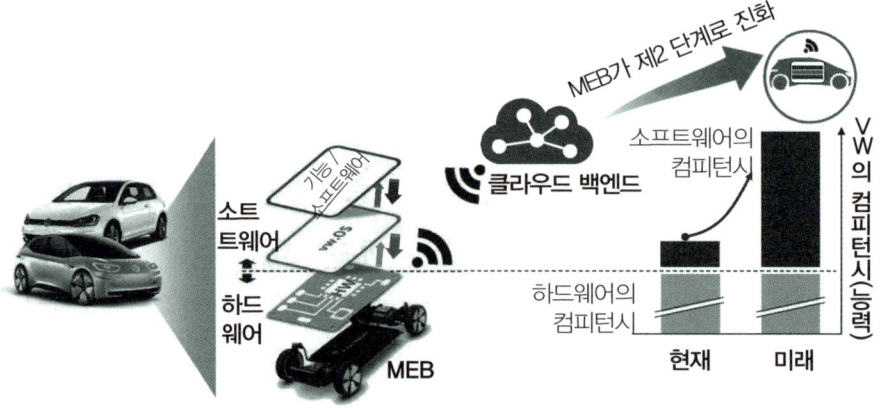

출처 : VW자료. 나카니시 자동차 산업 리서치가 일부 번역

---

[24] "Volkswagen's digital transformation gathers speed" https://volkswagen-newsroom.com/en/press-releases/volkswagen-digital-transformation-gathers-speed-4115, Volkswagen

미래의 소프트웨어 가치를 통합한 IT 아키텍처로 제2의 발걸음을 내딛게 된다. **도표8-5**에서 보듯이, IT 아키텍처는 하드웨어와 소프트웨어의 분리를 가능하게 해 지속적인 업그레이드를 실시하는 기반이 된다.

VW의 IT 아키텍처는 자동차 아키텍처의 진화를 보여주는 비전이라고 해도 될 것이다. VW는 비전을 제시하고 설득력 있는 그림을 그리는 것이 상당히 뛰어나다. VW는 vw.OS가 모든 소프트웨어를 지배한다고 말한다. 엄밀하게 말하면 OS라고 하기보다 자동차의 두뇌에 해당한다.

소프트웨어와 하드웨어의 분리가 실현되어 소프트를 통합적으로 제어하는 시스템으로 바뀐다면, 시스템 부품을 조립하고 양산을 지배해온 티어1의 경쟁 영역에는 큰 변화가 닥쳐오게 된다. 하드웨어 부가 가치는 틀림없이 티어2로 옮겨 가고, 자동차 메이커가 분리된 소프트웨어의 부가 가치를 좌지우지할 가능성도 있다.

🏃 하드웨어와 소프트웨어의 분리는 일어날 것인가

MaaS 차량은 2030년 무렵까지 하드웨어와 소프트웨어의 관계가 바뀔 가능성이 있다. 사용 제한을 정하면 MaaS 차량은 가전제품에 가까워진다. 가전제품과 마찬가지로 하드웨어와 소프트웨어의 분리를 가능하게 하는 아키텍처가 생겨난다 하더라도 이상할 것이 없다.

제5장의 자동 운전 기술에서 살펴보았듯이, 서비서가 자동 운전 키트와 선호하는 MaaS 차량을 선택한 다음, OTA로 최신 자동 운전 소프트웨어를 받는 새로운 사업 그림을 그려 보았다. 10년 뒤를 기다리지

않더라도 MaaS 차량에서는 이런 하드웨어와 소프트웨어의 분리가 가능할 것이다. OTA 시대가 오면 다양한 형태의 사업 모델이 필연적으로 생기는 것이다. 다만 사업으로서 분리할 수 있다는 의미이지, 완전하게 차량의 하드웨어와 소프트웨어가 분리된다는 의미는 아니다.

하드웨어와 소프트웨어의 분리가 어디까지 진행되느냐는 필자의 질문에 대해 도요타자동차의 도모야마 시게키 부사장은 다음과 같이 설명해 주었다.

스마트폰과 달리 자동차는 150km로 주행하는 기계이다. 다양한 ECU와 액추에이터의 신뢰성을 확보하지 않으면 안 되는 것이다. 앞으로 10년 정도 후에 한 가지 OS가 자동차를 지배할 것이라는 추측은 별로 현실적이지 않다.

선진적인 아키텍처의 변화는 사용 사례를 규정할 수 있는 MaaS 차량에서 조기에 일어날 가능성이 있다. 실제로 MaaS 오퍼레이터는 더 간소하고 비용 효율이 좋은 차량이나 제어 시스템을 구할 가능성이 높다. GAFA 등과 같은 플랫포머도 자동차 메이커 정도나 되어야 가능한 품질이 보증되고, 안전하게 메인터넌스를 받을 수 있는 MaaS 차량을 찾아서 협업을 바라는 상황도 생각해 볼 수 있을 것이다. 따라서 MaaS 차량 특유의 새로운 개방 아키텍처가 만들어질 가능성은 부정할 수 없다.

한편 POV에는 오랜 과도기가 있을 것으로 보인다. 거기에는 2030년 상황을 감안했을 때 자동차 메이커와 티어1이 협조하면서 하드웨어라는 큰 파도, 소프트웨어라는 쓰나미를 극복하려는 구도가 있음이 틀림없어 보인다.

4 서플라이어에게는 호기와 위기인 양날

🏃 IoT 인프라 기업으로 나아가려는 보쉬

독일의 슈투트가르트에 거점을 두고 있는 세계 최대의 자동차 부품 메이커가 로버트 보쉬이다. 특정 자동차 메이커로부터 독립해 대등한 위치에서 티어1 서플라이어로서의 지위를 구축해 왔다. 자주 독립을 경영 이념으로 내세우는 보쉬는 **기업의 밝은 미래는 재무 독립성을 유지하면서 고객에게 있어서 강력하고 의의가 깊은 개발을 통해 손에 넣을 수 있다**.는 창업자 로버트 보쉬의 사상을 오늘날까지 유지하고 있는 개발형 기업이다.

보쉬는 트렌드를 쫓는 회사가 아니다. 콘셉트 입안부터 사업 디자인을 스스로 구축·제안해 산학과의 연계를 유도하면서 트렌드를 만들어 나가는 디자인형 기업이다. 새로운 트렌드에 필수적인 기술과 컴포넌트 개발을 사전에 추진함으로써, 필요할 때 세계에게 가장 선진적인 것을 제공하고 있다. 메카트로닉스 기술과 물건 제조 능력을 겸비하고 있을 뿐만 아니라, 근래에는 소프트웨어 개발 능력에서도 단연 선두 주자이다. 임베디드 시스템Embedded System을 개발하던 ETAS를 1994년에 완전 자회사로 만들고, 인도에서는 소프트웨어 거점을 정비해 경쟁사를 크게 능가하는 성과를 내고 있다.

2015년에 독일 ZF가 미국 TRW 오토모티브를 매수한 것이 계기가 되어, ZF와 대등한 비율로 만든 EPS 제조 전문 회사인 ZFLSZF Lenksysteme를 완전 자회사화한 것은 중요한 진전을 가져 왔다. **주행, 회전, 정지+소프트웨어**라고 하는 주요 기술을 모두 확보하게 되었다. ZFLS의 전동 스티어링 기술을 확보한 결과, 차량 시선에서 가치를 제공할 수 있는 티어1이 된 것이다.

보쉬는 2000년대부터 IoT 사업 강화 전략을 펼쳐 왔다. 현재의 사업 전략은 IoT와 AI를 바탕으로 사회 인프라 사업과 서비스 플랫폼으로의 전환을 추진하는 것이다. 그래서 2016년에는 자동차 사업 이름을 버리고 모빌리티 솔루션즈라는 이름으로 자동차 사업 명칭을 바꾸기도 했다. 전통적인 자동차 문화에서 탈피해 모빌리티를 축으로 하는 기업 문화와 사업으로의 전환을 가속화하고 있다.

IoT 플랫폼 **보쉬 IoT 스위트**를 만든 것은 그런 일환으로, 고객사에게 IoT 서비스를 시작했다. 2000년대 초반에 독일의 이노베이션 소프트웨어 테크놀로지Innovation Software Technologies를 매수해 IoT 시대의 도래에 앞서 사업 중추 조직으로 흡수한 것이 신의 한 수로 작용하고 있다. 사업 프로세스나 디바이스 매니지먼트 기업을 매수해 서비스 플랫폼을 착착 구축하고 있는 것이다.

¤도표8-6 • 보쉬의 IoT 사업의 서비스 플랫폼 전략

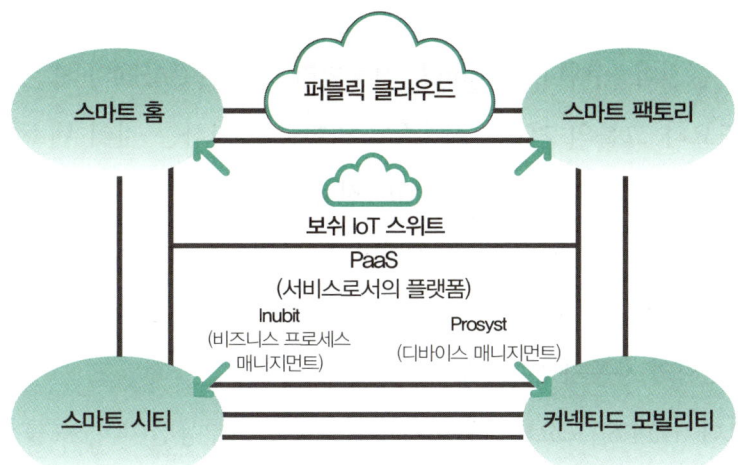

출처 : 나카니시 자동차 산업 리서치

보쉬는 **스마트 홈, 스마트 팩토리, 스마트 시티, 커넥티드 모빌리티** 등 4가지 사업을 주력 영역으로 삼는다. 집, 공장, 자동차를 인터넷으로 연결하는 새로운 사업 모델을 발굴하고 있다. 지향 방향은 사회 인프라 사업으로의 발전으로서, 자동차 사회에서 장치화될 커넥티드나 자동 운전 사회의 다음을 내다보는 움직임으로 보인다.

독일 철도와의 연계를 통해 주차장의 빈 주차 공간을 나타내는 온라인 맵을 정비해서는 Bosch 브랜드를 전면에 내세운 주차장 경영과 자동 주차 시스템 등을 펼쳐 왔다. 2020년까지 보쉬의 모든 전기 제품을 인터넷에 연결해 서비스를 제공해 나갈 생각이다. 2018년에 미국의 합승 서비스 스타트업 기업인 스플리팅 페이즈SPLT를 매수해 라이드 쉐어 사업에도 참여했다. 가까운 장래에 EV를 바탕으로 한 로봇 셔틀 사업화도 정식으로 발표한 바 있다.

🏃 덴소는 대항할 수 있을 것인가

자동 운전과 커넥티드, MaaS, 전동화라고 하는 CASE의 모든 영역에서 도요타 그룹의 기술 개발 주도 역할을 담당하는 것이 덴소이다. 도요타의 개발 부대가 전신에 있고, 전장 부문이 분리 독립해 일본 전장 주식회사로 창업한 것이 1949년이다. 과거에는 보쉬로부터 투자를 받아 기술 제휴를 하면서 배운 역사도 있다. 지금은 보쉬와 경쟁하는 세계 제2위의 자동차 부품 메이커이다.

도요타가 24%, 도요타자동직기가 8.9%, 동화부동산이 4.2%를 출자한 도요타 그룹의 핵심 부품 회사이다. 보쉬, 콘티넨탈이 갖지 않은 열기기 사업(에어컨 등)을 보유하고 있어서 전동화 기술에 강점이 있다. 한편 브레이크 사업이 애드빅스, 스티어링 사업이 제이텍으로 분사하면서 *돌고 서는* 개발 기능이 덴소 본체에서 빠져나갔다. 차체 전체를 제어하는 기술이나 발상이 부족하다는 점이 덴소의 약점이라고 생각한다.

CASE 혁명에 대응하기 위해 덴소는 가장 격렬하게 개혁을 추진하는 기업 가운데 한 곳이라고 생각된다. 2018년 2월에는 대규모 조직 개편을 단행해 CASE 개발을 가속화하는 새로운 조직으로 탈바꿈했다. 모빌리티 시스템 사업 그룹을 만들어 인카와 아웃카가 하나가 된 통합 시스템 개발을 추진함으로써, 차량 전체의 시점에서 가치를 제안하는 새로운 강점을 끌어내겠다는 생각이다.

덴소는 도요타용 차기 전자 플랫폼을 개발하고, 통합적으로 제어할 수 있는 어플리케이션(제품) 개발을 추진한다. 인카 영역에서는 ADAS

¤도표8-7 ・덴소의 전략 실현을 위한 조직 변경

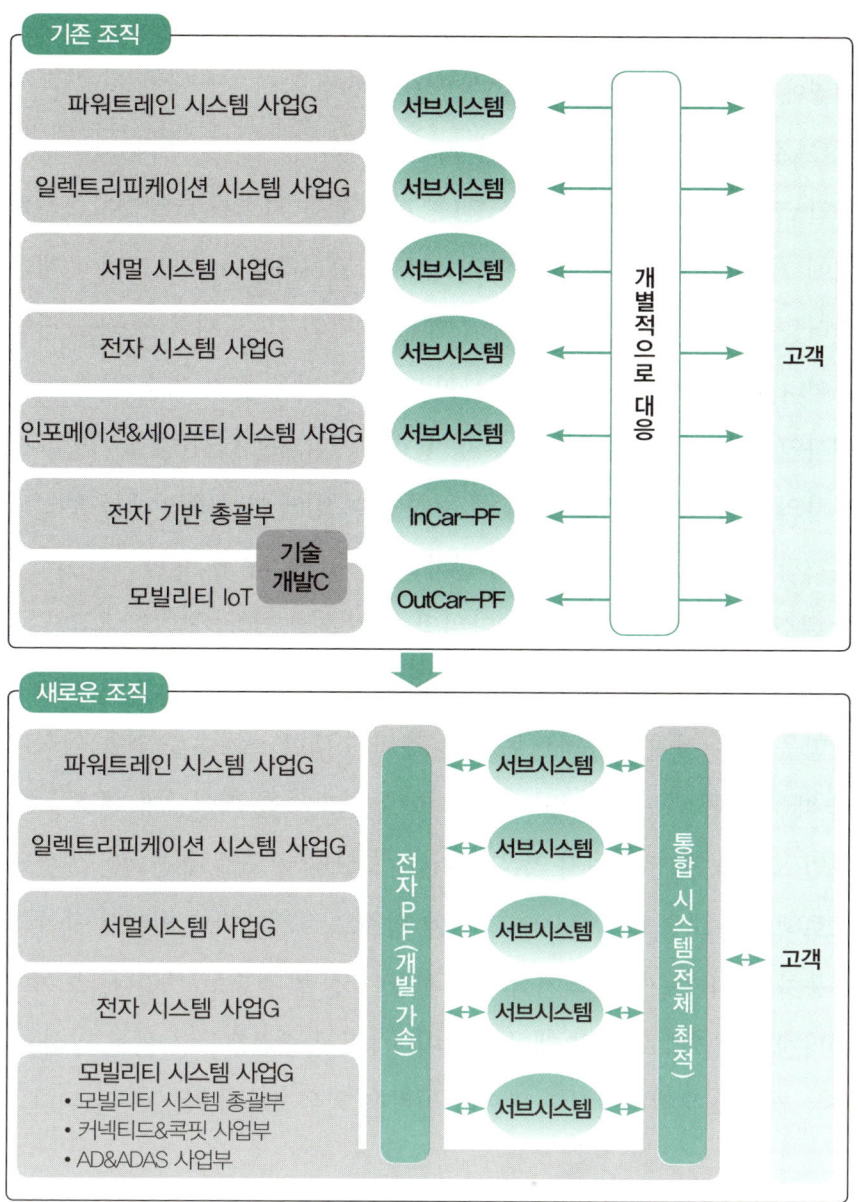

출처 : 덴소 2018년 3월 결산 설명회 자료

제품, 아웃카 영역에서는 콕핏과 커넥티드 시스템 개발을 가속화하고 있다. 도요타뿐만 아니라 마쓰다와 스즈키, 스바루까지 포함해 도요타 진영에 대한 판매도 염두에 두고 있을 것이다.

CASE 혁명의 대응에 부족한 기술은 제휴나 매수를 통해 과거 2년 동안 크게 확충해 왔다. 후지쯔텐(현 덴소텐)을 자회사로 만들어 3,000명에 가까운 IT 인재를 확보했다. 도쿄와 요코하마에 소프트웨어 개발 센터를 설립하는 등, 소프트웨어 개발 센터와 IT 인재의 보충을 진행 중이다. EV 기반 기술 개발 회사인 **EVCAS**, 자동 운전 기술 선행 개발 회사인 **TRIAD**, 자동 운전 기술차용 통합 ECU 개발 회사(명칭 미정), 전동차의 구동 모듈 개발·판매 회사(명칭 미정)에 자본과 인재를 투입해 본격적인 CASE 사업 확대를 추진하고 있다.

덴소에게 TRIAD에서 차량 단위의 자동 운전 기술 개발에 대처할 수 있다는 것은 큰 의미를 갖는다. 차량 수준의 자동 운전 개발 식견이나 경험을 얻는 것이 가능하므로 통합 제어에 대한 노하우를 얻을 기회이기 때문이다. 반면에 고민도 있다. 도요타의 벽을 뛰어넘어 덴소 독자적인 노선을 걷기가 쉽지 않은 것이다. 도요타 주도로 추진되는 일련의 프로젝트는 그룹이나 도요타 진영에 횡적으로 전개되고 있어서 세계의 자동차 메이커로 확산되기까지는 시간이 걸릴 것으로 보인다. 보쉬나 콘티넨탈이 스스로 차량 개발 사업이나 IoT 플랫폼으로 사업을 넓혀 나가는 것을 곁눈질하면서도 도요타 전략을 최우선하지 않으면 안 된다.

¤도표8-8 • 덴소의 CASE 관련 제휴, 출자 구조와 목적

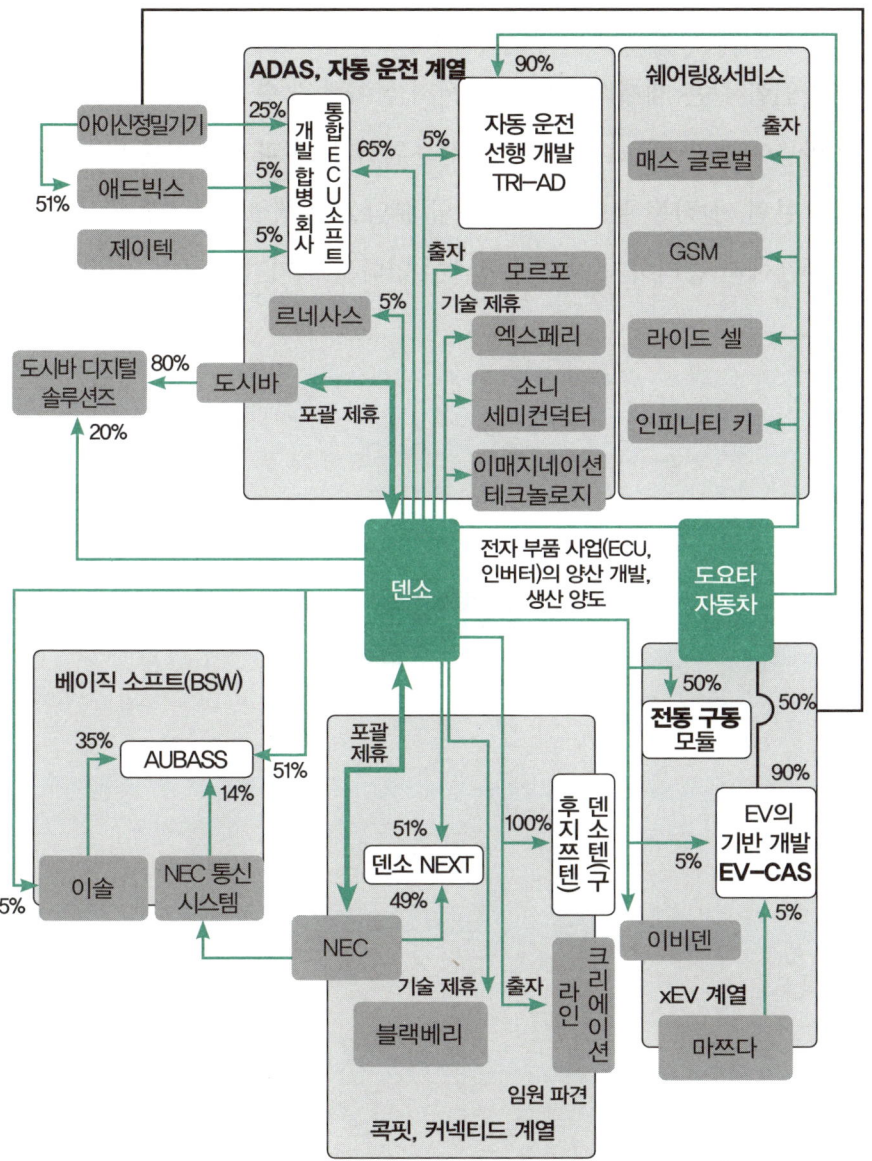

출처 : 회사 자료, 2차 정보를 바탕으로 나카니시 자동차 산업 리서치가 작성

현재의 도요타 그룹의 생각으로는 계열 서플라이어의 미래도를 구상하기 전에 보쉬 · 다임러 · 엔비디아 · 콘티넨탈 · BMW · 인텔 · 모빌아이 연합 같은 세계적 진영과 맞서서 살아남을 수 있는 성과를 신속하게 만들어낼 수 있느냐가 일단 우선순위이다. 홈과 어웨이를 다시 정의하는 한편, 잘하는 분야에 대한 역할 분담을 명백하게 함으로써 우선은 이 전쟁에서 승리하지 않으면 앞날이 없다는 위기감 때문일 것이다.

[제9장]
2030년 모빌리티 산업의 패자

Connected   Autonomous   Shared & Service   Electric

1 전동화의 승자는 누구일까

🏃 일론 머스크의 좌절과 극복

　캐리어 역사상, 가장 곤란하고 가장 괴로웠던 해, **공장을 3~4일간 떠나지 못할 때도 있었다, 밖으로 전혀 나가지 않은 채**로 여러 가지 문제에 직면해 있던 테슬라의 일론 머스크 CEO는 2018년 여름에 뉴욕 타임즈와의 인터뷰에서 당시의 느낌에 대해 토로했다.[25]

　머스크는 기가 팩토리를 만들고, 전략적 마무리라 할 수 있는 모델3의 양산을 성공시킴으로써 EV에 대해 회의적이었던 사회나 기업의 의식을 단숨에 깨부술 생각이었을 것이다. 그러나 생산 지옥이라고 불린 모델3 양산 과정에서 경험한 좌절은 테슬라의 앞길에 대한 신뢰를 크게 손상시키는 결과로 이어졌다.

　EV는 배터리, 모터, 인버터 3가지 기간 부품을 맞추기만 하면 되기 때문에 생산 공정이 단순한 편이라 누구라도 양산 메이커가 될 수 있

---

[25] 「캐리어 역사상, 가장 곤란하고 가장 괴로웠던 해」테슬라 CEO 일론 머스크 씨, 괴로운 속내를 내비치다」
「BUSINESS INSIDER JAPAN」 https://www.businessinsider.jp/post-173445

다. 이런 잘못된 환상을 날려버리는 가혹한 현실을 맛본 것이다. 테슬라는 이때 무엇을 잘못했던 것일까.

머스크는 스마트폰처럼 간단하고 자동화된 라인을 도입해 모델3을 대량 생산하려고 했을 것이다. 하지만 설비 투자액은 계속적으로 늘어나 2017년만 하더라도 34억 달러(약 3조 7,400억 원)를 투자한다. 네바다주에 설치한 기가 팩토리에 15억 달러(약 1조 6,500억 원)를 투자했다고 한다면 나머지 2조 원은 모델3의 생산 투자에 들어갔다고 볼 수 있다. 일반적으로 25만 대를 만드는 생산 공장의 경우 1조 원 정도면 건설할 수 있다.

한 가지 검증할 재료가 있다. 캘리포니아주의 세금 환급 서류에는 설비별 투자 금액이 기록되어 있다. 이 신청서에는 투자액이 11.7억 달러(약 1조 2,870억 원)라고 적혀 있다. 내역으로는 용접 공정이 3.76억 달러(약 4,130억 원), 최종 조립이 2.84억 달러(약 3,120억 원), 물류가 1.61억 달러(약 1,770억 원)를 차지한다. 용접, 최종 조립, 물류에 대한 투자 규모가 상당한 것을 보면 로봇을 포함해 자동화 수준의 높은 생산 라인을 깔았다는 것을 알 수 있다.

하지만 꿈의 자동화 라인을 결과적으로는 제대로 가동하지 못하면서, 궁지로 내몰린 머스크는 조립 공장 인근 토지에 급조한 공장을 만들고는 임시 라인에서 수작업 조립으로 만회하려고 했다. 애초에는 2017년 말에 주당 5천 대(연간 25만 대) 생산 규모에 이르게 할 계획이었지만, 생산 개시 3개월 뒤인 11월에 이미 달성 목표가 2018년 3월 말로 연기되었다. 그러나 해가 바뀐 2018년 1월에는 다시 6월 말로 연기되었다. 최종적으로 7월에야 목표했던 5천 대를 달성했던 것이다. 이로 인해 앞서의 인터뷰를 하게 된 것이다.

생산 지옥에서 살아 돌아온 머스크는 역시나 초인이라고 느껴지지만, 승부는 지금부터인 것도 사실이다. 가혹한 노동 환경에 대한 비난은 거세지고, 차량 품질은 어느 정도까지 안정적인지조차 불투명하다. 지속 가능한 생산 체제를 다시 구축해 품질을 확보해야 하는 도전은 이제부터 시작이다. 역시나 머스크에게 하드웨어는 전문 분야가 아닌 것이다.

모델3의 생산 대수는 2018년 제1사 분기(1~3월)에 9,766대로 시작해, 제2사 분기(4~6월)는 28,579대, 제3사 분기(7~9월)에는 53,239대에 이르렀다. 세단을 타지 않는 경향이 강해진 미국 시장에서 연간 5만 대 이상 팔리는 자동차는 베스트셀러라고 할 수 있다. 생산 대수 증가와 함께 실적도 급속히 회복되었다. 이 상태가 계속된다면 흑자가 정착될 가능성이 높아 보인다. 이런 상태에서 안정화만 잘 시키면 위기를 극복할 가능성 또한 높아지고 있다.

테슬라라고 하는 회사는 위기에 상당히 강하다. 2008년에는 경영상 어려움을 겪기도 했고, 모델S를 도입한 2013년에는 경영 부진에 빠지면서 구글의 래리 페이지에게 상담을 받았다는 일화도 있다. 머스크가 지향하는 100만대 생산 규모는 일본에서 따지면 스바루에 근접하는 수치이다. 이 정도면 이지 벤처 규모가 아니다. 지속 가능하고 안정적인 사업의 확립이나 경영 구조를 갖춰야 하는 것이다.

모델3은 대중적 차량으로서의 EV 보급을 지향한 자동차라고 이야기되고 있지만, 가격은 아직도 고급차 수준으로 형성되어 있다. 모델3의 경우 기본 가격(항속 거리 220마일, 약 354km)이 3만5천 달러이지만 컬러 옵션이 1천 달러, 거의 필수로 보이는 프리미엄 업그레이드 패키지가 5천 달러, 확장 오토파일럿 5천 달러가 추가되면 가격이 4만6천 달러까지 올라간다.

거기에 앞으로의 완전 자동 운전 기능을 원한다면 구입할 때 업데이트 요금 3천 달러를 지불해야 한다. 이러면 거의 5만 달러. 대용량 배터리(항속 거리 310마일, 약 500km)를 선택하면 거의 6만 달러 가격이다.[26] 이 정도 가격이면 아직 대중적 자동차라고 할 수 없다. 끊임없는 원가 절감 추구를 통해 가격 인하를 찾아내는 길은 이제 막 시작되었다고 봐야 할 것이다.

세계 EV 전쟁의 승자는 누구일까

2030년의 EV 점유율이 8%에 그치리라는 예상처럼 일반적으로 기대하는 만큼 EV 보급이 그리 쉽게 달성될 것이라고는 생각하지 않는다. 인프라나 원재료 가격, 전지의 차세대 교체 등 이런저런 저해 요인으로 인해, EV가 극히 평범한 선택지가 되기까지는 조금 더 시간이 필요할 것 같다.

물론 환경 규제가 강화되는 세계적 조류는 자동차 메이커를 기다려 주지 않는다. EV에 그치지 않고 다양한 전동화 기술의 추진과 가장 핵심적인 부품인 전지 성능 향상은 어떤 자동차 메이커라 하더라도 가장 중요한 과제일 뿐만 아니라, 각각의 전략 구축에 있어서 중심에 있다.

---

[26] 「테슬라 『모델3』을 베이스 가격으로 구입하는 사람은 거의 없을 거라고 생각되는 이유」, 『Autoblog Japan』 https://jp.autoblog.com/2017/08/07/tesla-model-3-piceing-options/

엔진이나 하이브리드 기술에 강점이 있다면 그 경쟁력을 최대로 향상시킴으로써 EV에 의존하지 않고도 환경 규제에 대응할 수 있는 길을 선택할 것이다. 반대로 엔진이나 하이브리드 기술이 떨어진다면 전지 성능에 비중을 둔 전략을 선택해 EV를 더욱 가속화시키는 파워트레인 정책을 취할 것이다. 각각의 전략이 있는 것이지 누가 승자가 되느냐 하는 문제가 아니다.

자동차 메이커가 최적의 파워트레인 믹스를 검토할 때 EV나 플러그인 하이브리드, 하이브리드 같이 전동화를 추진하는 접근 방식과 엔진의 연소 효율을 향상시키는 접근 방식 2가지가 있다. VW나 르노는 전동화 축을 우선하는 메이커이고, 마쯔다는 연소 효율의 개선 축을 최우선시하는 가장 전형적인 회사이다. 도요타나 다임러는 이 중간에 위치한다. 어떤 식의 접근 방식이 올바르냐는 문제가 아니다. 메이커의 기술력, 브랜드, 제품, 시장이 복합적으로 혼합된 속에서 정해진다. 각각 수익성을 살피면서 결정해 나가는 것이다.

도표9-1에서 보듯이 EV 규제가 강화되는 유럽과 중국 시장에 대한 판매 대수 구성비를 가로 축에 두고, 각 자동차 메이커의 2025년부터 2030년까지의 EV 판매 비율 목표나 비전을 세로축에 두고서 예측했을 때 깔끔한 정비례 선을 그릴 수 있다. 유럽과 미국, 중국, 일본 같은 주요 시장마다 전동화에 대한 규제 요건이 많이 다르기 때문에, EV 전략은 지역의 판매 구성 차이에 크게 좌우되는 것이다. 유럽 자동차 메이커는 우상右上에, 일본 자동차 메이커는 좌하左下에 집중되어 있고 미국 진영은 약간 중앙에 위치한다.

¤도표9-1 • 유럽·중국 판매 비율과 2020~2030년 사이의 EV 판매 비율 기대치

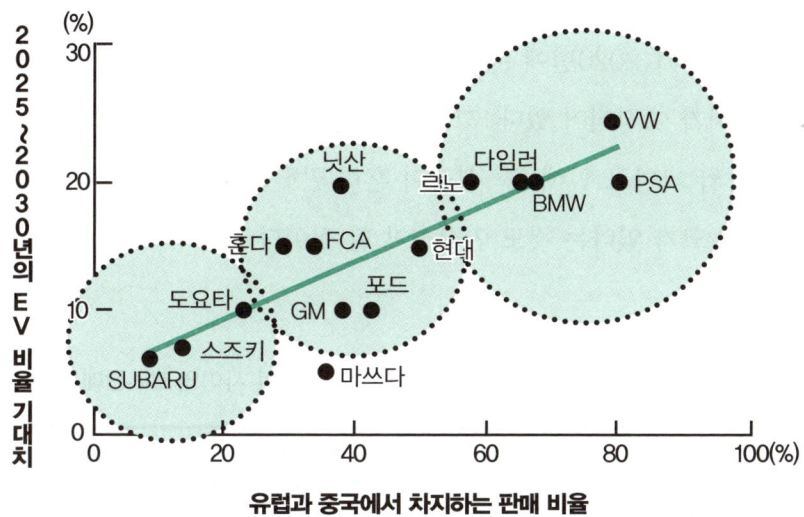

*참고 : (1) 나카니시 자동차 산업 리서치 추정치를 일부 포함

출처 : 나카니시 자동차 산업 리서치

 중국의 신에너지 자동차NEV, 미국의 ZEV, 유럽 도시의 운용 규제 등 EV 수요에 큰 영향을 끼치는 규제가 본격적으로 시작된다. 이로 인해 각 자동차 메이커는 EV 전용 글로벌 플랫폼을 개발 중이다.

 이들 주력 자동차 메이커의 EV 전용 플랫폼 개발에 중대한 영향을 끼친 것이 테슬라의 모델S였다. VW의 MEB, 다임러의 EQ 등, 효율적이고 대량으로 배터리를 탑재하는 테슬라의 플랫폼을 쪽고 있다는 인상이 강하다. 이런 EV 전용 플랫폼은 가격 설정을 비싸게 할 수 있는 프리미엄 세그먼트와 궁합이 잘 맞는다. 따라서 중국 프리미엄 세그먼트에서는 순조롭게 판매할 수 있다는 기대가 높다. 하지만 전지 가격이 기대만큼 떨어지지 않기 때문에 대중차로는 무겁고 비싼 플랫폼이 될

것이다. 다만 전지를 대량으로 탑재하는 플랫폼만이 EV화에 있어서의 해결책인 것은 아니다.

2019년부터 2020년에 걸쳐서 신제품이 대거 시장에 투입되는 EV 신차 러시가 예정되어 있다. 그 가운데에는 크게 히트치는 모델도 있겠지만, 공급 과다로 인해 EV 시장이 흔히 말하는 레드 오션(피의 바다)로 바뀔 리스크가 있다는 것도 인식해야 할 것이다.

¤도표9-1 • 유럽 · 중국 판매 비율과 2020~2030년 사이의 EV 판매 비율 기대치

	VW	다임러	GM
2025~2030년 동아의 EV 비율	25%	15~25%	시작 없음
EV 판매 대수 계획	200만~300만 대의 EV 판매가 목표, 그 가운데 VW 브랜드는 100만 대	2025년까지 50만 대의 EV 판매 대수를 지향한다.	2026년에 전세계에서 EV를 100만 대 판매할 계획
투입 차종	2025년까지 30개의 EV를 시장에 투입, 2030년까지 총 300가지 모델에 EV 모델을 설정	2022년까지 50개의 전동차 모델을 투입하고, 10개 차종의 EV를 시장에 투입	2023년까지 20개 차종 이상의 EV와 연료 전지차를 발매
투자 금액	2030년까지 200억 유로를 투자, 전동 부품 구매 계약은 500억 유로	시작 없음	시작 없음
EV 전용 플랫폼 (도입 시기)	MEB (2020년) PEA (2019년)	EV (2019년)	BEV Ⅲ (2021년)

제7장에서 결론지은 대로, EV만으로 환경 문제가 해결되는 것은 아니다. EV는 아직까지 기술이 확립된 존재가 아니다. 전지 타입, 전지 형상, 인버터, 반도체 소자, 모터 등 앞으로 진화해야 할 요소 기술이 많다. 또한 전소고체 전지로의 진화라고 하는 결정적 기술 혁신이 대기하고 있다. EV가 시대의 시작을 맞고 있는 것은 틀림없지만, 아직도 여명기 제품이다. 어떤 진화를 이루고 그 안에서 어떤 모습이 궁극적인 승자가 될지는 단언하기 어렵다. 마쯔다에 기술을 담당하는 후지와라 기요시 부사장은 EV의 진화를 이렇게 바라보았다.

포드	도요타	닛산르노미쓰비시
시작 없음	약 10%	시작 없음
시작 없음	2030년까지 전동차 550만 대를 발표, 그 가운데 EV와 FCEV에서 100만 대를 판매	닛산은 2022년까지 EV, HEV모델을 100만 대 판매할 계획
2022년까지 전 세계 전동차 라인업을 40개 차종으로 확대, 그 가운데 60개 차종을 EV로 만들 계획	2020년 전반에는 세계에서 10개 차종 이상의 EV를 실용화	CFMEV를 바탕으로 EV를 12개 차종 투입
전동화에 110억 달러 이상을 투자	시작 없음	시작 없음
시작 없음	EVCAS (2021년)	CMFEV (미정)

*참고 : 나카니시 자동차 산업 리서치 추정치를 일부 포함
출처 : 나키니시 자동차 산업 리서치

제8장에서 소개한 EVCAS사는 도요타와 마쯔다, 덴소 3사가 합자해서 만든 EV 아키텍처의 기반 기술 개발 회사이다. 다음으로 EV가 진화해 나갈 많은 시나리오를 상정해 모델 베이스 개발MBD에 따라 기본이 되는 공통 모델, 회사명으로도 이용되고 있는 커먼 아키텍처를 개발하기 위해 설립한 것이다. 여기에는 3사 오에도 수많은 일본 메이커가 참여하고 있다. 커먼 아키텍처 개발에서는 협조하지만 그것을 활용한 자사의 전용 플랫폼에 의한 상품 개발에서는 서로 경쟁하는 구조이다. 2019년 중에 모델 생산과 시험 차량 충돌 실험이 완료될 전망이다. **한발 늦었다**고 비판받기 쉬운 일본 연합의 EV 아키텍처가 어떤 솔루션을 세상에 내놓을지는 매우 흥미롭다.

또 한 가지, 소개할 만한 일본의 기술 있다. 도요타의 MaaS 플랫폼인 **이팔레트**는 로터리 레인지 익스텐더(발전기) 내장 EV라고 하는 패키지를 제안하고 있다. 레인지 익스텐더란 EV의 항속 거리를 늘리기 위한 목적의 소형 발전기이다. 로터리 레인지 익스텐더는 기술 파트너인 마쯔다가 공급할 것으로 예상된다.

예전에는 꿈의 엔진으로 불렸던 로터리 엔진이 2012년을 마지막으로 생산되고 있지 않다. 그것이 미래의 플랫폼인 **이팔레트**로 부활한다면 그야말로 새로운 꿈의 시작이 아닐 수 없다. 로터리가 수소와의 궁합이 매우 좋다는 점도 일본의 국가 전략과 일치하는 부분이 있다. 로터리는 연소와 배기 장소가 다르기 때문에 수소를 태우기에 적합하다. 수소 인프라 정비를 뒷받침하는 한 가지 선택지가 된다면, 일본 입장에서는 앞으로가 기대되는 계획이다.

🏃 EV화 과정에서 발생할 물건 제조에 대한 영향

EV로 옮겨 가면 부품 개수가 감소하고, 자동차 제조 공정이 블록을 쌓아올리는 것 같이 단순화될 것이라는 의견이 있다. 확실히 사용 제한이 정해진 MaaS 차량이나 혁신적인 신형 전지가 만들어져, 차량 성능이 거의 전지 성능에 의해 결정되는 미래에는 지적하는 단순화가 일어날 가능성이 있다.

EV가 구조상으로는 간단하지만, 그렇다고 설계나 제조도 간단하다는 식의 단순한 관계가 아니라는 점은 테슬라의 실태를 봐도 알 수 있을 것이다. 현재처럼 전지 성능에 제약이 따르고 비용도 높은 경우는 충돌 안전 규제에 대응하면서 주행이나 전비電費 성능을 균형 잡는, 복잡한 조정을 필요로 하는 전체적 설계 능력이 필요하다.

단순한 영향을 따져보면 이런 느낌일 것이다. 가솔린 엔진 자동차는 2~3만 개의 부품을 사용하면서 약 20%는 엔진, 7%는 트랜스미션, 5%는 엔진을 제어하는 전자 부품이 차지하는데, EV로 바뀌면 이들 부품이 필요 없기 때문에 1만 개의 부품이 줄어든다. 반면에 전지, 모터, 인버터, 배터리 매니지먼트, 고전압 케이블, 차량 탑재 충전기, 열교환기 등과 같이 EV로서 갖춰야 하는 부품이 약 2천 개이다. 둘을 상쇄하면 부품 개수는 약 25%가 감소하는 셈이다. 이렇게 아직도 매우 복잡한 공업 제품임에는 변함이 없는 것이다.

물건 제조 영역에 대한 영향을 생각할 경우, EV 단독적인 영향을 논의하는 것보다는 복합적인 파워트레인 믹스의 물건 제조를 뒷받침하는

¤도표9-3 • 엔진을 탑재하는 차량의 세계 판대 대수 예측

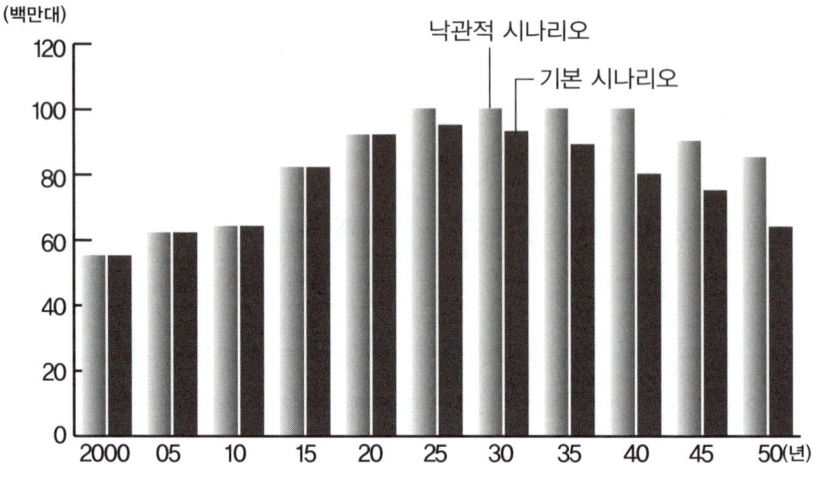

출처 : 나카니시 자동차 산업 리서치 예

능력이 필요하다는 것에 주목해야 한다. EV 보급은 확대되겠지만, 엔진과 모터 둘 다 사용하는 하이브리드나 플러그 인 하이브리드의 보급도 동시에 확대된다. 양쪽의 물건 제조를 뒷받침하는 복합적 싸움을 극복하지 않으면 안 된다.

도표9-3은 하이브리드와 플러그 인 하이브리드까지 포함한 엔진 탑재 차량의 판매 대수 예측을 나타낸 것이다. 2030년에는 1억 대, 2035년에는 20%가 줄어 8천만 대로 떨어질 것이라는 비관적 시나리오부터, 2040년에도 변함없이 1억 대 시장을 확보할 것이라는 낙관적 시나리오도 존재한다. 종래의 엔진 부품 외에 전동화 구성 부품이 추가됨으로써 시장 전체적으로는 1대 당 부품 개수가 현재보다 증가할 가능성이 높다. 물건 제조 현장은 EV 전환으로 인한 단순화 구도가 아니라 더 복잡해질 것이다.

유럽 자동차 메이커의 EV 중심으로 하는 전동화 추진에 따라, 유럽의 자동차 부품 산업은 파워트레인에 대한 투자 마인드가 식어 가고 있다. 유럽 자동차 메이커는 자동 변속기 등과 같은 파워트레인 사업을 국내 부품 산업에 의존하려는 생각이 강하다. 적어도 2030년 무렵까지 국내 자동차 부품 메이커는 강한 순풍을 받을 것 같다. 하지만 그런 보호적인 환경에 익숙해지는 것은 반대로 미래에 대한 우려를 내포할 수도 있다.

도요타자동차에서 기술을 관장하는 데라시 시게키 부사장은 2017년 12월에 전동화 전략을 정한다. 이에 따르면 2030년에 세계 판매 합계 가운데 550만 대 이상을 전동화하고 2050년까지 모든 판매 차량을 전동차로 바꾸겠다는 것이다. 2030년 단계에서 EV·FCV에서 100만 대 이상, 나머지 450만 대가 하이브리드, 플러그 인 하이브리드 등의 엔진 자동차에 적용된다. 2017년 실적을 보면 EV·FCV는 거의 제로, 하이브리드와 플러그 인 하이브리드는 약 1,517,000대에 지나지 않기 때문에 대단한 전동 차량 생산 증가를 계획하는 셈이다.

하지만 데라시 시게키 부사장은 다음과 같은 경종을 울린다.

앞으로의 연비 규제 대응을 생각하면 하이브리드 기술의 우위성이 높다. 450만 대라는 수치는 예상보다 상당히 빨리 달성할지도 모른다. 그렇다고 거기에 방심해서는 안 된다. 경제적 합리성만 추가하면 연비 성능의 향상에 따라 고객 수익은 반비례하고, 기술 비용은 정비례하는 관계가 있다. 하이브리드 비율이 크게 늘어날 여지는 있지만, 그것이 직선적으로 상승한다는 의

미가 아니라 어느 시점에서는 체감된다는 리스크를 이해하고 있어야 한다. 그 다음 단계는 전지 경쟁력에 의해 크게 좌우될 것이다.

다시 말하면, 1리터 당 연비가 20km인 시대에 월 10만 원 정도의 가솔린 값을 지불하던 세대가, 연비가 2배나 되는 40km로 뛰면 5만 원 정도의 연료비를 절약할 수 있지만, 80km로 뛰었을 때는 25,000원밖에 절약이 안 된다는 것이다. 소비자의 이득은 연비 성능 향상과 반비례하지만 비용은 확실하게 상승한다. 뛰어난 기술이 언제까지나 계속해서 나오리란 법은 없다. 기술만 담아내면 사용자가 기뻐할 것이라 생각해서는 안 된다는 말이다.

연비 규제에 대응하는 데 있어서 하이브리드는 유력한 기술이라고 할 수 있다. 그렇다고 해서 기술력에서 이기는 것이 항상 승리할 수 있다는 의식은 바꿔야 할 것이다. 기술력에 빠져서 높은 비용으로부터 벗어나지 못하고 고립되어 버리는 일은 위험하기 짝이 없다. 전지 성능이 향상되면 이 예술적인 하이브리드 제어 기술은 서서히 수그러들 운명에 있다.

하이브리드에서 성공하고 있는 일본 자동차 산업은 이 기술을 세계에 널리 확산시킬 수 있는 길을 모색해야 한다. 동시에 하이브리드 다음의 환경 기술 전략을 어떻게 할 것인지 확정해야할 시기에 접어들 것이다. 서플라이어는 파워트레인 사업을 현명하게 수주하고, 꼼꼼하게 이익을 창출한 후 그 이익을 다음 전략에 다시 투입해야 할 것이다.

2 자동차 전력과 어떻게 마주할 것인가

🏃 중국 신에너지 자동차(NEV) 시장의 실상

중국의 NEV 시장이 급속히 확대되고 있는 것은 사실이지만, 제7장에서 그 수요 대부분이 보조금이나 번호판 규제가 뒷받침하고 있다고 설명한 바 있다. 현재의 수요 정책을 공급형 정책으로 전환하는 것이 NEV 크레딧 제도의 목적이다. 정부 보조금은 줄지만 NEV 크레딧 전매이익을 우대함으로써 NEV 생산 대수 확대와 전지를 중심으로 한 중국의 전동화 부품 산업 국제 경쟁력을 확립시키는 것이 최대 목적이다.

그러나 NEV 정책이 평탄하게 진행될 것이라고는 단언하기 어렵다. 2020년 시점의 중국에서 각 자동차 메이커의 NEV 생산 능력을 합산하면 놀랍게도 이미 400만 대에 도달한다. 이것은 정부가 판매 목표로 정한 200만 대의 2배나 되는 수준으로, 가동률이 상당히 낮아질 수 있다는 리스크를 보여주는 것이다. 렌터카나 라이드 쉐어 쪽에서 생산을 흡수할 수 있도록 계획을 세우지 않으면 재고 압박을 받지 않을 수 없다. 메이커에 따라서는 부채산不採算 사업에 빠질 위험성이 있다.

이렇게 수급 관계 악화가 감지되면서 NEV 크레딧의 유통 가격에 암운이 드리우고 있다. 예를 들면 BYD는 2017년 말 시점에 60만 크레딧을 저금하고 있다. 이 가운데 80%를 2018년으로 이월시킬 수 있지만 2019년에는 효력을 잃는다. NEV 크레딧의 매매 수익이 인센티브가 되지 않는다면 보조금을 폐지하면서까지 공급 능력을 증대시키려는 중국 정부의 전략은 암초에 걸리게 될 것이다.

장기적으로 보았을 때, 인상되는 NEV 크레딧 요구를 충족시켜 나갈 수 있을 만큼의 개인 보유 NEV 수요를 창조할 수 있겠는가, 이에 대한 전망에는 비관론도 많다. 중국 자동차 메이커는 2020년을 목표로 하는 것에 대해서는 자신을 보이고 있지만, 장기적인 수요 전망에는 반드시 낙관적이지만도 않은 것이다. EV는 중기적으로 ① 프리미엄 차, ② 저가 소형차, ③ 코뮤터 세그먼트 3가지에서 수요가 생겨날 공산이 크다. 개인 보유 자동차 시장에서 쉽게 NEV 수요를 확보할 수 없다면 렌터카나 라이드 쉐어, 택시 등과 같은 쉐어링 쪽 판매처를 확보해 나가는 것이 중요하다.

중국은 개발 추진 중인 자동 운전을 인프라로 삼는 스마트 시트를 구상하고 있다. 이때의 MaaS 전용 EV 시장에도 주목해야 할 것이다. 스마트 시티 구상은 각 도시에서 추진하고 있다. 주목할 만한 시장이기는 하지만 액면 그대로 진행될지 어떨지, 개중에는 그다지 실체가 허약한 **불꽃놀이**도 있는 것 같다. 정치가나 관료 입장에서는 이런 대규모 프로젝트가 출세의 도구이다. 조인식 수에 비례해서 MaaS 차량도 원활하게 확대될지 여부는 끝까지 지켜봐야 할 대목이다.

¤도표9-4 • 중국 자동차 산업의 NEV 전략과 NEV 생산 능력 계획(단위 : 천 대)

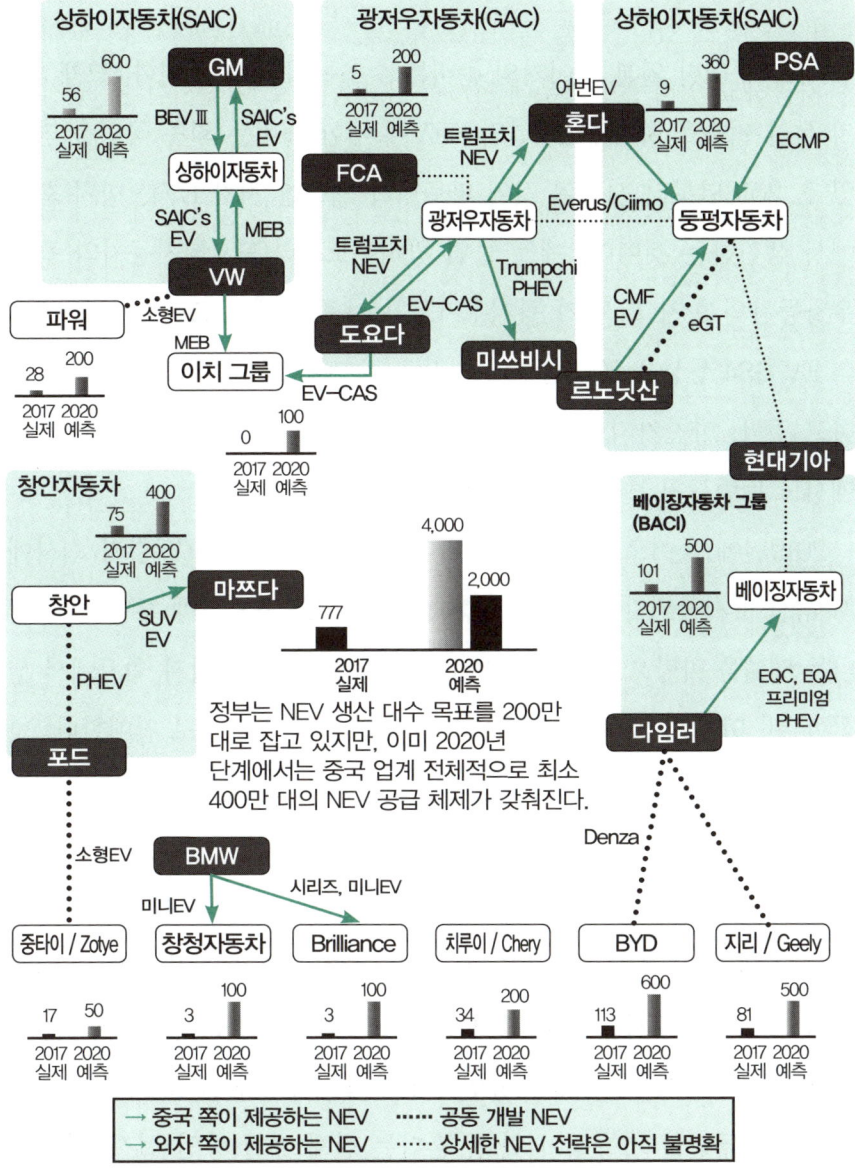

*참고 : 2020년 NEV 생산 대수 예상은 회사 계획에 기초한 것이지만, 사선은 나카니시 자동차 산업 리서치의 추정치

출처 : 회사 자료, 2차 정보, 나카니시 자동차 산업 리서치 예상

🏃 일본차 메이커의 작전

NEV에 대한 일본 메이커의 준비는 순조롭게 진행 중이다. 크게 3가지 복합 기술을 통해 2020년의 NEV에 대한 대비는 최종 국면을 맞고 있다. 2018년부터 시작된 것이 파트너가 개발한 저가 EV를 합자 회사에서 생산하는 것이다. 예를 들면 광저우도요타(도요타자동차와 광저우자동차의 합자 회사)가 광저우자동차 자체 브랜드 **트럼프치** Trumpchi의 EV **GS4** 생산을 2018년부터 시작해 광저우도요타 딜러를 통해 판매하고 있다. 마찬가지로 광저우혼다(혼다와 광저우자동차의 합자 회사)에서도 트럼프치 브랜드의 EV 생산을 검토하고 있다.

2019년에 들어오면 각 메이커마다 중국 전용 개발 EV 합자 회사에서 생산이 시작된다. 도요타는 **CHREV**를 광저우도요타에 투입한다. 혼다는 **베젤**을 바탕으로 중국 전용 EV를 개발해 2개의 합자 회사에서 생산한 뒤, **이념(리넨), 사명(시모)**이라고 하는 자체 브랜드로 판매한다. 닛산은 르노와 동팡자동차와의 합자를 통해 EV 생산 합자eGT 회사 설립을 끝마친 상태로서, 중국 전용 소형 EV를 생산·판매할 계획이다.

2020년 무렵에는 각 메이커의 글로벌 플랫폼이 중국 시장에 투입된다. VW의 **MEB**, GM의 **BEV3** PSA의 **ECMP**의 중국 시장 투입은 이미 정식으로 발표된 사실이고, 각각 중국과의 합자 회사를 통해 투입된다. 도요타는 EVCAS에서 개발 중인 글로벌 EV 플랫폼을 2021년 이후에 중국에도 투입할 가능성이 있다. 혼다는 현재 개발 중인 선진국용 EV를 유럽과 일본에 이어 2020년부터 중국에 투입할 가능성이 높다. 닛산은 르노와 개발 경쟁 중인 글로벌 EV 플랫폼 CMFEV을 합자 회사에 투입할 가능성이 있다.

즉시 생산이 가능한 현지 파트너의 EV, 비교적 저가에 모빌리티 서비스용으로도 판매하기 쉬운 소형 EV 외에, 브랜드를 앞세운 본격 글로벌 EV 상품을 단계적으로 중국 시장에 투입함으로써 2020년에 필요한 NEV 크레딧을 쌓아 나간다는 계획이다. 그런 가운데 전지 조달 회사를 1곳으로만 좁히는 것이 아니라, 또한 화이트 리스트로 불리는 NEV 크레딧을 얻기 위한 조건으로 정해진 지정 전지 회사로부터도 폭넓게 조달하지 않으면 안 된다. 예를 들면 혼다의 중국 현지 파트너는 같은 중국의 CATL로부터 배터리를 받을 방침이라고 밝힌 바 있다.

영합하는 곳과 반항하는 곳

중국이 NEV 정책을 추진하는 전략적 배경에 대해 살펴볼까 한다. 가장 큰 목적은 중국 전지산업을 육성시켜 경쟁력을 키우는 데 있다. NEV를 전면적으로 확대하는 것이 현실적이지 않다는 사실은 중국 정부도 충분히 파악하고 있을 것이다. 그럼에도 불구하고 공세를 펼치는 것은, NEV 정책을 계기로 압도적인 강점을 갖고 있는 중국 전지 산업 확립을 우선순위에 두었기 때문이다. 필요한 파워트레인 믹스의 구축은 그로부터 단계적으로 천천히 추진해 나가면 된다는 생각이다.

제3자에게는 역설적으로 들릴지도 모르지만, 하이브리드나 연료 전지 자동차 등을 포함한 본격적 파워트레인의 분산화를 중국도 가까운 장래에 추진할 것이라고 필자는 예상한다. 다만 이것은 전지 산업의 경쟁력을 확실하게 뒷받침한 다음의 이야기이다. 이것은 닛산이 EV 리브를 선행시킴으로써 그 전지의 힘을 활용해 ePOWER라고 하는 하이브리드를 확산시키고 있는 전략과 동일한 구도이다.

중국의 NEV 정책이 전지 산업의 국가 경쟁력을 확립하는 전략이기는 하지만, 그 귀결로서 모든 자동차를 EV화시키겠다는 것은 아니다. 중국의 속뜻은 전지의 힘을 빌려서 엔진이나 하이브리드 기술의 약세를 보완하겠다는 데 있을 것이다.

일본이 강세인 하이브리드 기술로 정면 승부를 벌여도 중국에게는 유리한 싸움이다. 전지의 가격 경쟁력을 높여 많은 전지가 탑재되면 더 성능이 뛰어난 하이브리드 자동차를 만들어낼 수 있다. 중국의 NEV 전략이 EV 한 가지만 바라보고 돌진하는 전력이 아니라는 것을 인식하는 것이 중요하다.

이런 중국의 전략을 이해한 상태에서, 일본 자동차 산업은 강할 때는 강하게, 신중할 때는 신중하게 양쪽 균형을 잘 잡아가면서 NEV 정책에 대처해야 할 것이다. EV에 안이하게 영합하는 것이 상대를 이롭게 하는 것은 분명하지만, 그렇다고 전혀 다른 방향으로 나아가서는 최종적으로 전지의 힘에서 일본이 자랑하는 하이브리드의 우위성이 봉쇄당해 결국은 굴복하게 될지도 모른다. 중국과 손을 잡아서 이로운 부분과 중국의 전략에 안이하게 영합하는 길을 택함으로써 봉쇄는 피할 수 있지만 반대 급부 부분까지 잘 구분해서 대처하는 자세가 필요하다.

3 2030년의 모빌리티 산업 패권은 누구의 손에 있을까

🏃 새로운 시대에 요구되는 경쟁력은 무엇일까

2006년에 미국 GM을 젖히고 세계 수위로 올라선 것이 일본의 도요타자동차이다. 2007년과 동일본 대지진의 영향을 받은 2011년에 일시적으로 GM에게 수위를 빼앗긴 적도 있지만 세계 톱은 늘 도요타였다. 그러다가 이 위치를 새로 차지한 것이 VW 그룹이고, 최근에는 미쓰비시자동차를 그룹에 편입시킨 르노닛산 진영이 톱 위치에 접근하고 있다. 근대적 자동차 산업에 있어서 유럽 메이커들끼리 탑을 다투는 상황은 처음 있는 일이다.

돌이켜보면 2000년부터 2010년까지는 일본의 제조 능력 성과가 가장 전성기를 구가하던 시대였다. 정밀 가공과 개별적 최적화에 기초한 제조 능력이 세계로부터 인정받는 자동차를 싸게 만들 수 있었던 비결이었다. **달리고, 돌고, 서는** 기본 기능 외에 품질이나 안전성 등에서도 경쟁사를 능가하는 자동차를 만들어 왔다. 수직적으로 통합된 서플라이어와의 협업을 바탕으로 고도의 정밀 가공과 제조 능력을 앞세워 세계 제일의 도요타나 미국에서의 혼다 브랜드를 만들어 왔다. 미국의 상징이었던 GM이 2009년에 경영 파산으로 내몰린 시점에서 일본차는 최고 전성기를 맞았다.

그런데 이것을 뒤엎은 것이 유럽 자동차 전략이다. 유럽 메이커가 경쟁력을 닦아온 요소에 대해서는 앞서도 몇 번이나 살펴보았지만, 표준화와 오픈화라는 틀에 이익을 낼 수 있는 메커니즘을 이식하는 전략으로서, 디젤 엔진이나 소배기량 과급 가솔린 엔진 등이 대표적 사례이다. 세계 어느 곳보다 신속히 강력하고 다양한 규제를 도입해 기술 주도권을 확보해 왔다. 그것을 세계의 사실상 표준으로 확대하고는 중국 등과 같은 신흥국을 공략했다. 그 결과 중국 시장은 유럽 자동차 전략이 가장 크게 성공한 시장이 되었다.

2030년을 향한 다음 10년의 경쟁력도 유럽 메이커가 추진하는 자동차 디지털이 주도권을 잡을 것 같다. 그것이 CASE 전략이다. 디지털화와 전동화를 추진하고, 자동차를 IoT 단말기로 만듦으로써 자동차 산업을 제조업에서 모빌리티 산업으로 변혁시키려 하고 있다. 복권을 노리고 있는 GM은 이 변혁을 가속화하려는 내부 파괴자이다.

자동차 산업은 전통적 물건 제조와 새롭게 솟아나는 MaaS 기반 구축 양쪽을 동시에 소화해야 한다. 커넥티드, AI, 전동화 3가지 핵심 기술을 높이는 것은 말한 것도 없고, **물건 제조**와 **사물 구축** 양쪽을 아우르는 전략으로 맞서지 않으면 안 되는 것이다.

🏃 물건 제조와 MaaS를 융합

이동 서비스로서 제공해 마일 당 또는 시간 당 돈을 받는 MaaS 사업의 성장 잠재력은 매력적이 아닐 수 없다. POV의 전체 이동 거리가 연평균 2%씩 성장하는 가운데, MaaS는 연평균 15% 이상 계속해서 성장할 가능성이 높다. MaaS의 전체 이동 거리를 사업 영역으로 대처해 나간다면 자동차의 제조 판매에 있어서도 완전히 새로운 사업 모델을 펼칠 수 있다. 서브스크립션 모델을 통해 자동차 사용 서비스를 제공하고, 카 쉐어(차량 공유)나 라이드 쉐어(이동의 공유) 플랫포머도 될 수 있다. 자동차 산업은 모빌리티 서비스 플랫포머로서 성장 전략을 그려 나갈 수 있을 것이다.

이미 설명한 바와 같이 MaaS에는 이용자와 서비서 사이에 모빌리티 서비스 플랫폼MSPF이 필요하다. 구글 외에 GAFA가 MSPF를 좌지우지할 가능성도 있겠지만, 사람의 목숨을 책임지는 이동 플랫폼이 모두 GAFA에 의해 점령된다는 것도 현실적으로는 생각하기 힘들다. 자동차 세계를 충분히 파악하고 이미 제조와 판매, 메인터넌스에서 생생한 플랫폼을 구축하고 있는 자동차 산업과 사이버 공간에서 거대한 네트워크를 구축한 GAFA가 협조하는 세계가 가장 현실적인 미래가 아닐까 한다.

GAFA는 자동차 제조나 메인터넌스에는 흥미가 있어 보이지 않는다. GAFA가 모빌리티 산업에서 플랫폼을 구축하려면 고품질의 MaaS 차량을 제공하고, 고효율의 메인터넌스를 제공할 사업자가 필요할 것이다. 물건 제조는 쉽사리 구축할 수 있는 분야가 아니기 때문에 경쟁 영역으로서 부가 가치와 수익성을 만들어낼 좋은 기회가 있다.

MaaS 사업 모델에서 무엇보다 중요한 것은 서비서가 수익을 올리고, 유익한 사용자 체험을 만들어냄으로써 에코시스템을 완성시키는 것이다. 그것을 실현할 수 있느냐 없느냐는 AI와 반도체도 필수이지만, 이동을 뒷받침하는 MaaS 차량도 필수 불가결하다. 서비서로서는 폭넓은 다기능성에, 초기 비용이 적고 메인터넌스 프리인 MaaS 차량을 갖고 싶어 할 것이다.

낮은 비용에 높은 가동률을 실현하려면 고속 영역에서의 주행 성능이나 안전성, 수리에 들어갔을 때 고효율에 저가의 메인터넌스가 성공의 열쇠를 쥐고 있다. 이렇게 말해도 GAFA에게는 감이 안 잡힐지도 모르겠다. 아니면 이것이 상당한 영역이라는 것을 이미 알고 있기 때문에 모르는 척하고 은근슬쩍 자동차 산업을 감싸려고 하는 것일까. 경쟁력이 높은 MaaS 차량은 수요가 많을 것이기 보이기 때문에, MaaS 차량의 제조·메이터넌스 같은 영역은 주요한 경쟁 영역이 될 것이다. 메인터넌스 사업은 자동차 딜러가 많이 관여할 것으로 보이기는 하지만, 그렇다고 안이하게 대처했다가는 유능한 신생 사업자에게 뿌리 채 뽑혀 나갈지도 모른다.

자동차 산업은 MaaS 영역이든 전통적인 물건 제조 영역이든 간에, 사업 활성화를 통해 약동감 넘치는 성장 산업으로 변신할 수 있는 기회가 있다. 전통적인 POV 제조·판매 외에 MaaS 차량의 제조·메인터넌스, MSPF로 수익을 증대시킬 수 있다. 원한다면 스스로 오퍼레이터가 되어 서비서로서의 수익을 낼 수도 있을 것이다. 이것을 실현하려면 CASE 혁명 안에 있더라도 이익을 남기는 제조 능력을 갈고 닦아나가지 않으면 안 된다. 자동차 산업은 물건 제조와 MaaS를 융합시킴으로써 경쟁 우위를 쌓아나갈 수 있다고 생각한다.

CASE 혁명에서 이길 수 있는 제조 능력

CASE 혁명에서 살아남는 물건 제조에는 다양한 능력의 구축이 필요하다. 이 책 안에서 상세한 것을 소개하기에는 지면이 약간 부족할 것이다. 이 테마는 다른 기회를 통해 상세히 소개할 계획이다. 제8장에서 정리한 부분의 복습해 보자면, 먼저 눈앞에 닥친 3가지 과제를 극복하는 일이 출발점이 될 것임은 틀림이 없다. 그것은 개발 프로세스의 재검토, 차세대 아키텍처의 구축, 전통 영역의 수익성 재구축 3가지를 말한다.

전략 티어1 파트너, 양산 티어1 파트너의 개발 참여를 도모하고, 자동차 메이커는 CASE 혁명 대응이라는 더 상류의 기술이나 기획 관련 프로젝트 밑그림에 자원을 투입해야 한다. 그렇게 하기 위해서는 CASE 혁명 격변의 10년을 일괄 기획할 수 있는 프로듀서 능력이 요구되는 것이다.

나아가 티어2와의 강력한 관계 구축이 중요한 키포인트가 될 것이다. 유력 티어2 기업과의 직접적인 관계 구축이나 완전 새로운 기술을 창조하는 신흥 기업의 힘을, 기획이나 선행 개발로 끌어들일 수 있는 구조를 새롭게 만들어 가야 한다.

　자동차는 인카InCar와 아웃카OutCar 2가지 영역이 소프트웨어로 연결되어 커다란 두뇌로 움직이게 된다. 지역별로 분산화되고 복잡해지는 전동 파워트레인 믹스까지 포괄적으로 내포한 상태에서 대규모 시스템의 그랜드 디자인을 만들어 나가야 한다. 하드웨어를 상당할 만큼 증가시키는 한편으로, 그것을 제어하는 소프트웨어는 비례해서 복잡해질 것이므로 하드와 소프트의 연계를 정리하는 능력이 필요하다. 분산에서 집중 제어로 전자 플랫폼의 아키텍처가 바뀐다면 통합 제어를 담당할 중앙 집권이 큰 두뇌가 어떤 형태로든 형성될 것이고, 이것이 누구에 의해 지배되느냐는 매우 중요한 논점이 될 것이다.

　CASE 혁명 와중에 POV 본업의 수익성을 어떻게 지켜내고, 나아가 어떻게 높일 것인가. 눈앞의 고정비 관리나 개발 효율은 최초의 첫 걸음에 지나지 않기 때문에 모든 비용 구조를 재검토하지 않으면 안 된다. 2030년을 향해 새로운 가격 경쟁력을 만들어낼 수 있는 돌파구를 생각해야 하는 것이다. 10년 동안의 일괄 기획 속에서 CASE 혁명의 요소 기술을 어디까지 반영해 새로운 비용 절감을 만들어낼 수 있을지 검토하지 않으면 살아남기가 난망할 것이다. 그냥 겁주자는 말이 아니라, 현재 단계에서 2025년 이후 CASE 혁명 시대의 차량 기획을 구체화해 놓지 않으면 패배하는 물건 제조가 된다는 사실을 각오해야 한다고 생각한다. 이런 변화를 정리함으로써 양산 기술을 확립할 수 있는 능력이야말로 CASE 혁명이 싸우는 무기가 될 것이다.

4 일본 기업이 싸워서 살아남으려면

🏃 자동차 산업이 GAFA를 극복하기까지

자동차 산업은 모빌리티 산업으로의 전환을 시작했다. 이것은 자동차 산업의 붕괴가 아니라 진화와 성장의 새로운 단계, 즉 다음 100년을 향해 발전 시기에 들어갔다는 긍정적 인식으로 바라봐야 한다. 선진국을 중심으로 전통적인 **달리고, 돌고, 서는** 자동차의 기본 기능 가치가 성숙기에 접어든 것은 상당히 예전서부터 인식되어 온 것이다. 사고나 환경 문제 해결에 대한 사회적 책임 비용이 막대해지면서 자동차 산업의 전통 영역에 폐쇄감이 있었던 것은 부정할 수 없다.

그러나 MaaS에 대한 성장을 기대할 수 있게 되면서, 지금은 제조업과 서비스업을 포괄적으로 가져가는 플랫포머로서의 도약을 기대할 수 있게 되었다. CASE 혁명은 자동차의 새로운 가치를 만들어냄으로써 산업에 활력을 불어넣고, 약동감 넘치는 모빌리티 산업을 창출하게 된다. 자동차에는 사람들을 매료시키는 신기술이나 감동적인 이동 체험, IoT 단말기로서의 참신한 공간 체험을 연출할 수 있는 매력적인 미래가 있다. 자동차가 안전하고 환경 친화적이며, 쾌적한 탈 것으로 다시 태어나고 있는 것이다. ㉗

모빌리티 산업 속에서 자동차 메이커가 변혁에 대한 주도권을 잡기 위해서는 확실히 부족한 IT 기술을 보안하면서 CASE 혁명에 불가피한 물건 제조 능력을 획득해 MaaS 플랫폼을 구축해 나가야 한다. 폐쇄적인 산업의 정점에 오래 동안 머물면서 생겨난 보수적이고 변혁을 주저하는 기업 문화를 개혁해 나갈 필요가 있다.

현 시점에서는 네트워크 가치를 최대화해 거대한 플랫폼을 구축한, 구글로 대표되는 GAFA 같은 IT 기업이 자본 시장에서 거대한 기업 가치를 만들어내고 있다. 기업 가치를 활용한 매수나 기존 플랫폼이 만드는 풍부한 자금을 AI나 클라우드 기반을 구축하는 데 계속적으로 풍요롭게 투입할 수 있다. 이런 호순환을 이미 갖춰 놓은 GAFA의 위협에 대해 자동차 산업의 미래를 우려하는 목소리가 있다는 것이 놀랄 일은 아니다.

그러나 모빌리티 산업은 스마트폰처럼 단순한 게임이 아니다. 이 책이 지금까지 강조한 것은 전통적인 POV와 새로운 MaaS가 양립하는 복잡하고 장기적인 이행 시기가 존재한다는 점, 고도의 물건 제조 능력이 미래의 모빌리티 산업에도 필수적이라는 점이다. 자동차 산업이 지금까지 해온 제조부터 유통까지의 산업 기반은 모빌리티 산업에 있어

㉗ 「도요타자동차, 도모야마 시게키 씨에게 물어보는, 모빌리티의 미래와 커넥티드 전략」, 「NEXT MOBILITY」
https://www.nextmobility.jp/special_issue/the-future-and-next-generation-strategy-of-next-generation-mobility-to-toyota-motor-shigeki-tomiyama20171204/, J2 컴플렉스

서도 경쟁력을 발휘할 것이다. IT 기업이 가진 능력과의 간극을 자동차 산업이 착실하게 메워 나갈 수 있다면, 모빌리티 산업에 있어서도 자동차 메이커는 주도권을 쥐고 갈 가능성이 있을 것이다. 간극을 메우기 위해 IT 기업으로부터 배우고 부족한 부분은 유연하게 연대해 나갈 필요가 있다.

자본 시장은 현재의 자동차 산업을 승리자로 평가하지 않는다. 그렇다고 GAFA의 종속자가 될 것이라는 가혹한 심판을 내린 것도 아니다. 요는 승부는 지금부터라는 말이다. 모빌리티 산업이 태동함으로써, 1천조 원 전후에 이르는 주요 IT 기업의 기업 가치를 능가할 만큼 높은 부가 가치를 만들어낼 자동차 메이커가 10년 후에 생겨날 가능성도 있지는 않을까.

그것이 VW나 르노 · 닛산 · 미쓰비시 · 도요타 · GM · 다임러 5대 메이커 가운데 한 곳이 될지, 현대자동차나 포드, 혼다 같은 중견 그룹에서 비약할지, 테슬라 같은 풍운아가 뻗어 나올지, 그렇지 않으면 중국에서 다크호스가 등장할지는 아직 모른다.

사업 개시 초기 단계부터 커넥티드 기반 하에서 자동 운전과 AI 전개를 전제로 추진해 온 테슬라는 현재의 혼란에서 다시 일어서게 된다면 타사의 위협이 될 것이다. 테슬라는 2030년까지의 어느 시점에서 GAFA와 긴밀하게 연대할 것으로 필자는 예상한다. 이 연대에 의한 시너지까지 포함해 미래적 잠재력이 매우 크기 때문에, 결코 간과해서는 안 될 존재로 의식해야 할 것이다.

🏃 다시 일깨워야 할 예전의 벤처 정신

2018년 5월의 결산 발표 기자 회견에 나선 도요타자동차의 도요타 아키오 사장에게 생각을 하게끔 하는 메시지가 있었다. 모빌리티 회사로 변신하려고 할 때, 도요타는 어떻게 혁신을 일으킬 것인가 하는 질문에 대한 대답이었다.

혁신을 하려고 한다고 해서 혁신이 갑자기 일어나는 것은 아니다. 일단은 이미테이션(모방)부터 시작하지 않으면 안 된다. 다음으로 가이젠(改善) 방식의 개선(Improvement). 거기에서 혁신이 태동한다.

도요타 사업도 벤처로서 모방부터 시작해, 세계의 자동차 산업에 다대한 혁신을 일으켜 온 것이다. 도요타 입장에서 보면 직기나 자동차 모두 벤처에서 시작한 사업이다. 아무 것도 없는 상태에서 행동을 하고, 개혁을 실현해 왔기 때문에 오늘날의 성공이 있었다. 일본의 벤처 기업들이 2차 대전 후 초토화된 황무지에서 부활할 때는 부끄러워하거나 남의 눈치를 볼 겨를도 없이 모방으로 시작해 성공에 대한 꿈을 키워 왔다.

이제는 자존감이 높아질 대로 높아진 대기업은 현상 유지를 중시하는 경영 안에 안주하면서 모방도 하지 않고 행동도 하지 않는다. 언제부터 일본 기업이 이렇게까지 수비를 치중하는 문화에 젖어들었을까. 풍파를 두려워하고, 항상 하던 대로 되풀이하면서 현재의 방식을 조금도 바꾸려 하지 않는다. 그런 수비 문화에 젖어 있어서는 CASE 혁명에서 승리하기 어려울 것이다.

자동차 산업을 노리는 경쟁사는 우버나 디디추싱 등과 같은 벤처 기업, 구글이나 애플 등과 같은 거대 IT 기업만이 아니다. 가까운 미래의 위협이 이런 기존 세력에 의해서만 밀려오리란 법은 없다. 아마존 같이 전혀 새로운 테크놀로지 기업이 뛰어들 가능성은 물론이고, 신흥 기업 안에서도 새로운 구글이 탄생할 가능성 역시 있는 것이다. 중국의 국가 전략 내부에서 새로운 위협이 등장할 가능성도 있을 것이다.

자동차 산업은 벤처 정신을 발휘해 다시금 깨어날 때가 오고 있다. 나아가 혼자서 싸워서는 승부가 안 된다. 그런 위기의식이 도요타와는 물과 기름이라고 생각되는 소프트뱅크와도 제휴를 맺게 된 진짜 이유일 것이다.

CASE 혁명 전야의 긴장감 속에서 도요타는 다시금 껍데기를 깨는 개혁이 필요하다고 생각하고 있는 것 같다. 제4장에서 언급한 **더 커넥티드 데이**는 일본 국내 7곳이 라이브로 연결되었고, 행사장은 차세대 모빌리티 사회를 만들려는 의욕 넘치는 젊은 벤처 기업인들로 가득 했다. 그들에게 아키오는 이렇게 말하며 끊임없이 파트너를 만들겠다는 의지를 표시했다. 동시에 검지를 높이 세우며 외쳤다.

자동차를 만드는 사회에서 이동과 관련된 모든 서비스를 제공하는 모빌리티 컴퍼니로 변신할 겁니다. 여러분과 같이 미래의 모빌리티를 만들고 싶습니다. 우리와 함께 자동차의 미래를 창조해 보지 않겠습니까? 찬성하시는 분⋯ 여기 붙어라~.

🏃 GM, 다임러, 도요타가 펼치는 신(新)삼국지

선진국 자동차 산업계에서는 커넥티드 전략을 시행해 기반 구축을 선도해 온 다임러, 도요타, 포드 외에 차량 탑재 정보 시스템인 온 스타나 차량 공유 서비스인 메이븐Maven을 전개하며 IBM 등과 폭넓은 제휴 관계를 구축해 온 GM 4곳이 앞서 나가는 형국이다. 여기에 2018년에 들어와 이 회사들을 따라잡기 위해 커넥티드 전략을 발동시킨 VW와 르노·닛산·미쓰비시 2곳을 합친 6회사가 MaaS 영역에서는 중추적 존재라 할 수 있다.

이 중에서도 GM, 다임러, 도요타가 벌이는 신삼국지 구도가 주목받고 있다. 커넥티드 기반 구축에 대한 속도감, MSPF의 에코시스템 구축, 자동 운전이나 라이드 쉐어, 카 쉐어를 포함한 MssS 영역의 기술 기반 등, 포괄적으로 보았을 때 3사의 경쟁력 우위성이 두드러진다. 도요타는 마쯔다와 스즈키, 스바루를 포함한 우방과의 연대도 강점으로 작용할 것으로 보인다.

이런 중추 6사의 접근 방식과 동등한 대규모 MssS 기반 구축을 소규모 자동차 메이커가 실시하기에는 여러 난관이 있을 수 있다. 마쯔다, 스즈키, 스바루, 다이하쓰공업 등 일본 내 주요 메이커는 도요타가 구축하는 기반을 유효하게 활용할 방침이다. 다만 MSPF가 완전한 일치를 이룬다는 의미는 아니다. 예를 드면 마쯔다의 경우, 데이터 센터는 도요타와 합칠 방침이지만, MSPF는 독자적인 기반 구축을 모색하는 것 같다. 또한 멀티미디어 영역에서는 도요타, 파니소닉, 애플, 구글 등과 폭넓게 제휴할 방침이다.

2030년의 경쟁력을 논의할 때 모빌리티 영역만으로는 충분히 분석할 수 없다. 2030년에 이르러서도 CASE 혁명 이행기의 초반을 지나는 단계에 지나지 않는다. 승패를 결정하는 시간 축으로는 시기상조인 것이다. 전통적인 자동차 산업의 수익 기반은 2030년 단계에서도 중요한 부분을 차지할 공산이 크다. 그것을 소홀히 하는 일은 본말이 전도된 것일 뿐만 아니라, 모빌리티의 승자가 되지도 못할 것이다.

혼다, PSA, FCA, 현대자동차 등 중규모 자동차 메이커는 MssS 영역에서 독자적 기반 구축뿐만 아니라 중추 6사가 갖고 있는 기반과 제휴하는 한편, GAFA와도 균형적으로 제휴 전략을 맺을 필요가 있을 것이다. 자사에서 대응해야 할 것, 오픈시켜서 타사와 연대해야 할 것을 구분하는 것이 중요하다.

자동차 부품 업계는 2030년까지 대재편이라는 파도가 밀려올 것이다. MssS 산업 구조에서는 자동차 메이커, 티어1, 티어2의 관계가 대등하게 바뀔 것이라고 앞서 지적한 바 있다. 그러나 티어1은 전략 파트너나 양산 파트너로 선택되지 않으면 부가 가치를 상실하는 티어1.5로 전락할 위험성이 있다. 자동차의 기본 성능을 통합적으로 제어하는 개발력과 노하우를 보유한 전략 파트너는 티어0.5 같은 존재로 바뀌면서, 사업자에게 MaaS 차량을 제공할 수 있는 존재로 승격될 것이다. 보쉬, 컨티넨탈, 앱티브, 매그너는 이 차량 개발에 의욕을 불태우고 있다. ZF나 덴소도 MaaS 차량 생산에서 뒤처진 것을 만회할 가능성이 높다.

양산 파트너로서 살아남기 위해서는 엔지니어링 능력을 보유한 시스템 서플라이어가 되지 않으면 안 된다. 오토리브에서 분리된 일렉트로닉스 사업의 베오니어Veoneer, 아이신정밀기기, ZFTRW 등은 생존을 걸고 기업 매수나 전략 제휴 등을 앞세울 가능성도 있을 것이다.

혼다는 살아남을 수 있을까

CASE 혁명 속에서 미래의 존재감에 불확실성이 짙어가는 것이 혼다이다. 혼다는 세계 자동차 산업 속에서는 중간 규모에 해당한다. 근래에는 자동차 기술 정체도 우려되고, MaaS에서도 중요 기술인 AI나 IT에서의 지체가 감지된다.

확실히 근래의 자동차 산업에서는 비용 경쟁력에서 힘들어 하는 기색이고, 한때 세계 최고로 평가받았던 엔진 기술도 현재는 평범하게 변하고 있다. 피트의 품질 관리 문제에서 시작해 미국에서의 수익성 약화, 하이브리드 자동차에서는 도요타의 상대가 되지 못하고 있다. 예전에는 소니와 나란히 대표적 성공 스토리 기업이었던 혼다에서 옛날 같은 아우라가 왜 사라진 것일까. 거기에는 2000년대에 싹트기 시작한 경영 노력 결여(=대기업 병)와 그 정체로부터 탈출하기 위해 구조 전환 등을 담아 낸 2020 비전 실패라고 하는 오랜 역사적 배경이 있다.

요컨대 혼다는 2000년대 미국에서의 주택 거품 속에서 고수익, 고성장에 도취하게 되면서, 유럽 자동차 산업이 추구한 경쟁력 전환, 신흥국 수요의 패러다임 시프트에 제대로 대처하지 못했던 것이다. 이것을 만회하기 위해 추진했던 반격까지 좌절되면서 혼다는 기술 수준 저하와 브랜드 개성 상실이라는 혼돈에 빠지게 된다. 그 결과 규모 확대와 혼다다움을 양립시키지 못하는 심각한 상황에 이르게 된 것이다.

혼다 경영 시스템의 특징은 지역적으로 완전히 독립된 의사 결정을 하고 있다는 점이다. 각 지역마다 영업(S), 생산(E), 개발(D)이 하나가 되어 상품을 개발하는 SED가 성공의 원인이었다. 그런데 지역마다 제각각 「SED」를 추진해도 효율을 추구하는 유럽의 전략과 맞서 이제는 비효율적이어서 경쟁력을 발휘하지 못 한다. 개발 효율은 악화되고 핵심 기술 측면에서는 연구 능력이나 동기 부여도 떨어졌던 것이다.

새로운 사장으로 등장한 하치고 다카히로는 자동차 산업의 가격 경쟁력을 만회하기 위해 2017년부터 SED 2.0을 발동시켰다. 지역마다 제각각이었던 자동차 설계를 전체적으로 최적화시키는 아키텍처를 정한 다음, 전동화를 반영한 모듈 단위 설계를 추진하고 있다. 마쯔다의 스카이액티브나 도요타의 TNGA와 비교하면 상당히 뒤늦은 출발로서, 이것은 피해갈 수 없는 기본적 능력이다.

지금까지 해오던 방식을 부정하는 한이 있더라도 바꿔 나갈 필요가 있다. 지금이야 말로 다시 태어난다는 각오로 모든 것을 바꿔 나가야 한다. 이것은 내일부터 운동을 시작하겠다는 차원이 아니다. 몸 안의 피를 바꿔 넣겠다는 정도의 각오로 생활 습관을 바꾸겠다는 것이다. 이런 위기의식이 바로 SED 2.0의 의식이고 밑바닥에 깔려 있는 부분이다.

SED 2.0 프로젝트 오너를 맡고 있는 하치고 사장은 사내를 향해 의식 개혁의 중요성을 사내 게시판에 올리며 이렇게 호소했다.

나아가 경쟁 영역과 협조 영역을 다시 정의하면서 협조 영역에는 오픈 이노베이션을 반영할 방침임을 결정했다. 혼다에게 있어서 차량 영역에서 처음으로 외부와 제휴하게 된 것이 연료 전지 자동차 개발과 제조를 GM과 손잡은 것이다. 자동 운전 자동차 분야에서는 GM과 웨이모 2곳과 제휴해 북미의 리튬이온 전지를 GM에서 공급받는 등 근래에는 제휴 전략을 상당히 빠르게 추진해 왔다.

혼다에게 만회할 기회가 있다고 한다면 어디가 될까. 세계 최대의 이륜차와 범용(발전기) 제품, 혼다제트 등과 같이 경쟁력 있는 사람과 사물, 에너지의 모빌리티 사업을 보유하고 있다는 점이 혼다의 독특한 특징이다. 이 3가지 사업을 통해 연간 2,000만 명이나 되는 사용자와의 접점인 플랫폼을 갖고 있다는 것은 분명한 강점이 아닐 수 없다. 이 영역의 IoT화를 통해 AI를 이용한 새로운 MaaS로 전개하는 플랫폼을 구축해 나간다면 재미있는 존재가 될 것이다.

새로운 이동 사업에서 혼다다운 존재감을 발휘해 부활로 향할 것인가, 기업 수명이 다해 퇴락의 길로 갈 것인가, 그야말로 혼다는 기로에 서 있다고 말할 수 있다. 일본 자동차 산업은 도요타만 축으로 하는 일본 연합만으로는 도요타의 자만심을 부를 수 있다. 미국이나 독일같이 강고한 2번 주자나 3번 주자가 있어야만 긴장감을 유지한 경쟁을 펼칠 수 있다. 그래서 혼다의 재기가 일본 자동차 산업에서 **빼놓을 수 없는** 이유인 것이다.

🏃 TNGA 2차 버전, 3차 버전

앞에서 설명했듯이, TNGA_{Toyota New Global Architecture}는 세계 표준을 적극적으로 반영해 아키텍처를 정한 도요타의 **좋은 자동차 만들기**를 구현하기 위한 것으로, VW의 MQB나 닛산의 CMF와 유사한 접근 방식이다. TNGA는 도요타 아키오 사장이 2012년부터 결정한 전략이다. **상품력 향상→현명한 자동차 만들기(=TNGA)→원가 절감→상품력 향상**이라는 성장 순환을 목적으로 한 것이다.

불과 10년 전의 도요타가 빈사 상태에 있었다는 기억이 이제 희미해져 가고 있다. 와타나베 가츠아키 전사장 시대에 도요타는 2가지 실수를 저질렀다. 하나는 전통적인 **원가+이익=비용**이라는 자세를 잊어먹고 **비용+이익=가격**이라는 입장에서 생산 수량만 추구한 나머지, 도요타 본래의 **원가 절감→상품력 향상→생산 대수 성장→원가 절감**이라는 성장 순환을 왜곡했다는 점이다. 2번째는 도요타 스탠다드(TS)라고 하는 도요타의 기술 표준을 숭배한 나머지, 세계 표준화로부터 멀어졌다는 점이다. 고독사의 길로 나아가던 도요타 스탠다드를 수정해 세계 표준화에 맞춘 자동차 제조로 전환한 것이 TNGA였다.

그러나 TNGA의 과제도 드러나고 있다. 사원 33만 명에게 **좋은 자동차를 만들자**.고 호소하더라도 그것을 받아들이는 것은 제각각이다. 결과적으로 사원이 하나가 되어 좋은 자동차를 지향한 결과, 근래의 도요타자동차는 장치들로 가득 차 무겁고, 가격도 장비에 상응하게 비싼 자동차가 되었던 것이다. 이 **무겁고**, **비싼** TNGA 플랫폼에서 탈출하기 위해 근년에 시작한 것이 TNGA 2차 버전이다. 각도를 바꿔서 설명하면, TNGA 2차 버전의 대처는 일본의 물건 제조가 중국 자동차 산업에서 경쟁력을 발휘할 있을지 아닐지의 싸움이다.

성역 없는 원가 개선이나 고정비 구조의 삭감도 필요하다. 최근에 본사의 간접 영역(화이트 영역)에 TPS를 도입함으로써 7가지 불필요한 요소 제거에 도전하고 있다고 한다. 이 7가지 불필요 요소로 **불필요한 회의, 불필요한 사전 교섭, 불필요한 자료, 불필요한 조정, 불필요한 상사의 자존감, 불필요한 흉내**를 들고 있다. 분명 이 자체가 정신론처럼 들리기는 하지만, 우직하게 대처하는 것이 또 도요타의 특징이다. 이런 자세가 TNGA 2차 버전의 중심이라 할 수 있는 원가 절감으로 발휘되어 나가는 것이다.

상당히 흥미로운 점은 TNGA 2차 버전이 막 시작되었는데도 불구하고, 동시에 EV 영역의 TNGA(예를 들면 eTNGA)와 CASE 대응을 자동차에 탑재할 것을 예상한 TNGA 3차 버전의 대처가 시작되었다는 점이다. 2025년을 경계로 CASE 혁명이 불러올 자동차 변혁은 무섭게 진행된다. 예측되는 변화를 지금 단계부터 물건 제조에 반영하지 않으면 이길 수 없다는 판단일 것이다.

◘ 도표9-5 • 도요타자동차의 **TNGA 2차 버전** 대처 개념도

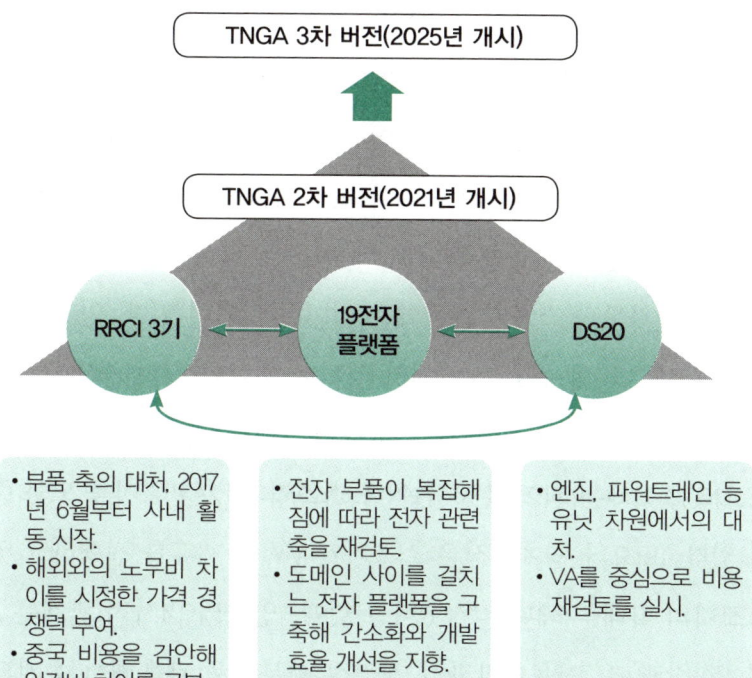

출처 : 회사 정보, 2차 정보를 바탕으로 나카니시 자동차 산업 리서치가 작성

🏃 스즈키의 선택

2016년 9월, 인도 시장 점유율 1위를 달리면서 스즈키에서 반세기 동안 최고 경영자로 군림해 왔던 스즈키 오사무 회장은 도요타자동차의 도요타 쇼이치로 회장을 방문한다. 목적은 도요타와 스즈키의 역사적 제휴 교섭 시작을 굳건히 하기 위해서이다.

스즈키는 2009년 12월에 VW와 자본·업무 제휴를 주고받고 있었다.

VW스즈키 연합은 도요타, GM을 능가하는 세계 최대 연합을 형성할 만큼 거대했다. 하지만 VW와의 밀월은 1년이 채 안 되서 종지부를 찍게 되고, 스즈키는 VW의 적대적인 매수와 지배에 겁먹게 된다. 스즈키는 2011년 11월, 국제중재재판소에 포괄적 해제와 VW가 보유한 스즈키 주식의 환매를 요구하면서 제소에 나서게 되고, 4년간의 법적 투쟁 끝에 기적적인 승리를 얻게 된다.

도요타 가문과 스즈키 가문에는 기이한 인연이 있다. 양가 모두 시즈오카현 서부의 엔슈遠州지역에서 일어나 똑같이 직기 공업에서 자동차 산업으로 발전해 온 것이다. 도요타 가문의 가업인 도요타자동직기와 도요타TOYOTA는 과거에 두 번이나 스즈키의 경영 위기를 도와 준 경위가 있다. 도요타 명예회장은 스즈키가 VW와 제휴를 진행하고 있을 때 스즈키의 장래를 꽤나 걱정했다고 한다. 양사의 역사적 관계는 도요타 명예회장과 스즈키 회장과의 개인적 친분으로 계속해서 유지되어 온 것이다.

싸고 좋은 제품이라고 하는 전통적 기술을 갈고 닦는 것만으로는 앞으로의 자동차 산업에서 살아남을 수 없다고 생각합니다. 도요타의 협력을 받을 수 없겠습니까?

스즈키 회장은 솔직하게 도요타와의 제휴를 요청했다. 도요타 명예회장은 그에 대해 긍정적으로 답하면서 장남인 도요타 사장에게 교협 테이블에 앉도록 권유했다. 그로부터 5개월 뒤에 업무 제휴를 위한 양해 각서MOU가 발표되고, 2018년 5월에는 기술 제휴와 인도를 중심으로 하는 사업 내용이 정식으로 공표된 것이다. 고향이 똑같은 일본 기업이 서로 손을 잡고, 자동차 산업의 국가 간 경쟁에서 이겨내려는 모습은 대체 어떤 모습일까. 일본 내 자동차 산업을 견인해 온 탁월한 2명의 원로 경영인은, 국가 간 경쟁에서 살아남기 위해서는 같이 단결해야만 한다는 방향성을 제시한 것이 아닐까.

스즈키는 2030년에 이르러서 인도에서 500만 대의 생산·판매를 목표한다고 발표했다. 스즈키가 독자적으로 달성하지 못한다면 소형차는 스즈키가 담당하고 대형 자동차는 도요타에서 맡는 식의 조합이 실현될지도 모른다. 도요타와는 인도 사업에서 손을 잡는 외에도, 앞으로 유망한 아프리카 사업을 도요타통상까지 포함한 3사 차원에서 추진할 계획이다.

올해(2018년) 1월 30일에 저는 미수(88세)를 보냈습니다. 스즈키에 몸담은 지도 60년, 거기에 40년 동안은 최고 경영 책임자로 있었죠. 창업자인 할아버지(스즈키 미치오 전사장)보다 길게 있었네요. 창업 100년까지 2년이 남았지만 스즈키가 지금까지 할 수 있었던 건 창업자이신 미치오 덕분입니다. 이번에 인도에서 500만 대나 되는 미지의 세계에 도전하게 되는데, 젊은 경영자가 리더십을 갖지 않으면 힘들 거라 봅니다. 지옥으로 떨어질지 극락으로 갈지는 모르겠지만, 2030년 무렵에 인도가 어떻게 변해 있을지 한번 들여다 보고 싶은 기분은 드네요. 스즈키 회장은 여느 때와 다름없는 말투로 미래를 내다보면서 필자를 보고 빙긋 웃어 보였다.

🏃 일본의 전략과 함정

도요타 그룹의 1천만 대에 제휴 관계가 있는 스즈키, 마쯔다, 스바루까지 합계하면 판매 대수가 1,600만 대나 된다. 이것은 세계 자동차 판매 대수의 20%에 육박하는 점유율이다. 이 협력 관계를 기반으로 CASE를 전개함으로써 유럽과 중국 자동차 메이커에게 대항할 수 있는 생존 대책을 모색하는 것이 도요타의 전략이자, 지금에 와서는 일본의 전략 자체가 되었다.

CASE 혁명에 대응하기 위해 경쟁사들은 독일에서 강력한 팀을 구성하고 있다. 그렇다면 일본은 도요타를 중심으로 팀을 맺어 대항하면서, 거기서 세계 표준 기술을 지향해 나가야 한다. 결코 갈라파고스 지향이 아니라 세계 표준 수준을 지향하는 최초의 첫 걸음이다. 도요타 진영에는 1,600만 대 규모의 뜻을 같이 하고 함께 움직이는 기반이 있다. 스케일은 그 자체로 강력한 무기가 될 수 있는 것이다.

이 책에서는 도요타를 축으로 한 다양한 도요타 진영에서의 동맹에 관해 살펴보았다. EV 기반 기술을 개발하는 EVCAS, 도요타와 파나소닉의 차량 탑재용 각형角形 전지에서의 협업 검토, 자동 운전 소프트를 선행 개발하는 TRIAD, 그 통합 ECU를 개발하는 덴소·아이신정밀기기·애드빅스·제이텍 4사의 합자 회사가 그 동맹들이다. 전동차에서는 덴소와 아이신이 동등한 비율의 합자 회사를 설립했다. 이 회사는 하이브리드를 중심으로 하는 구동 모듈을 세계에 판매할 계획이다.

물건 제조 영역에서 도요타 그룹의 역량을 결집하는 일은 분명히 강점이 있다. 동시에 예전 시대의 흥정이나 기업 간 동지 의식에 휘둘리는 찻잔 속 회오리라고 비유할 만한 비효율적인 세계가 아직까지 남아 있는 것도 부정하기 어렵다. 그러나 자동차의 **달리고, 돌고, 서는** 시스템 개발에 있어서 진영 논리를 따질 여유 등도 이미 없을 것이다. 비효율적인 흥정이 계속되는 도요타 그룹은 역시나 사업이 너무 분산되어 있다는 인상이 강하다.

생존을 건 개혁을 지향하는 유럽 진영과 대조적으로, 일본 내 자동차 부품 산업은 오랫동안 이어진 호경기와 호실적 하에서 위기 위식이 결여되어 있다는 인상이 강하다. 그러나 자동차의 부가 가치는 소프트웨어로 옮겨 가기 시작해 고도의 IT 기술, 커넥티드와의 연계가 요구되는 시대를 향해서 움직이고 있다. 유럽 진영은 기업 매수를 통해 핵심 사업 이외는 적극적으로 분사·독립시키는 등 사업 포트폴리오를 재검토하고 있다. 컨테넨탈, 오토리브, 앱티브 등은 CASE 혁명에 대비한 조직 재편에 있어서 고통을 참아 가면서까지 강력하게 추진하고 있는 것이다.

중국 NEV 정책의 속뜻이 어디에 있는지는 앞서 살펴보았다. 한 번 더 복기해 보자면, 전략은 NEV로 시장을 다 채우겠다는 것이 아니라 전지 경쟁력에서 세계적인 위치에 서는 데 있는 것이다. 저렴한 전지의 생산하고 그 전지를 약간은 과도하게 자동차에 탑재하는 중국판 하이브리드 자동차는, 모터와 내연 기관의 예술적 제어를 바탕으로 소량의 전지로 높은 연비 성능을 발휘하는 도요타 하이브리드 기술의 경쟁력을 봉쇄하는 것이 가능하다. 그 다음에는 NEV에 중국판 하이브리드를 포함하는 식으로 적절하게 파워트레인을 분산시키면 되는 것이다.

이에 대항할 일본의 전략은 무엇일까. 하이브리드 기술을 세계적으로 확산시킴으로써 NEV 보급을 억제할 수 있다면 분명히 시간은 벌 수 있다. 그러면서 NEV를 대체할 차세대 에너지 자동차(예를 들면 연료 전지 자동차)를 신속히 개발하는 한편, 중국에 뒤지지 않을 차세대 전지 개발에서 앞서 나가는 방법이 있다. 분명히 이런 전략이 승리로 가는 산업 정책일 수는 있다. 그러나 조금 먼 미래의 이야기이기는 하지만, 승리의 여명에는 정말로 엔진을 필요로 하지 않는 모빌리티 사회가 온다는 것을 의미한다.

지금까지의 성공 요인인 물건 제조 능력에 자만해서는 안 된다. **고품질이므로 고가가 당연**하다는 인식이 있다면 전기 산업의 실패와 똑같은 전철을 밟게 될 것이다. 자동차 산업은 지금이야말로 안에서부터 개혁을 일으키는 개척자 정신이 필요하다. 이길 수 있는 물건 제조란 무엇일까, 어떤 새로운 능력을 가져야 할까. 자동차 산업에 있어서 지금처럼 경영자의 신념이나 자질이 요구되는 시대는 없을 것이다.

참고 문헌 references

■ 서적

- 아서 D. 리틀 저팬 『모빌리티 진화론』 닛케이(日經)BP사, 2018년
- 젠스 베르거, 오카모토 도모코 번역 『독일 제국의 정체 – 유로권 최악의 격차 사회』 하야카와(早川)서방, 2016년
- 이쿠마 히토시 『「자동 운전」이 넓히는 거대 시장 – 2020년에 본격화되는 스마트 모빌리티 사업의 행방』 닛칸(日刊)공업신문사, 2013년
- 이쿠마 히토시・이노우에 다케카즈 『「자동 운전」 사업 승리의 법칙 – 레벨3을 둘러싼 새로운 공방』 닛칸(日刊)공업신문사, 2017년
- 이즈마다 료스케 『Google vs 도요타 – 「자동 운전 자동차는 시작에 불과하다」』 KAKOKAWA, 2014년
- 이노우에 히사오 『자동차 회사가 사라지는 날』 문예춘추, 2017년
- 오가와 고이치 『오픈&클로즈 전략 – 일본 기업 재흥의 조건』 쇼에이샤(翔泳社)
- 가자마 도모히데 『결정판 EV 시프트』 동양경제신문사, 2018년
- Jack Ewing, Faster, higher, Farther : The Wolkswagen Scandal, W. W. Norton & Company (잭 유잉, 하세가와 게이・요시노 히로토 번역 『폭스바겐의 그늘 – 세계 제패의 야망이 불러온 자동차 제국의 함정』 닛케이(日經)BP사, 2017년)
- 델피스 IT워크스 편찬 『도요타와 GAZOO – 전략 사업 모델의 모든 것』 중앙경제사, 2001년
- 딜로이트 토마츠 컨설팅 『모빌리티 혁명 2030 – 자동차 산업의 파괴와 창조』 닛케이(日經)BP사, 2016년
- 도쿠다 아키오・오가와 고이치・다츠모토 히로부미 『오픈 이노베이션 시스템 – 유럽 자동차 조립 시스템의 개발과 표준화』 교요(晃洋)서방, 2011년
- 나가시마 사토시 『일본형 인터스트리4.0』 일본경제신문 출판사, 2015년
- 나카니시 다카키 『도요타 대 VW(폭스바겐) – 2020년의 패권을 잡으려는 최강 기업』 일본경제신문 출판사, 2013년
- 나카무라 요시아키 『AI가 바꾸는 자동차의 미래 – 자동차 산업에 대한 경종과 기대』 NTT 출판, 2017년
- 모모타 겐지 『애플, 구글이 자동차 산업을 탈취하는 날』 요센샤(洋泉社), 2014년

■ 잡지

- 「자동 운전」 『Motor Fan illustrated』 2013년 12월, Vol.86
- 「자동 운전」 『자동차 기술』 2015년 12월, Vol.69 No.12
- 「자동 운전의 현재 상태와 향후 전망」 『JAMAGAZINE』 2017년 4월호, 일본 자동차공업회
- 「헤르베르트 디이스와의 인터뷰」 『Automobilwoche』 2017년 11월호
- "ROAD TESTED : COMPARATIVE OVERVIEW OF REALWORLD VERSUS TYPE-

참고 문헌 references

APPROVAL NO AND CO2 EMISSIONS FROM DIESEL CARS IN EUROPE", The International Council on Clean Transportation (ICCT), 2017/9

■ 리포트 · 논문

- 아오키 게이지 「자동 운전 기술의 개발 동향과 실용화를 위한 과제」 일본 자동차연구소 ITS연구부
- 오가와 고이치 · 다츠모토 히로부미 · 리 제지안 · 신타쿠 준지로 「EV 시대를 맞이하는 자동차 산업의 경쟁과 협업 전략」
- 오토파일럿 시스템에 관한 검토 회의 「오토파일럿 시스템을 실현하기 위한 중간 점검」 2013년 10월
- 구마베 하지메 「운전 지원의 고도화를 위한 대처」 주식회사 덴소 – 주행안전 사업부, 2015년 3월 10일
- 내각관방 IT종합전략실 「ITS · 자동 운전을 둘러싼 최근 동향(2017년 봄 이후의 움직임)」 내각관방 IT종합전략실, 2017년 12월 6일
- 후지모토 다카히로 · 다케이시 아키라 「자동차 : 전략 중시의 린(Lean) 생산 방식으로」 2003년
- 야마기시 히데유키 「자동 운전에 관한 국제 동향」 내각부, 2015년 2월 27일
- 「특집/자동 운전」 『국제교통안전 학회지』 국제교통안전학회, 2015년 10월, Vol.40, No.2
- 「차세대 모빌리티 보급이 중부권 산업에 끼치는 영향에 대해」 공익재단법인 중부권 사회경제 연구소, 2015년 10월 1일
- 「아일랜드 오브 오토노미」 RPMG International, 2017년
- 「자동 운전 기술과 융합이 추진되고 있는 커넥티드 카에 대한 세계 시장 조사」 후지경제, 2018년 2월 27일, 제18018호
- 「아이치현의 자동 운전 관련 대처 및 향후 예정에 대해」 아이치현, 2018년 3월 15일
- 「자동 주행을 실현하기 위한 대처 방침 Version2.0」 자동 주행 사업 검토 회의, 2018년 3월 30일
- Volkswagen Group, "Volkswagen Group : Robust, Innovative, Delivering", Volkswagen Group, 2015/9/14
- Volkswagen Group, "We are redefining mobility", Volkswagen Group, 2017/9/11
- "UK plan for tackling roadside nitrogen dioxide concentrations", Department for Transport, UK, 2017/7/1
- "The rise of mobility as a service", Deloitte Review, Issue 20/2017
- "Electric Vehicle Outlook 2017", Bloomberg New Energy Finance, 2017/7/1
- "Lithiumion Battery Costs and Market", Bloomberg New Energy Finance, 2017/7/5
- "The future of the car industry as WLTP bites", JATO, 2017/11
- "THE AUTOMOTIVE SECTOR IN AN ERA OF CHANGE", BNP PARIBAS, 2018/4/27

참고 문헌 references

- "VW : Great Expectations who is Herbert Diess and what exactly can he do for you?" 얼라이언스 번스타인, 2018년 4월 18일
- "European AutosElectric Vehicle Strategies : The 5 key decisions each CEO needs to make NOW", 얼라이언스 번스타인, 2017년 9월 4일

■ 웹사이트

- 다이쇼 야스히로「차세대 자동차 기술에 관한 미래 전망」
  https://www.denso.com/jp/ja/innovation/technology/dtr/v22/keynote-02.pdf
- 「비약적인 첫 걸음:보쉬의 새로운 디젤 기술을 통해 NOx 배출량 저감 솔루션을 제안」
  https://www.bosch.co.jp/press/group-1805-01/
- 「폭스바겐 그룹, 경영 구조의 대대적 조정을 결정」
  https://www.volkswagen.co.jp/content/dam/vw-ngw/vw_pkw/importers/jp/volkswagen/news/2018/info180413_2_web.pdf/_jcr_content/renditions/original./info180413_2_web.pdf.
- 「Softbank Vision Fund 사업 모델과 회계 처리」
  https://cdn.group.softbank/corp/set/data/irinfo/presentations/analyst/pdf/2017/investor_20180209_02.pdf
- 「마스터플랜 파트2」
  https://www.tesla.com/jp/blog/masterplanpartdeux
- "AUTOMATED DRIVING SYSTEMS 2.0"
  https://www.nhtsa.gov/sites/nhtsa.dot.gov/files/documents/13069a-ads2.0_090617_v9a_tag.pdf, NHTSA
- "2018 SELFDRIVING SAFETY REPORT"
  https://www.gm.com/content/dam/gm/en_us/english/selfdriving/gmsafetyreport.pdf
- "A MATTER OF TRUST FORD"
  https://media.ford.com/content/fordmedia/fna/us/en/asset.download.document.pdf.html/content/dam/fordmedia/pdf/Ford_AV_LLC_FINAL_HR_2.pdf.
- Connected Car 사회적 실현을 위한 연구 회의「Connected Car 사회적 실현을 위해」
  http://www.soumu.go.jp/main_content/000501374.pdf, 총무성
- 「선진 안전 장비 프로파일럿」
  https://www3.nissan.co.jp/vehicles/new/serena/safe.html, 닛산자동차
- 「Strategy&디지털 자동차 리포트 2017」
  https://www.strategyand.pwc.com/media/file/2017-Strategyand-Digital-Auto-Report_JP.pdf, PwC

참고 문헌 references

- 「CES2018 도요타 프레스 컨퍼런스 도요타 사장 연설」
  https://global.toyota/jp/newsroom/corporate/20566891.html, 도요타자동차
- 도요타자동차, 도모야마 시게키 씨에게 물어보는, 모빌리티의 미래와 커넥티드 전략」, 「NEXT MOBILITY」
  https://www.nextmobility.jp/special_issue/the-future-and-next-generation-strategy-of-next-generation-mobility-to-toyota-motor-shigeki-tomiyama20171204/, J2 콤플렉스
- 「포드, 자동 운전 부문을 독립 4조 4천억 원을 투자」, 「닛케이(日經)전자판」
  https://www.nikkei.com/article/DGXMZO33372050V20C18A7000000/
- 「아이신정밀기기·덴소·도요타, 자동 운전 기술의 선행 개발 분야에서의 기술 개발 촉진으로 새로운 회사를 설립」, 「닛케이(日經)전자판」
  https://www.nikkei.com/article/DGXLRSP473278_S8A300C1000000/
- 「Google I/O 2018 기조 강연 정리」, 「ITmedia」
  https://www.itmedia.co.jp/news/articles/1805/09/news053.html, 아이티미디어
- 「자동 운전, 버티는 GM 대(對) 실리콘밸리에서 명암」, 「닛케이(日經)전자판」
  https://www.nikkei.com/article/DGXLASGN13H3V_U7A610C1000000/
- 「자동 주행 자동차에 「무서워서 못 탈 것」, 73%로 상승 미국 조사」
  https://www.cnn.co.jp/tech/35119642.html, CNN
- 「공유 경제」
  https://www.pwc.com/sg/en/publications/assets/the-sharing-economy-jp.pdf, PwC
- 「도요타의 Connected 전략」
  http://www.soumu.go.jp/main_content/000483331.pdf, 도요타자동차
- 「상원상업·과학·운수위원회, 자동 주행 자동차를 추진하는 『AV START Act』를 가결」
  https://nedodcweb.org/wp-content/uploads/2017/10/SELF-DRIVE-Act-AV-START-ACT.pdf, NEDO 워싱턴 사무소
- 「자동 주행을 실현하기 위한 대처」
  https://www.meti.go.jp/shingikai/mono_info_service/jido_soko/pdf/20180330_02.pdf, 내각관방 IT종합전략실
- 「보쉬 그룹 연차 기자 회견」
  https://corporate.bosch.co.jp/news-and-stories/apcj-2018/, 로버트 보쉬
- "HONDA JOINS WITH CRUISE AND CENTERAL MOTORS"
  https://media.gm.com/media/us/en/gm/home.detail.html/content/Pages/news/us/en/2018/oct/1003-gm.html, General Motors
- "Volvo Cars Autoliv announce the launch of Zenuity"
  https://www.media.volvocars.com/global/en-gb/media/pressreleases/202044/volvo-cars-and-autoliv-announce-the-launch-of-zenuity, Volvo Cars

감사의 말

필자에게 있어서 CASE 혁명에 직면한 자동차 산업의 미래를 집필하는 일은 근래의 꿈이었다. 그것을 실현할 수 있게 도와주신 많은 분들의 협력이 있었기 때문에 가능한 작업이었다. 이 책에 등장한 자동차 회사, 자동차 부품 회사 등의 IR, 홍보 담당자분들에게 많은 신세를 졌다. 이 자리를 빌려 감사의 말씀을 드린다. 또한 도요타자동차 주식회사 섭외 홍보부의 츠루가 유리카 씨에게는 특히 많은 폐를 끼친 관계로, 다시한번 감사하다는 말씀을 드린다.

집필에 있어서 데이터 수집, 편집, 교열부터 잡무에 이르기까지 지원을 아끼지 않은 폐사의 인턴생들에게도 감사할 따름이다. 와세다대학 대학원 경제학연구과의 왕문초 군, 왕운신 씨, 스즈키 씨, 국제기독교 대학의 무라카미 군, 이즈카 군, 캘리포니아 대학의 Sarah 씨, IT 담당 커즈 씨, 스탭 이마모토 씨, 제프리즈증권 도쿄 지점 조사부의 오기노 씨, 정 군 여러분께도 감사드린다. 본문 중의 주석은 당시 것으로 했으며, 경칭은 생략했음을 밝힌다.

2018. 10

中西 孝樹 著
TAKAKI NAKANISHI

2030
자동차 산업혁명 CASE

초판인쇄 _ 2019년 5월 20일
초판발행 _ 2019년 5월 30일

지은이 _ 中西 孝樹 TAKAKI NAKANISHI
발행인 _ 김길현
발행처 _ (주) 골든벨
등 록 _ 제 1987-000018 호 © 2019 Golden Bell Corp.
ISBN _ 979-11-5806-384-9
가 격 _ 18,000 원

이 책을 만든 사람들
감수 _ 하규수
번역 _ 최영원   편집 및 교정 _ 이상호, 송준상
표지 및 본문 디자인 _ 조경미, 김한일, 김주휘   제작진행 _ 최병석
웹매니지먼트 _ 안재명, 최레베카, 김경희   오프라인마케팅 _ 우병춘, 강승구, 이강연
공 급 관 리 _ 오민석, 김정숙, 김봉식   회계관리 _ 이승희, 김경아

주 소 _ 서울특별시 용산구 원효로 245 (원효로 1 가 53-1) 골든벨 빌딩 5~6 층
전 화 _ 도서 주문 및 발송 02-713-4135 / 회계 경리 02-713-4137 /
       내용 관련 문의 02-713-7452 / 해외 오퍼 및 광고 02-713-7453
팩 스 _ 02-718-5510
이메일 _ 7134135@naver.com   홈페이지 _ www.gbbook.co.kr

※ 이 책에서 내용의 일부 또는 도해를 다음과 같은 행위자들이 사전 승인 없이 인용할 경우에는
   저작권법 제93조「손해배상청구권」에 적용받습니다.
   ① 단순히 공부할 목적으로 부분 또는 전체를 복제하여 사용하는 학생 또는 복사업자
   ② 공공엔진 및 사설 교육엔진(학원, 인정직업학교), 단체 등에서 영리를 목적으로 복제·배포하는 대표, 또는
      당해 교육자
   ③ 디스크 복사 및 기타 정보 재생 시스템을 이용하여 사용하는 자

※ 파본은 구매하신 서점에서 교환해 드립니다.